東畑開人

居るのはつらいよ

ケアとセラピーについての覚書

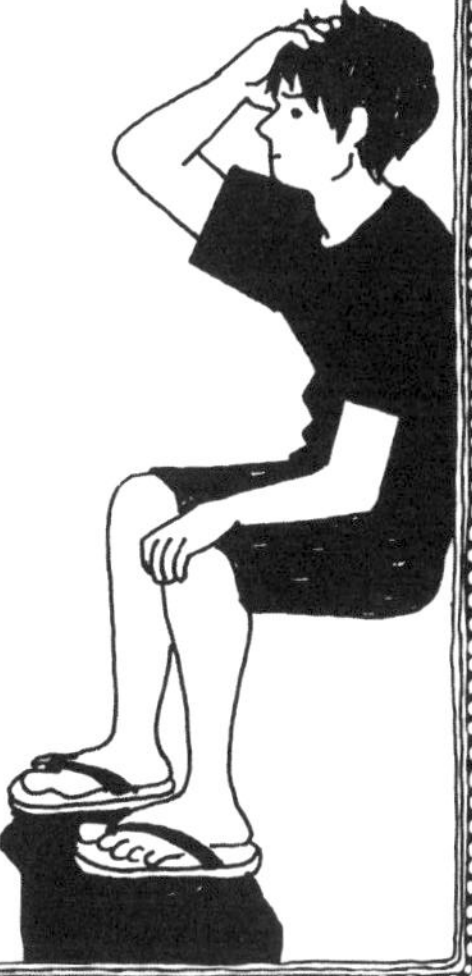

医学書院

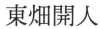

居るのはつらいよ
ケアとセラピーについての覚書

目次

装画・本文イラスト
平澤朋子

ブックデザイン
加藤愛子
（オフィスキントン）

居るのはつらいよ

ケアとセラピーについての覚書

プロローグ

それでいいのか？

「おはようございます」

「ん。」

「今日も暑いですね」

「ん。」

「タバコ、おいしいですか？」

「ん。」

「今日はこれで何本目ですか？」

「ん。」


ヌシは多くを語らない。それどころか、極限まで縮小された最小の言葉しか語らない。口を閉じたままでも発音できる「ん。」。それだけをかすかに漏らす。

それがヌシのほぼ唯一の言葉だ。

プロローグ
それでいいのか？

そこは喫煙室だった。

便所と隣接しているせいでジメジメと湿気ていて、外の光が差し込まないので薄暗い。

便臭と消臭剤、そして濃厚なタバコの匂いが入り混じっていて息苦しい。

ヌシは朝から晩までそこで座っていて、「うるま」と呼ばれる沖縄ローカルの旧三級品タバコを吸い続ける。

一日に三箱は安タバコを空けてしまう。

だから、喫煙室の主《ヌシ》。

「それでいいのか？」

声がする。いつもの声だ。

僕もタバコに火をつける。「ケント1」という銘柄だ。

タールが一ミリグラムしか入っていないからスカスカした味がする。

ヌシがうるまを吸って、僕がケント1を吸う。

何もすることがないし、何をしていいかわからないし、どこにも行けないから、時間をつぶすためだけにタバコを吸う。

肺が重い。

「それでいいのか？　それが仕事なのか？」

膨大な副流煙によっていぶされてしまったからなのか、ヌシの顔は燻製化されている。皮膚が硬くなり、表情はこわばる。瞳は膜がかかったようで、暗い。統合失調症独特の目だ。その目が空気清浄機をにらんでいる。いや、空虚に視線を吸い取られている。街で会ったら怖いだろうな、と僕は思う。

でも本当のところ、ヌシは優しい。

ヌシはタバコを最後まで吸い切らない。ちょっと残して火を消す。

そして、吸い殻を、脇に控えているヤスオさんに渡す。

ヌシは生活保護費でタバコを買えるけど、ヤスオさんは家族がお金を管理しているから、自分でタバコを買うことができない。

だから、ヌシはあえて吸える部分を残して、火を消す。

「ありがとうございます」

ヤスオさんは小さく礼を言う。そして、吸い殻に火をつけて、煙を吸い込む。

「ん。」

ヌシも新しいタバコに火をつける。

「それでいいのか？　それは価値を生んでいるのか？」

「いや、優しいじゃないか」と僕は言おうとして、本当にそれでいいのかわからなくなる。

ヌシはタバコを吸い続ける。風呂に入らず、洗濯もせず、ときどき失禁をするヌシからは強烈な匂いがする。

僕はそんなヌシをじっと見つめている。

うるまの煙で薫習《くんじゅう》された僕のポロシャツからも嫌な匂いがする。

することがないから時間が進まない。肺だけではなく、時間まで重たくなる。

不毛な時間が僕らを浸す。

だから、流れを変えるために、提案する。

「タバコ、交換してみませんか？」

ヌシはふしぎそうに曇った瞳をこちらに向ける。少し考えてから、うなずく。

「ん。」

ヌシはうるまを一本取り出して、僕にくれる。

ヌシとこうして過ごしていることで得た給料で買ったケント1を、僕は一本手渡す。

うるまに火をつけて、煙を吸い込んでみる。

廃屋を燃やしたような辛みと、鉄のように重たいタールが、肺に流れ込んでくる。むせる。

「ゴホッ」

咳が止まらない。

「ん。」


ヌシはケント1をにらみ、火をつける。煙を吸い込む。

そして一瞬ぽかんとする。スカスカの味に失望したようだった。

つまらなそうに、雑に煙を吹かして、さっさと火を消す。そして、ヤスオさんに渡す。

「ありがとうございます」

ヤスオさんはポケットに吸い殻をしまう。ポケットはパンパンになっている。

死神のような煙がつらかったので、僕もさっさとうるまの火を消してしまいたかったのだけど、我慢して吸い続ける。

ヌシはふたたび、うるまに火をつけて、チェーンスモーキングに入る。

僕らはただただタバコを吸って時間を過ごす。

喫煙室に静寂が訪れる。


「ん。」

最小の言葉と最小のライフだけがそこに残る。

プロローグ

それでいいのか？

「それでいいのか？　それ、なんか、意味あるのか？」

答えることができない問いを前に、僕は答えることを諦める。

「わからない、居るのはつらいよ」

だけど、声は問いかけることを止めない。

「それでいいのか？　それ、なんか、意味あるのか？」

そう、この本は「居る」を脅かす声と、「居る」を守ろうとする声をめぐる物語だ。

第1章

ケアとセラピー
ウサギ穴に落っこちる

ハカセの骨太の方針

第一条　カウンセリングがメインの業務
第二条　家族を養えるだけの給料
第三条　地域は選ばない

二〇〇九年の年の瀬、二七歳になる直前、初めて就職活動をしたときの骨太の方針だ。
二七歳といえば、高杉晋作が死んだ年だ。幕末の志士が命を燃やし尽くした年齢になってようやく、僕は就職活動をすることになった。遅ればせながら、いや違う、満を持して、社会に出ることになったのだ。

思えば、そのころは人生の絶頂期だった。学部に四年、大学院に五年という長く苦しい学究生活の末にハカセになったところだったからだ。そう、ハカセ論文を書き上げて、ハカセ号を手に入れたのだ。

「末はハカセか、ダイジンか」という声に出して読みたい日本語がある。大学院にいるころ、何度もつぶやいたものだ。院生室に深夜一人残って論文を書いているときや、タバコを吸いに外に出たとき、そして小便をしながらボーっとしているとき、つい「末はハカセかダイジンか」と独り言をいってしまうのだ。

その「末」に到達したわけだから、テンションは上がらざるをえない。なにせダイジンになったのと同じくらいの偉業を達成したのだ。涅槃《ねはん》と千年王国とディープインパクトが同時に到来した。そんな気分になっていた。

だけど、涅槃にたどり着いた絶頂ハカセも就職活動をしなくてはならない。これ以上、大学院に在籍することができないから、どこか新天地を探さなくてはならないからだ。せっかく「末」まで来たのに人生は全然終わらない。Life goes on なのだ。

周囲のまともなハカセたちは、粛々と就職活動に取り組んでいた。指導教員の神通力に頼ったり、あるいは公募人事にチャレンジしたり、やり方はいろいろであったけれど、みんな大学教員や研究員というアカデミア関係の就職を目指していた。

当然だ。司法試験に受かったのでコックの就職を探すとか、調理師免許を取ったからプロサッカークラブからのオファーを待つとか、普通はしない。ハカセを取ったらアカデミアで働く。それが王道、いやハカセ道というものだ。

だけど、僕は違った。「病院で働く」と心に決めていた。僕は「臨床心理学」という心の援助に関わる学問を学んだ。そういう学問を修めたハカセが、現場で実践をすることもなく、若くして大学で教えるようなキャリアにつくなんて、堕落の極みであると燃えていたのだ。真の臨床心理学徒ならば、研究室ではなく、面接室で仕事をするべきだ、とわめき散らしていた。

絶頂期ほど恐ろしいものはない。ハカセ論文に夢中になりすぎて、すっかり臨床心理学原理主義者になってしまっていたのだ。現実を見失った僕を、周囲の人たちは冷ややかな目で見ていたが、恩師や親しい友人のような親切な人たちは大学に就職をすることを勧めてくれた。

「そっちのほうがいいと思うよ、人生長いんだからさ」

でも、そういう深い知恵を含んだ忠告に、僕は一切耳を貸さなかった。

「おれは一流のカウンセラーになって、臨床心理学を極めるのだ！」

涅槃に達して法悦に浸っていた絶頂ハカセは獅子のように吼《ほ》えた。そして、職探しを開始した。

雇用情勢に座礁する

いざ出航、してみたはいいものの、僕は即座に座礁した。沖に出る間もなかった。

就職活動を始めてみると、まったく仕事がなかったからだ。いや、仕事がないわけではない。「臨床心理士　求人」とかでグーグル検索すると、全国津々浦々の仕事がヒットした。仕事自体は存在していた。だけど、それらは二つの点で、骨太の方針を満たしていなかった。

第一に、求人の大多数が「非常勤」の募集で、時給は一五〇〇円あればいいほうで、一〇〇〇円前後のものも多くあった。たまに常勤の募集があっても月収が二〇万円に届かないものがほとんどだった。

「なんてことだ！　これじゃあ、とても暮らせないではないか！」

僕は当時すでに結婚していて、子どもまでいた。生きていくのにはそれなりにお金がかかる。それなのに、求人のことごとくが、骨太の方針第二条「家族を養えるだけの給料」に抵触していたのだ。まったくお話にならない。

僕がまだ高校生だったころ、世間は臨床心理士ブームで、「これからは心の時代なんだから、カウンセラーになれば絶対に食いっぱぐれることはない」と言われていた。僕は不都合な現実から目をそらすのが得意なので、素直に「ほおほお、おれは勝ち組ではないか」と思っていたのだけど、現実は違った。

臨床心理士ブームのせいで資格保有者が膨れ上がったせいなのか、そもそも心理的援助という仕事自体の問題なのか、そのときの僕にはわからなかったのだけど、とにかく臨床心理士は高学歴ワーキングプアを地でいく仕事だったのだ。

あぁ、学部で四年、大学院で五年、ハカセ号に至る極限的教育投資を行い、天文学的な学資ローンを背負って、得たのは時給一四〇〇円の仕事なのか。なんたることだ。大学一年生のときにしていた塾講師のバイトのほうが全然ワリがいいではないか。

それでもたまには、なんとか暮らしていけそうな仕事もあった。だけど、今度は骨太の方針第一条「カウンセリングがメインの業務」にひっかかった。

そこそこの給与を呈示している求人の業務内容を見てみると、精神科病院でのグループプログラムだったり、あるいは心理検査だったり、そういうカウンセリング以外の仕事がメインになっていた。病院以外にも、福祉や教育関係の求人もあったのだけど、いずれもメインの仕事はカウンセリングではなかった。

そこは僕にとっては譲れない一線だった。僕はどうしてもカウンセリングの仕事をしたかった。心理検査でもなく、グループプログラムでもなく、一対一の密室で行われるカウンセリングをしたかった。

もっと厳密にいうと、僕はセラピーをしたかったのだ。

ケアとセラピー

「カウンセリング」という言葉はよく知られている、と思う。優しいカウンセラーが、「うんうん」と親切に話を聴いてくれて、心が癒される、というイメージがあるかもしれない。だから、「優しく話を聴いてくれるくらいで問題が解決なんかするものか」とカウンセリングに反感を持っている人もいるかもしれない。

だけど、僕が学んできたのはそういう一般的なイメージとは違うことだった。カウンセリングにもいろいろあって、僕が学んだ大学院は、いわゆる「力動的心理療法」と呼ばれる学派の牙城だった。そこでは「セラピー」とか「心理療法」と呼ばれる、より専門性の高い心理的援助についての訓練がなされていた。

フロイトとかユングの名前は倫理の教科書にも出てくるので聞いたことがあるかもしれない。彼らが始めた、いわゆる「深層心理学」というやつを僕は学んでいた。超簡単に言っちゃうと、人の心には無意識があって、そういう自分ではない自分によって人生が左右されて難しくなっている、と考えるのが深層心理学だ。

そう、心の深いところに、自分ではどうにも制御しにくい何かがある、だからそういう自分の深いところとしっかりと向き合うためにセラピーが行われる。そこに傷があればそれに触れる。そこに目をそらしたい欲望があれば、それをよく見てみる。優しいカウンセラーが「うんうん」とただ話を聴くのとは違って、自分自身のつらいところにしっかり取り組む。そうやって、自分のことを深く理解して、変わっていくことを目指すのがセラピーだ。

僕はセラピーの訓練を受け、それに魅了されていた。二人の人間が密室で話し合いを重ねるなかで、オモテに出てこなかったウラの何かが露わになる。謎めいた症状だったり、夢だったり、あるいは過去の歴史だったりについて話し合うことで、そういう一見訳のわからないもののウラに一本筋の通った物語があることが見えてくる。大学院で出会った先生たちは、そういう心の深層に触れるようなセラピーを実践していた。それは本当に魅力的だったから、僕もそうなりたいと思ったのだ。

だけどじつは、セラピーって心理士の仕事全体からすると、それほど大きな部分ではない。いや、それどころか、かなり小さい。これはカウンセラーを目指す若い人がいちばん驚くところなのだけど、心理士の仕事の多くはセラピーではなく、ケアだ。

ケア。それは日常とか生活に密着した援助のあり方だ。セラピーが非日常的な時空間をしつらえて、心の深層に取り組むものだとするならば、ケアは日常のなかでさまざまな困りごとに対処していく。深層を掘り下げるというよりは、表層を整えるといってもいいかもしれない。

僕もそれまでにケアの仕事をしてきた。たとえば、小中学校での「心の相談員」という仕事をしていたことがある。「相談」と職名に入っているので、カウンセリングをする仕事みたいに見えるけど、実際はそうではない。

いわゆるクラスにいることができない生徒たちと別室で一日を一緒に過ごす仕事だ。

そこにもさまざまな心のふれあいがある。一緒に宿題をしたり、ゲームをしたりするなかで、子どもたちは安心感を取り戻していく。回復する。クラスに戻っていくこともある。そういうことにつきあう。

もちろんそれはそれでやりがいのある仕事だ。だけど僕は、それはあくまで日常レベルの関わりであって、心の深層に触れるというのとは少し違うと感じていた。なんというか、まるで子守をしているような感じがしてしまうときもあって、おれは専門的なことをしてるんだぜ、という感じがしないのだ。

実際そういう仕事の時給は一〇〇〇円だったし、やっていたのも専門的な訓練を始めたばかりの若い人がほとんどで、まったく専門外の人（たとえば、地域のおじさまやおばさま）もそこに交じっていた。そして、彼らもたしかに子どもたちの役に立っていたから、専門家になろうとしていた僕にとっては物足りなく感じてしまったのだ。

もっと専門性の高い仕事をしたい。ケアじゃなくてセラピーをしたい。そういう仕事をしながら、僕はそのように欲望するようになった。

ケアよりもセラピーのほうが上だ。僕にはそういう意識があったのだ。

実際、大学院では、学年が上がっていくにつれて、集団で一緒に過ごすケアの仕事から、密室に一対一で行うセラピーの仕事へと、紹介される仕事は変わっていった。すると、より高度な仕事を任されるようになったと感じ、自分が成長しているような気がした。

世間にはケアの仕事のほうが多いけど、でも、おれはセラピーの仕事がしたい。日常ではなく非日常的なものを扱い、心の奥深いところに触れられるような治療者になりたい。セラピーに習熟したい。だから、大学で教えるのではなく、病院で臨床をしたい。そう思っていたのだ。

深夜の会議

と、高邁というか自分勝手というかはわからないが、自分なりの理想に燃えていたのはいいものの、やっぱり仕事は見つからない。

夜な夜なインターネット空間を徘徊しつづけた。アリババが「開けゴマ！」と叫んでいたように、僕はグーグルに向かって「臨床心理士　求人！」とか「カウンセラー　募集！」と叫んだ。だけど、アリババと違って、僕の前の扉はまったく開かなかった。

とっくのとうにハカセ的絶頂期は過ぎ去っていた。血も涙もない現実、いや正規雇用もセラピーもない現実に直面して、ふくれあがった自尊心ははかなく萎んだ。そして、父親が社会の落とし穴に沈みかけているとも知らずに、すやすやと眠るわが子の頬を撫でながら、夜な夜な涙に暮れていた。すると、僕からは邪悪なオーラがあふれ出るようになった。

「世の中、本当にシビアすぎる。おれはこのまま無職ハカセになってしまうに違いない」と我が身を嘆いて絶望したと思うと、「京大でハカセを取って、家族を養える就職がないなんて、臨床心理学って大学教員だけがもうかるシステムになっているではないか」とアカデミアを呪い出し、一転して「九年も大学にいて、就職のためのコネ一つつくれなかったなんて、おれはなんて身勝手な馬鹿なんだ」と自責感に苛まれた。負のエネルギーは他人に向いたり、自分に向いたり、忙しかった。

だけど、臨床心理学の神様は僕を見捨てはしなかった。

明けて二〇一〇年の正月、凍てつく京都の夜更け。僕は相変わらず「開け！　臨床心理士求人！常勤！　ボーナス！」とグーグルに向かって叫んでいた。すると、突如神が啓示を下した。

《精神科クリニック　常勤臨床心理士募集　条件：月給二五万円（資格手当込み）。賞与六か月（ただし条件によって変動）》とノートパソコンに映し出されたのだ。

月給二五万円。賞与六か月。

なんだそれは。聞いたことのない好待遇ではないか。このクリニック、庭から石油でも湧いているのではあるまいか？　あまりのことに、僕は椅子に座っていることができなくなり、部屋の中をうろうろしはじめた。

「落ち着け」と突然、骨太の方針第二条「家族を養えるだけの給料」氏（クールな性格をしている）が語りかけてくる。「まずは計算してみるんだ。君はその給料でちゃんと家族を養えるのか？」

「黙ってろ」僕は二条氏を一喝する。「計算するまでもねえよ」

そう、計算するまでもない。月給二五万円で賞与六か月。清貧をモットーに学問に励んできた臨床心理士からすると、毎日シャンパンを空けでもしないと消えることのない天文学的数字である。十分だ。間違いなく暮らしていける。いや、それどころか、マジで月に一回はシャンパンくらい飲めるかもしれん。「賞与六か月」という声に出して読みたい日本語にテンションが上がってしまう。よく見ると二条氏もニヤついている。

すると、骨太の方針第一条「カウンセリングがメインの業務」氏（熱血純情タイプだ）が声を上げる。

「おいおい、けっきょく金かよ。情けねえな。金が欲しいなら、大学院になんか行かねえでグローバル企業に就職すりゃよかったんじゃねえのかよ？」

僕は無言でマウスを動かして、画面をスクロールさせる。業務内容が飛び込んでくる。

《業務内容：カウンセリング7割、デイケア2割、他雑務あり》

「おおお……」さしもの一条氏も言葉を失う。「これは……」

外の闇は深く、寒気で窓は凍っていたのだけれども、僕は燃えていた。これだ。ついに見つけたのだ。正規雇用かつセラピーをできる仕事。野心あふれるハカセにふさわしい仕事だ。一条氏も二条氏もぐうの音も出ない完璧な職だ。絶頂期が一瞬にして舞い戻ってくる。

求人情報に掲載されているリンクをクリックする。すると、クリニックのホームページが現れる。「アクセス」のページに飛ぶ。情報の波をサーフィンする。クリニックの場所が現れる。

なんと、そこは沖縄。

「あれ？」僕は固まる。躊躇《ちゅうちょ》する。「遠すぎない？」

僕は東京出身だったのだけど、中学受験に失敗してなぜか神奈川の学校に通うことになり、大学は京都に行った。西へ西へと流れていくので、心ない親戚たちからは「西行法師」と呼ばれていたのだが、次は沖縄。このペースで西に流れていくと、早々に天竺にたどり着いてしまうのではないか。

いくらなんでも、沖縄は遠すぎる。知り合いなんか一人もいないし、陸続きじゃないから、急なことがあったときに、親の死に目に

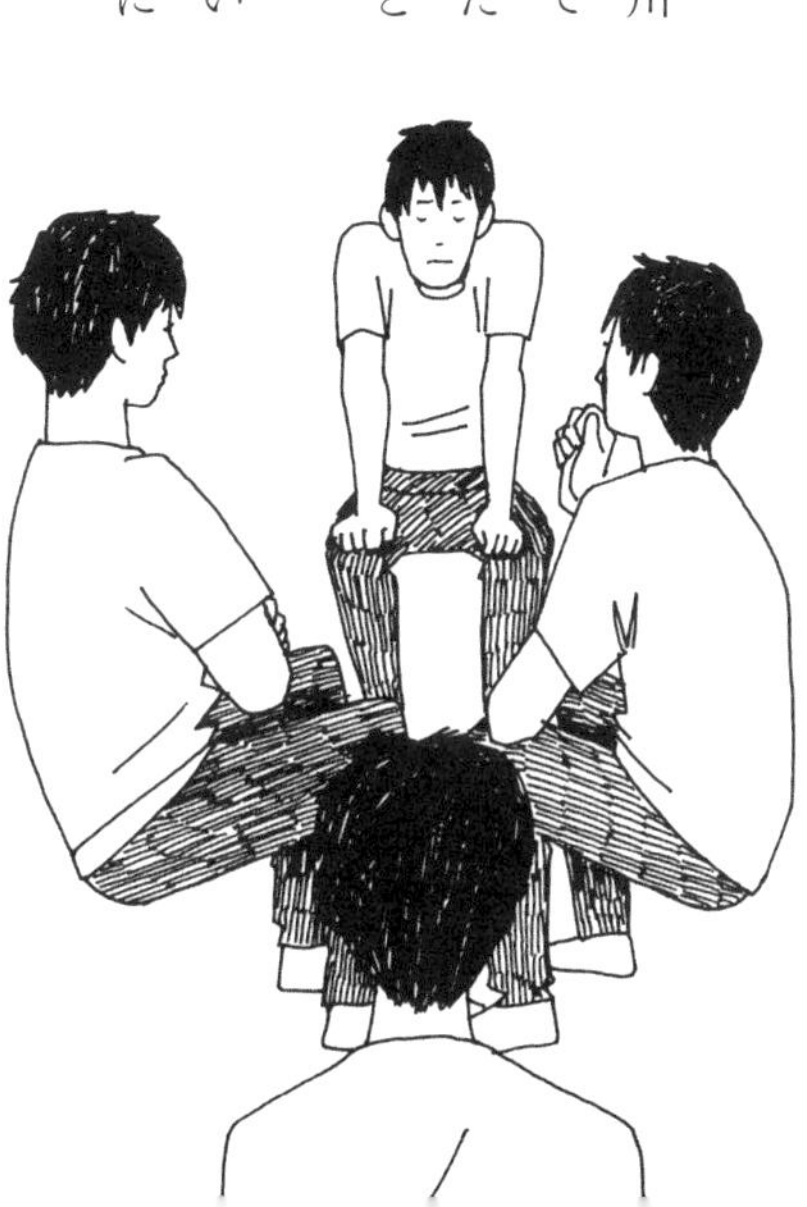

も会えないかもしれない。何より学問の中心から遠く離れてしまう。最先端の知にも触れられず、同じ関心を持つ人たちと議論することもできなかったら、正統派の心理療法家になんてなれやしない。僕の一人よがりな性格からして、深層心理学どころか、前世とか守護天使とかと言い出す野良ハカセになってしまうに違いない。

「これはちょっとあれかな、ご縁がなかったかな。仕方ないよな」僕はブラウザをそっと閉じようとした。

そのとき、骨太の方針第三条「地域は選ばない」氏（皮肉屋である）の声が響く。

「へー、地域が理由でやめちゃうんだー」三条氏はすました顔でたたみかけてくる。「自分との誓いも守れないんだー。前から思ってたけど、君ってほんとに都合のいい性格してるよね」

ぶちギレた。たかだか骨太の方針の分際で、おれの姑息な性格にまで立ち入ってくるとは我慢ならん。だから、叫んだ。

「ふざけんなよ！　男に二言はない！　やってやらあ！」

「おおお！　お利口！」骨太の方針たちは拍手喝采、スタンディングオベーションだ。「ハカセは立派！　偉い！」

僕たち四人はがっちりと握手をした。そして、ひそかに胸を撫でおろした。「この際、無職にならなきゃなんでもいいよね～」「ほんとだよ～」「どうなるかと思ったぜ～」「いや～、よかったよかった～」

ウサギ穴に落っこちる

そこからは一気呵成だった。一度決めてしまうと、僕は行動が速い。状況はめまぐるしく動いた。光の速さで履歴書をつくって送り付け、面接の連絡がきて、格安航空券を予約して、沖縄に飛び、面接を受けて、とんぼ返りして、採用されたと連絡があったので、「ありがとうございます」と喜んで、ふたたび格安航空券で沖縄に飛び、モノレール「奥武山《おうのやま》公園」駅のすぐそばのアパートを契約して、また京都にとんぼ返りして、立つ鳥跡を濁さないつもりが若干濁したりもして、学位授与式でハカセ号をもらって、そして住んでたボロアパートを引き払って、片道切符で那覇空港行きの飛行機に乗り込んだ。

まるでウサギ穴だ。アリスが多忙なウサギを追いかけて、真っ逆さまにふしぎの国まで転落していったように、僕もインターネットにぽっかりと空いたウサギ穴を真っ逆さまに落下していた。だけど、当時の僕は自分がウサギ穴を転落していることにまったく気づいていなかった。むしろ、自分の意志で修行の旅に出立したのだと思い込んでいた。

ゲド戦記みたいなものだ。見習い魔法使いが旅に出て、さまざまな経験を積む。そして大魔法使いになって故郷に凱旋する。おれも精神医療の現場で自分を鍛える。そして、大セラピストになって凱旋する。そういう英雄的なファンタジーに取り憑かれていたのだ。

僕はこのとき、完全に、徹底的に、致命的に、愚かだった。

僕は何もわかっていなかった。多くのことについて完全に思い違いをしていたし、ありとあらゆることを見逃していた。

なぜセラピーの仕事がこんなにも見つからなかったのか。なぜケアの仕事はいっぱいあるのか。なぜハカセたちは大学に就職しようとするのか。なぜそのクリニックは賞与六か月だったのか。なぜ僕はそんなにもセラピーをしたいと思ったのか。なぜ僕はセラピーが上で、ケアは下だと思ったのか。なぜケアを見下していたのか。

そして、そもそも、セラピーとは何か。ケアとは何か。

そういう最も基本的で重要な事柄について、僕はまったくわかっていなかったし、深く考えてみようともしなかった。一般的になんとなく言われていることを、丸呑みしているだけだった。

そのとき、僕は立ち止まって考えるべきだったし、きちんと調べてみるべきだった。だけど、そのころの僕は、ハカセになった絶頂感と無職になる恐怖感によって、それらをすっかり怠った。本当はきちんと考えなければいけないことが山ほどあったのだけど、僕はそれらを全部すっ飛ばしていた。

その結果、僕は最初に目指していたところとはまったく違ったところにたどり着くことになった。ウサギ穴に落っこちたのだ。

看板はたしかに立っていた。「ここにウサギ穴があります」と、そこにはたしかに書いてあった。

そう、「デイケア2割」と求人情報には書いてあったのだ。そして、僕もさすがにその文言を読んではいた。それは事実だ。だけど、しょせん2割の仕事なんだからどうとでもなるとタカをくくっていた。

でも、実際働きはじめてみると、カウンセリング業務はたしかに7割あったけど、デイケアは2割ではなく、10割だった。二つ足したら17割で意味不明なのだけど、デイケアとはそういうところだった。そこはふしぎの国で、僕は10割、つまり全身デイケアに飲み込まれることになったのだ。

それなのに、当時の僕はデイケアのことを何も知らなかった。たぶん、今この本を読んでいるあなたと同じか、もしかしたらあなたよりも全然知らなかったかもしれない。

精神障害者が一日を過ごす場所だということくらいはわかっていたけど、それ以上のことは何も知らなかった。デイケアで何が行われているのか、デイケアでは何が起きているのか、そしてケアとは何か。そういうことを何も知らなかったし、知ろうともしなかった。もちろん、自分がデイケアに深く傷つけられ、すべてを奪われてしまうことも知らなかった。

そうなのだ。無邪気で愚かな絶頂ハカセは、何もわからないままに、インターネットに空いたウサギ穴を真っ逆さまに落ちていくことになった。その穴はふしぎの国のデイケアへと、まっすぐつながっていた。

＊

ウサギ穴を抜けると、そこは那覇空港だった。真っ逆さまに落下した僕は、無事に南国の滑走路に着陸した。

まだ三月だったのに、那覇空港の国内線ターミナルはすでにクーラーがしっかり効いていて、モノレールに乗るとみんな汗をかいていた。沖縄は「うりずん」の季節だった。短い冬が終わり、大地に

みずみずしさが戻ってくる「潤い初め」の季節。

引越しを終えると、僕は近所の探検に夢中になった。奥武山公園近くの小道には、至る所に「石敢當《いしがんとう》」という魔除けが張られていて、奇妙なシーサーが潮でボロボロになったアパートの入り口に飾られていた。亀甲墓《きっこうばか》と呼ばれる巨大なお墓が坂道の途中にいっぱいあった。その墓の形は女性の子宮を模していると聞いて、なんてエキゾティックなんだと、テンションが上がった。

極めつけはウタキだった。沖縄の民間信仰の聖地は「ウタキ」と呼ばれている。藪の中の大きな樹のふもとが、なんとなく広場になっていて、小さな香炉が置かれている。そこで人々は神に祈る。そんな場所が無数にあった。

モノレール沿いのツタヤの裏に森があって、そのなかを探検していると、ウタキが見つかった。すごい！　資本主義のすぐわきに、前近代的呪術の世界が広がっている。沖縄！　なんておもしろいんだ。僕は大喜びして、ウタキを探して回った。

おめでたいことにハカセは浮かれていた。自分がふしぎの国に彷徨《さまよ》い込みはじめているとは気づかずに、仕事が始まるまでの短いバケーションを満喫していたのだった。

第2章

「いる」と「する」

とりあえず座っといてくれ

名前を奪われる

「来たな、京大ハカセ！」

初出勤の日、満面の笑顔で出迎えてくれたのは、マヨネーズのキューピーちゃんにそっくりなおじさんだった。

背が低くて、ぷっくりとした小太り体型で、おそろしくぱっちりした瞳に、メガネをかけている。だけどいちばんの特徴は、ツルツルに禿げあがった頭で、それがピカリと光る。

「はじめまして。看護師のタカエスです」キューピーおじさんはかしこまって名刺を渡してくる。そして、ニカッと笑う。「よろしくね〜」

《業務統括部長》——名刺にはそう刷られている。なんといかめしい。ゴールドマンサックスだったら、アジア全体を束ねていて、小指一本でタイとかフィリピンとかを金融危機に陥れていそうな役職ではないか。そんな最高幹部が、かわいい花柄エプロンに身を包んで、ニヤついていた。

「あんた、京大のハカセなんだよな」僕の学歴は部長の頭と同じくらい威光を放っていた。「孫がよ、いま塾に行ってるからよ、ちょっと今度勉強教えてやってくれんか。ワッターがよ、塾代払ってるんだ。アギジャビヨ、泣きそうさ」

「ワッター」とは沖縄の方言で「私」、「アギジャビヨ」は驚いたときに発する言葉だ。研修が始まるのかと思いきや、タカエス部長は沖縄方言で家庭の愚痴をまくし立てはじめる。だけど、キッチンにいた頑固そうなオバアが「タカエスさ〜ん、お茶がないみたいよ〜」と呼ぶので、愚痴は中断される。

「ハッサ！　みんな飲みすぎなんじゃないの？」と言って、あわててお茶をつくりに行く。業務統括部長は膨大な業務を統括している。

それにしても、あのオバアは何者なのだろうか。デイケアでは患者さんのことを「メンバー」と呼ぶのだけど、誰がスタッフで、誰がメンバーなのか、全然わからない。

高速でさんぴん茶をつくり終えた部長が戻ってくる。「ごめんね。研修やらなきゃいけないよな。で、京大ハカセ、名前は何だった？」

「東畑開人です」

「東畑か……東畑……東……わかった！　じゃあ、あんたは今日からトンちゃんだ」

「トン…ちゃん…ですか？」

「おう、トンちゃんだ。いいだろ？」ご満悦のようだ。「麻雀やったことあるか？　東ってよ、トンって言うんだよ。若いころはよ、おれも毎晩病棟で麻雀やってたから……」

精神科病院に勤めていたころの昔話が始まってしまう。この業務統括部長、たいへんなおしゃべりだ。すると、先ほどのオバアにふたたび呼ばれる。

「タカエスさ〜ん、もう買い物の時間だよ〜。お昼ごはんの準備しないといけないでしょ〜」

「わかってますよー、ちょっと待ってて。いま、トンちゃんに研修してるんだから！」大声で言い返す。「オバアになると、なんであんなにせっかちになるかね。トンちゃん、心理学ではなんかそういうのあるのか？」

「うーん、そうですね」上司からの突然の無茶振りに必死に答えようと考えていると、ふたたびオバアが叫ぶ。

「タ〜カ〜エ〜スさ〜ん！　買い物のじ〜か〜ん！」

「わかってるさー、いま行くよー！」タカエス部長は車のキーを持って立ち上がる。「ということで、トンちゃん、とりあえず、あんたはそのへんに座っといてくれ」

そう言い残して、タカエス部長はバタバタと去っていく。業務統括部長最大の業務は、沖縄のローカルスーパーマーケット「サンエー」に昼ごはんの材料を買いに行くことなのだ。

こうして僕は古い名前を奪われ、新しい名前をもらった。まるで「千と千尋の神隠し」みたいではないか。

とりあえず座ってみる

「トンちゃん」となったサラリーマン心理士の最初の仕事は、「とりあえず座っている」ことだった。なんてアバウトな業務命令なんだ！　と思うけど、しょうがない。とりあえず、目の前のパイプ椅子に座ってみる。

座り心地がとても悪い。ひどく古びた椅子のクッションは使い込まれているせいでたわんでいたから、尻が気持ち悪いのだ。

まわりを見渡してみる。僕の右に座っていた女性は飽きることなく同じ新聞の同じページを読み続けていて、左の男性はハンカチを折り畳んでは開くことを繰り返している。確信はないけど、たぶんメンバーさんなのだろう。ふしぎだ。いったい何をやっているんだ。

だけど本当にふしぎなのは、何かふしぎなことをしている人ではなく、何もしていない人たちだ。多くの人が、デイケア室でただ座っているだけなのだ。話をするでもなく、何かを読むでもない。ときどきお茶を口に含むことはあったけど、基本彼らは何もせずに、ただただ座っていた。こんな風景見たことない。僕はそれまで、誰も彼もがセカセカと何かをしている世界にいたからだ。

そうすると僕もどうしていいかわからない。まるで凪《なぎ》の時間みたいに、そのデイケア室には何も動きがなかったから、僕もどう動いていいのかわからないのだ。

ものすごく居心地が悪くなる。知り合ったばかりの人たちと居酒屋に行って、注文をした後になかなかビールが来ないときの気まずさが延々と続く感じだ。

困る。

何をすればいいのかを教えてもらおうと思うのだけど、研修係のタカエス部長はサンエーから帰ってこない。

「とりあえず座っといてくれ」と言われたんだから、座っているしかない。そう思って、座り直してみたものの、やはり一分も持たない。時間が全然進まない。何もしないで座っているって、本当につらい。

そのとき、思いつく。そうだ、おれは臨床心理士なのだから、話を聴くプロだったではないか。臨床だ。これは臨床なのだから、メンバーさんたちと話をしてみようじゃないか。専門性を発揮するのだ、と思って新聞の同じページを読み続けているおばさんに話しかけてみる。

「あの……何を読んでおられるんですか？」

「新聞だけど」

そりゃそうだ、見りゃわかる。

「……なんか面白いことありますか」

「別に。ただのスポーツ新聞だけど」

「……ですよね」

おばさんはこちらを一度も見ることなく、新聞を読み続ける。取りつく島もない。僕の専門性ははかなく砕け散る。しょうがないから、とりあえず座り直す。


もう一度、まわりを見渡してみる。医療事務の若い女の子たちはテキパキとキッチンで働いている。看護師たちは詰所で熱心にカルテを書いている。僕だけが、ただただ座っている。みんな何かしら働いていていて、「する」ことがあるのに、僕はただ、「いる」、だけ。

すると、よからぬ考えに襲われる。一周り年下の医療事務の女の子と目が合うと、「あら、新種のシロアリさんかしら？　何もしないで座っていて、私よりいい給料もらうのよね、素敵な穀潰しライフねぇ」と思われている気がする。組んだ足をイライラと動かしながらカルテを書いているオツボネ風看護師の頭の中まで透けて見えてくる。「九年も大学行って、何の役にも立たないなんて、なんなのこのグズは！　グズグズグズグズ！」

いかん！　このままただ座っていたら、おかしくなってしまう。そう思って僕は、逃げ場を探す。するど、デイケア室の奥のほうに薄暗い喫煙室が見つかる。

「これだ！」と思って、あわてて喫煙室に逃げ込む。「ここなら、人目にさらされない」

とりあえず座っといてくれ

トイレの脇にあるせいなのか、その喫煙室は、暗く湿っていて、小便とタバコが濃厚に混じり合った匂いが充満していた。世界の最果て感がハンパない。そこにはいくつかパイプ椅子が置かれていて、そのまたいちばん奥にあるパイプ椅子にヌシが鎮座していた。

デロデロでシミのついたTシャツと、短パンから伸びている垢だらけの足、そして汗と尿が混じったような複雑なフレイヴァー。ヌシの異様な存在感に僕はビビってしまう。しかも、まるで牢名主のように、ヌシは新参者の僕をにらむ。その瞳は世の絶望をすべて見てきたかのように、暗い。

ヤバい。恐ろしい。早く退散したほうがいいのかもしれぬ、と思うのだけど、僕にはもう行き場がなかったから、ここに安住の地を築くしかない。僕はコミュニケーションをしてみることにする。

「おはようございます。今日から、ここに来ました。東畑といいます。」

ヌシは地獄の業火を見るようにして、僕を見る。そしてうなずく。

「ん。」

沈黙。会話が終わる。

ヤバい、気まずい。だから、さらなるコミュニケーションを繰り出す。そうだ、おれは臨床心理士なのだ。話をするプロだったではないか。

「あの……何を吸っておられるんですか?」

「ん。」ヌシは微動だにしない。

「おいしいですか?」自分でも間抜けな質問だが、どうしていいかわからないのでしょうがない。

「ん。」ヌシはめんどくさそうに僕から目をそらし、チェーンスモークを続ける。

専門性はふたたび砕け散る。仕方がないので、僕もタバコに火をつける。ゆっくりと煙を吸い込み、そしてできるだけ時間をかけてゆっくりと煙を吐き出す。ついでに声を出してみる。

「ん。」

おおお。なんかダンディでサマになっている感じがする。おれはただ座っているだけのシロアリではなく、きちんとすることがあるのだ。ダンディにタバコを吸っている渋い男なのだ。そう思ったら気分が良くなってきたので、さらにタバコをゆっくりと時間をかけて吸う。ネイティブアメリカンの酋長が、宇宙の調和を祈るためにするような、渾身のスモーキングをかます。

「ふううう」

「ん。」

すると、なぜかヌシが声を発したので、僕は宇宙が調和したことを確信する。

すごい！　タバコにはこんな効用もあったのか。気まずいときはタバコを吸っておけば、なんかいられる感じになる。

だけど、当然のことながら、タバコはすぐに燃え尽きる。ヌシは速攻で次のタバコに火をつける。僕もそれに続こうとしたら、外から僕を見ていた医療事務の女の子と目が合う。「あらぁ、シ

ロアリさん、穀潰しに精が出るのねぇ、しょっぱなから飛ばすわねぇ」と脳内に残忍な声が響く。しかも、彼女がツカツカと喫煙室に近づいてくる。

やばい、懲戒処分される！ と思って、あわててタバコをしまう。ガラガラと喫煙室のドアが開く。

「このゴミクズ！」と怒鳴られると思いきや、女の子は優しい声で言う。「ミーティングの時間ですよー」

時計を見ると、まだ勤務が始まって、一時間も経っていない。愕然とする。

「なんてことだ！ 座っているのがこんなに難しいとは！」

大学院に五年も通ったというのに、誰もデイケアで「ただ座っている」方法を教えてくれなかったのだ。

居場所型デイケアの一日

完全に錯乱してしまったので、正気を取り戻すために、ここで現実的なことを少し説明しておこう。

僕がいたのは精神科デイケアと呼ばれるところだ。

デイケアとは何か？ 国の定めた診療報酬上の定義で答えると次のようになる。

精神疾患を有するものの社会生活機能の回復を目的として個々の患者に応じたプログラムに従ってグループごとに治療するもの

僕が働いていたデイケアには、いちばん多いのは慢性期の統合失調症だったけど、躁うつ病とか、発達障害とか、パーソナリティ障害とか、さまざまな精神障害の人がいた。そういう人たちがリハビリのために集まって、一日を過ごすのがデイケアだ。

そのデイケアは、那覇市郊外にあったクリニックの一部で、外来は普通の精神科クリニックで、そのすぐ横がデイケア室になっていた。デイケア室の中心は、大きな広間で、キッチンがあり、その周囲にソファやパイプ椅子、机が配置されていた。奥のほうには喫煙室と和室が、二階には小広間が、半地下になっているところには卓球室と面接室があった。

このデイケアは、正確には「デイナイトケア」と呼ばれるものだ。どういうことかというと、狭い意味での「デイケア」ではメンバーさんが過ごす時間が六時間なのに対して、デイナイトケアだと一〇時間になる。朝八時半から夜一八時半まで、朝から夜まで丸一日（だから「デイ」と「ナイト」なのだ）、メンバーさんたちはクリニックのデイケア室で過ごす。

メンバーさんの数は日によって変動した。カラオケ大会みたいなビッグイベントだと三〇名以上の人が集まるが、一〇名程度しか人が来ないような日もある。来るか来ないかは、基本的にメンバーさんの自由意思に任されている。

デイケア担当のスタッフは、看護師と医療事務職から成り立っていた。タカエス部長をはじめとする男性看護師三人が中心となって運営をしていて、それを外来担当の女性看護師や医療事務採用の若い女の子たち（医療事務ガールズと呼ぼう）が手伝っていた。どういう人がいたのかについては、おいおい紹介していくつもりだ。

僕自身はどのように働いていたかというと、正式な勤務体制としてはデイケアを担当するのは基本「火・水」の午後だけで、あとは外来でカウンセリングをするというものだった。だから、カウンセリング7割、デイケア2割。たしかに募集要項に偽りはない。

だけど実際のところ、カウンセリングがない時間、心理士はデイケア室に出てメンバーさんと過ごすことになっていた。患者がいないのにカウンセリング室でボーっとしていてもしょうがないからだ。

というか、そもそもデイケア室と外来は壁一枚で隔てられているだけだったから、結局のところ毎朝まずはデイケアに出勤するところから始まって、朝から夕方まで一〇時間デイケアで暮らしていて、その合間にカウンセリングをするというのが実際の仕事だった。だから、デイケア10割。カウンセリングと合わせると仕事は毎日17割。

一〇時間ってかなり長い。高校生が朝練をやって、六時間授業を受けて、部活で思い切り汗を流したって、なかなか一〇時間にはならない。青春する暇だって、大いにあるくらいの時間だ。

スケジュールはかなりゆったりと組まれている。さきほど見たようにまず八時半から九時半まで魔の自由時間。皆が思い思いに座っている。

九時半から朝のミーティングが始まる。ラジオ体操をして、メンバーさんの司会でその日の活動の説明や業務連絡がなされる。それから昼ごはんのために野菜を切ったり、お米を研いだりなどの調理補助の仕事がメンバーさんに割り振られる。

ミーティングが終わると「朝の活動」がある。計算ドリルをしたり、コーラスで「あの素晴らしい愛をもう一度」を歌ったり、塗り絵をしてみたり。基本的に軽めの活動なので、一〇時過ぎには、だいたいすべて終わる。

それからふたたび、昼ごはんまでは魔の自由時間。トランプとかをしたりすることもあるけど、だいたいのところは、ただ座っている。

一二時過ぎに昼ごはんを食べると、そのあとは昼休み。つまり、ふたたび魔の自由時間。そして一四時半くらいから「午後の活動」が始まる。

午後の活動はけっこう本格的で、体育館でバレーをしたり、野球場でソフトボールをしたり、あるいはドライブでいろいろなところに行ったりする。それが終わると、また魔の自由時間。そして一八時前に軽い夕飯を食べて、一八時半に帰宅、となる。

そう、デイケアで過ごす一〇時間のうちのかなり多くが自由時間なのだ。

それは何かを「する」のではなく、「いる」時間だ。座って「いる」。とにかくそこに「いる」。ただ、いる、だけ。何も起こらなくて、動きがない静かな時間だ。

デイケアとは、とにもかくにも、「いる」の場所なのだ。

「いる」にこんなにも時間が費やされていたのは、僕がいたところが「居場所型デイケア」だったからかもしれない。

俗にデイケアには「通過型デイケア」と「居場所型デイケア」の二つがあると言われる。すっきりときれいに分けられるものではないけれど、それでもいちおう方向性みたいなものは分かれる。

通過型デイケアとは、その名の通り、メンバーさんがそこを通過していくことを前提としたデイケアだ。最近流行りのリワークプログラムなんかが特にそうだけど、なんらかの理由で社会生活を送れなくなったメンバーさんが、デイケアのさまざまなプログラムに参加することで、回復し、社会復帰していく。この場合、デイケアは社会に戻るために「通過」していく場所だ。治療とかリハビリとかのイメージを思い浮かべてもらうといい。これは国が定める本来のデイケアの機能といっていいだろう。

これに対して、居場所型デイケアでは、必ずしも「通過」が前提とされない。実際、多くのメンバーさんがデイケアを通過して社会復帰していくのではなく、デイケアに留まり続ける。だから、居場所型デイケアはときに「終《つい》の棲家系デイケア」と揶揄されたりもする。

それでいいのか？　と言われちゃいそうだけど、統合失調症だったり、長くひきこもっていた人だったり、あるいは高齢者だったり、社会復帰が必ずしも容易ではない人たちが居場所型デイケアに集まってくるから、どうしてもそうなってしまう。

彼らは社会に「いる」のが難しい人たちなのだ。だから、僕の仕事は「いる」のが難しい人と、一緒に「いる」ことだった。

「いる」ことを目的として「いる」。居場所型デイケアにはそういうトートロジー（同語反復）がある。ふしぎの国みたいだ。「いるためにいるためにいるためにいるためにいる」みたいに、混乱した帽子屋が歌い出しそうではないか。

ここにデイケアの秘密があったと思うのだけど、僕にはそれがよくわかっていなかった。「いる」

とか、居場所とは何か？　とか、そもそもそれでいいのか？　という問いを深く考えないままに、働きはじめていたからだ。

だから、僕はひどい過ちを犯してしまうことになった。

話を前に進めてみよう。

カウンセリングもどき

居るのはつらいよ。

何もしないで「ただ、いる、だけ」だと穀潰し系シロアリになってしまった気がしてしまう。それがつらいので、それから何か月ものあいだ、僕は何かをしているフリをすることにした。

本棚を眺めて「ん。」とうなずいてみたり、もらった就業規則の紙を熟読して蛍光マーカーで線を引いてみたりした。あるいはトランプが全部の枚数そろっているか確認してみたり、挙句の果てには机の木目を数えることまでしていた。

そうやって、何か作業をしている感じが醸し出されると、自分が一瞬ダンディな医療人になっているような気がするからだ。

何か「する」ことがあると、「いる」が可能になる。

だから、カウンセリングの仕事があるとホッとした。実際に何かをしていたからだ。「おれはちゃんと働いているのだ」と思えた。だけど、働きはじめた当初の四月、五月は、カウンセリングの担当数も少なかったので、「する」ことが全然なかった。だから、カウンセリングの記録を書いているフリをして、カウンセリング室で隠れてボーっとしていることもあった。これはもうホンモノのシロアリ的殺潰しなので、やっぱりひどく気が滅入った。

だから、結局のところ、座っているしかない。

デイケアは座るに始まり、座るに終わるのだ。

働きはじめて一か月、四月の終わりごろに、ジュンコさんという三〇代女性のメンバーさんがデイケアにやってきた。ジャラジャラと大量のパワーストーンを身につけていた彼女は、統合失調症と診断されていて、精神科病院から退院してきたばかりだった。「社会復帰」を果たすべく、デイケアにやってきたのだ。

ジュンコさんはやる気に満ちあふれていた。タカエス部長は例によって、超テキトーなオリエンテーションで「とりあえず座っといてくれ」と言ったのだけど、彼女が座っていたのは二秒だけだった。すぐに立ち上がり、積極的に「する」ことを探しはじめた。

「こんにちはー」とスタッフ、メンバー問わず挨拶して回り自己紹介をした。「どこの高校行ってた？　私はほとんど高校行かずにやめてるさー」

何か「する」ことを見つけると、彼女はなんでもやった。くじで割り当て制になっていた調理補助にみずから立候補し、皆が適当に流すだけの朝の活動の計算ドリルに超絶熱心に取り組んだ。「引き算は難しいねー。高校に行ってないから、いまから勉強するしかないね」

ジュンコさんは「リハビリ」に取り組み、早く「社会復帰」をしようと、燃えていた。だから一週間が過ぎるころには、早くもデイケアのありとあらゆる活動の中心人物になって、毎日を忙しく過ごすようになった。僕がシロアリだとすると、彼女は働きアリだった。

過剰にがんばりすぎるジュンコさんに対して、看護師たちもさすがに心配して、「座って、ゆっくりしていてもいいんですよ」と声掛けをしていたけど、「大丈夫だよー、私、高校のときは、卒業したら調理師の学校に行きたいって思ってたんだよね」とジュンコさんは調理の手伝いをやめようとはしなかった。


そして、ジュンコさんは僕にも、話しかけてくるようになった。

「ねえ、東畑先生って、カウンセリングの先生なんでしょ？ すごいね。どこの高校行ってたの？ 私はほとんど高校行かずにやめてるよー。それでね、聞いてほしい話があるんだけど、いま時間ある？」

時間は死ぬほどあったのだが、「OK！ ちょうど暇してたんですよ！」と言ってしまうとシロアリを自認するようなものなので、「あぁ、そうですね……そうだなぁ……どうだったっけなぁ……ああ、今日の午後とかなら時間ありますよ？」と頭の中にカレンダーを思い浮かべるフリをして（真っ白だけど）、もったいぶって答えた。

「ありがとうね。じゃあ、午後ね」そう言って、ジュンコさんはふたたびスタッフのお手伝いをしに行き、僕は机の木目を数えることを再開した。


午後、僕は高揚していた。そうだ、ジュンコさんは臨床心理士であるおれに相談があるのだ。ついにデイケアで専門性を発揮するときが来たのだ。これでもう誰にもシロアリとは言わせねえぞ、と息巻いた。

デイケア室の半地下には面接室があったので、僕とジュンコさんはそこで話をすることになった。二人きりになれて、秘密が守られる場所だ。

「三〇分はジュンコさんの時間です」と僕は最初に伝えた。時間と空間を限定することはカウンセリングの基本中の基本なのだ。そうすることで、心の深いところに潜む感情を扱うことができる。僕はセラピーをするための舞台を整えた。

ジュンコさんは「私、じつはほとんど高校に行けなかったわけさ」と話しはじめる。

「はい」僕は傾聴する。

「先生はどこの高校に行っていたの？」

「どこだと思いますか？」カウンセラーの必殺技で、個人情報を聴かれたら質問で返す。

「心理学を勉強できる高校って、那覇にはあるんだろうね」

「あぁ、なるほど」傾聴を続ける。

ほのぼのとしたジュンコさんの学歴トークを、専門家面して傾聴していたところ、突然話は奈落の底に落ちていく。急斜面を直滑降で滑り落ちて、そのままクレバスに転落する。

虐待家庭に生まれ育ち、高校生のころに妊娠したことをジュンコさんは語り出す。泣き崩れる。子どもは無事産まれたのだけど、同い年の夫は暴力を振るいはじめ、すぐに離婚することになった。それ以来子どもと会えていないことを涙ながらに語った。夫の家族が極悪非道だったこと。自分の病気のせいで、子どもにひどいことをしてしまったこと。子どもに会いたいと思うけど、きっと憎まれているに違いないこと。そういうことを一気に語る。

ふだんのどこか浮世離れしたジュンコさんとは、まったく違う彼女が現れる。三〇分という短い時間で、ジュンコさんは悲惨な人生を語り、僕は黙って聴いていた。というより、あまりに苦しい話であったから、頭がくらくらしてしまい、黙って聴く以外の何もできなかった。

三〇分経ったので時間が来たことを伝えると、「すっきりしたさー、ありがとうね」とジュンコさんは突如笑顔になる。人が入れ替わったように、ケロッと笑う。そして「また話をしたいときはどうしたらいい？」と聞くので、また次の週にも話をすることになった。僕はまたもやカウンセリングのお作法のように、週に一回話をしようという形をとった。

「こういうのもリハビリだもんね」とジュンコさんは屈託なく言った。

それから数週間、僕とジュンコさんは何度か話をすることになった。密室に二人きりになって、悲惨で苦しい話をした。話をしつづけた。

そして、結論から言うと、ジュンコさんはデイケアに来なくなった。

過活動気味であったジュンコさんは徐々に疲弊していった。メンバーさんとのあいだの出身高校トークも、調理の手伝いも、しなくなった。動けなくなったのだ。そして、動けなくなると、彼女はデイケアにいるのがつらくなった。座っていられなかったからだ。

だから、ジュンコさんは一日の途中に、デイケアからフラッと出て行って、そのまま家に帰ってしまうようになった。そして、気づけばデイケアを休みがちになり、最後はまったく来なくなった。

「こういうパターンもあるよなぁ」タカエス部長は言っていた。「焦ってたんだろうなぁ。たぶん、また戻ってくるだろうから、そのときはゆっくりいかんとなぁ」

デイケアではよくあることなのだ。デイケアに参加しはじめたものの、「いる」ことができなくて、つらくなってしまって去っていく。なにせ一〇時間の長丁場だから、「いる」のは容易ではない。だから、新しいメンバーさんがそうやって離れていくことは、ありふれたことではあった。

だけど、僕は猛省していた。おれのせいだ、と思ったからだ。

僕がジュンコさんとしていたのは、カウンセリングもどき、セラピーもどきだった。二人きりの空間で、時間を決めて、話を聴く。そうすることで、心の深い部分に触れる。それは大学院で教えられたセラピーの基礎の基礎だった。だから、「話を聴いてくれ」と言われて、僕は反射的にそうした。

だけど、心の深い部分に触れることが、いつでも良きことだとは限らない。当然だ。抑えていたもの、見ないようにしていたもの、心の中の苦しいものが、外にあふれ出てしまうからだ。つらいに決まっているし、心は不安定になる。

実際、何回かセラピーもどきをするなかで、ジュンコさんはデイケアのメンバーやスタッフからも、自分は疎まれているのではないかと話すようになっていた。心の中にあった悪いものが、現実を汚染し、被害妄想が生まれはじめていた。そして、そうなってきたところでジュンコさんは、デイケアにいられなくなった。デイケアから離れた。

おれは大バカだ。

なぜ彼女が僕に話を聴いてほしいと言ったのか。

それは彼女がデイケアに「いる」のがつらかったからだ。だから、彼女はセラピーもどきではあっても、何か「する」ことが欲しくて僕に相談を持ちかけたのだ。そうすることで、デイケアに踏みとどまろうとしていたのだ。

それなのに、僕は素朴に彼女がカウンセリングを欲しているのだと思ってしまい、「深い」話を聴き出そうとして、彼女を傷つけた。

僕も同じではないか。僕もまた「する」ことがなくて、「いる」のがつらいから、セラピーもどきに逃げ込んだ。そしてその結果、かろうじて安定を保っていた彼女の苦しさに気づかず、状態を悪化させてしまった。

僕はあのとき、カウンセリングもどきなんかをするのではなく、二人でデイケアに「いる」べきだった。一緒に、退屈に、座っているべきだったのだ。座っているのがつらければ、せめてトランプをやるとか、散歩をするとか、何かしら一緒にいられることを探すべきだった。

ジュンコさんが求めていたのは、セラピーなんかじゃなくて、ケアだった。心を掘り下げることではなく、心のまわりをしっかり固めて安定させてほしかったのだ。

僕は間違っていた。何も彼女のことをわかっていなかった。

「いる」のがつらいのは僕だけじゃない。「いる」のがつらくって、いろいろな声が聞こえてきてしまう人たちが、ここに集まってきているのだ。デイケアって、そういう場所なのだ。

甲子園沖縄代表

失敗から学ぶ。デイケアにはデイケアの流儀があって、そこにはそこの必然性がある。そう自分に言い聞かせて、覚悟を決めた。

とにかく「いる」。なんでもいいから「いる」。僕は「いる」を徹底することにした。

となると、やれることは一つしかない。

とりあえず座っている。これだ。

雨が降っても、風が吹いても、座っている。タカエス部長たちと飲みにいって二日酔いになった日も座っている。午後の活動のバレーボールでひどい筋肉痛になった日も座っている。ものすごく気持ちのいい青空が広がっている日だって座っている。どんなに暇で、退屈でも、毎日毎日座っている。まるで座禅に打ち込んでいるみたいだけど、もちろんマインドフルになれるわけでもなく、悟りを得ることもなく、何の人間的な成熟も起こらない。僕はただただ魔の自由時間の暇に苦しみ、退屈にうんざりした。凪のように静かで動きのない時間には全然慣れなかった。やっぱり、座っているのはつらかった。

だけど、変化はないわけではなかった。座っているのはつらかったけど、デイケアのなかで少しずつ人間関係ができてきたのだ。

誰がスタッフで、誰がメンバーなのかがちゃんとわかってきて、彼らの名前とどんな人なのかもわかってきた。オツボネ風看護師は見た感じどおり、口が悪くて、性格も若干悪くないこともなかったけど、僕のことは嫌いじゃないというのがわかってきたし、医療事務ガールズは、やっぱり僕のことを若干シロアリだと思ってはいるようだけど、今までにいた心理士も同じような感じだったので、シロアリに好意的な人たちだということもわかってきた。冗談を言い合えるくらいには打ち解けてきた。

そして、メンバーさんたちとの距離も縮まった。僕の隣でひたすら同じ新聞を読んでいた人はトモカさんという名前で、ナプキンを折り畳んでは開いていたおじいさんはユウジロウさんという名前であることを教えてもらった。向こうも僕の名前を憶えてくれた。お互いに慣れてきたのだ。一緒にバレーボールとかトランプとかジェンガとかをするなかで、話をするようになったからだ。密室で話をするのではなく、みんながいる前で世間話をする。深い話ではなく、浅い話をする。そうやって時間を過ごしていると、ちょっとずつ人間関係ができてくる。時間が大事なのだ。

そうこうしているなかで、僕はある日突然「座っている」という最終奥義を体得した。デイケアで働きはじめて四か月ほど経ったころのことだ。きっかけは、夏の甲子園での沖縄代表、興南高校の快進撃だった。

この年、春の甲子園でも優勝していた興南高校は、夏の大会でも順調に勝ち上がっていった。デイケアでは試合のたびに、みんなで応援した。いつもはスポーツ新聞から目を離さないトモカさんも、タバコ以外に興味をもたないヌシでさえも、このときばかりはテレビにくぎ付けだ。

絶対エースのシマブクロ君が三振を取れば沸き立ち、キャプテンのガネコくんがヒットを打ったら大はしゃぎ、チャンスが潰えれば一気に落ち込み、逆転のホームを踏めば狂乱状態になった。メカルとかイレイとかアゲナとか、これまでに出会ったことのない沖縄的苗字の選手が甲子園という大舞台で縦横無尽に活躍するのが楽しくてしょうがなかった。僕は夢中になって、超一生懸命応援した。

そして、興南高校は春夏連覇を成し遂げた。快挙だ。その瞬間、メンバーもスタッフもなかった。一つになったのだ。「ウワー！」と歓声が上がり、なぜか僕も沖縄弁で叫んでいた。

「ハッサー、コーナンコーコー、サイコーサー！」

試合の後、三九円のコーラで乾杯した。「シマブクロ君、凄かったさー」と興奮冷めやらぬ僕らはエースを褒めたたえ、感想戦に突入した。ワイワイガヤガヤと僕らはユンタク（沖縄方言で「おしゃべり」）しつづけた。

だけど、一段落ついて、ふと気がつくと、メンバーさんはいつものようにただ座ることに戻っていった。トモカさんは新聞を広げ、ヌシはタバコを吸っていた。医療事務ガールズは食器を洗い、看護師たちはカルテを書いていた。外から吹き込んでくる風が気持ちよかった。そして、僕もまた、何を「する」でもなく、くつろいでそこに座っていた。

そう、気づけば、そこにただ「いる」ことができるようになっていた。「いる」ことを脅かされなくなっていたのだ。「ただ、いる、だけ」でも、自分のことをシロアリだとは感じなくなっていた。興南高校のおかげで、僕はよそ者じゃなくなっていたのだ。

「とりあえず座っている」とは、「一緒にいる」ということだったのだ。そのとき初めて、僕はデイケアの凪の時間、魔の自由時間を居心地いいと感じた。自分がゆったりと、リラックスしていることを感じた。

ふと見ると、向こうの席でタカエス部長が、椅子に座ってうたた寝していた。トモカさんが「疲れてるんだはずね」とニヤッと笑う。そして、タカエス部長の禿げあがった頭を撫でて「ツルツル」と小声で言った。デイケア室の外では夏の太陽がギンギラギンに燃えていて、タカエス部長の頭はツルツルピカリと鈍く光っていた。

寝ながら「いる」。デイケア達人の匠《たくみ》の技だった。

「いる」と「する」

「いる」ってふしぎだ。

いまこの本を書いている僕は、東京で仕事をしている。あの沖縄のデイケアから遠く離れて、日々を忙しく送っている。カウンセリングを「する」、授業を「する」、そしてこうやって原稿を執筆「する」。そうやって何かを「する」とお金がもらえる。それが僕の日常だ。

でも、それって、僕がそこに「いる」ことが前提となっている。当たり前すぎて、忘れちゃうけど、たしかに僕は職場にちゃんといられる。

僕らは、自分になぜ「いる」ことが可能なのか、ふだんは考えもしない。魚が水のことなんか考えないように、犬が酸素のことを気にもしないように、僕らは自分の「いる」を支えているもののことに気がつかない。そんなことは当たり前だと思っている。

だけど、デイケアにいると、それをとてもふしぎに感じてしまう。だって、「いる」は簡単に失われてしまうものだからだ。そういうときに、僕らは「居場所ってなんだろう」と考えはじめる。「いる」が難しくなったとき、僕らは居場所を求める。居場所って「居場所がない」ときに初めて気がつかれるものだ。本当にふしぎだ。

「いる」ってなんだろう？　居場所ってなんなのだろう？

ナカフジ君という大学のときの後輩が、『心理臨床と「居場所」』という本を書いている。後輩のくせに本を出版するなんて生意気なやつだと思って、最初は黙殺してやろうと思ったのだけど、「いや、優秀な後輩の活躍を寿ぎ、彼から学ぶべきだ（黙殺してるつもりで、おれのほうが黙殺されるのではあるまいか。むしろ、これは恩を売るチャンスかもしれん）」と思い直して、購入してみたら、おもしろいことが書いてあった（ムカつくことに）。

「居場所」を古い日本語では「ゐどころ」と言ったらしい。「虫の居所が悪い」の「ゐどころ」だ。おもしろいのは、この「ゐどころ」の「ゐど」には「座っている」という意味があり、さらには「尻」という意味があったことだ。

居場所とは「尻の置き場所」なのだ。タカエス部長のテキトーな研修は深い真実を語っていたのかもしれない。居場所とは「とりあえず、座っていられる場所」のことだからだ。

こう言い換えてもいいかもしれない。居場所とは尻をあずけられる場所だ。尻とは、自分には見えなくて、コントロールするのが難しくて、カンチョーされたら悶絶してしまうような弱い場所だ。僕らの体の弱点だ。そういう弱みを不安にならずに委ねていられる場所が居場所なのではないか。そう、無防備に尻をあずけても、カンチョーされない、傷つけられない。そういう安心感によって、僕らの「いる」は可能になる。

どういうことだろうか？

ウィニコットという小児科医でもあり精神分析家でもあった人が、次のようなおもしろいことを言っている。

適切な母親は、幼児の万能感を満たしてやり、［…］彼女はこれを繰り返し行なっている。［…］こうしたことを通じて、本当の自己も自らの生活をもちはじめるわけである。〈ウィニコット『情緒発達の精神分析理論』一七七頁〉

難しい言葉遣いなので、超訳する。ウィニコットは、赤ちゃんがお母さんに完全に依存しているときに、「本当の自己」でいられると書いている。

「おぎゃあ」と泣くだけで、魔法のようにミルクを飲ませてもらえたり、「うぎゃあ」と叫ぶだけで、汚くなったおむつを替えてもらえる。赤ちゃんにはそういう完全なお世話を受けている時期があり、そのとき彼らは「なんでも思いどおり」という万能感を感じている。「本当の自己」はそういうときに現れる。

「本当の自己」って、「私、カラーコーディネーターになりたかったのよ！」みたいな、孤独に悩みぬいた末に見つかる「真実の私」というテンション高い感じがするかもしれないけれども、そうではない。それは本当の自己ではない。やっぱりなんか無理している。

ウィニコットが「本当の自己」と言っているのは、ぼーっとしていて、無防備な自分のことだ。たとえば、温泉につかって、「おおお」と勝手に声が出てきてしまうときって、すっかり油断しているわけだけど、そういうときに「本当の自己」が顔をのぞかせる。

子どもがお母さんにお世話になっているときのように、何かに完全に身を委ねているとき、「本当の自己」が現れる。無理なく存在している自分だ。そうすると、「いる」が可能になる。野球観戦のあとの僕がぼんやりと座っていたのは、まさにそれだ。

逆に、お母さんがお世話に失敗して、子どもが身を委ねていられなくなると、彼らの心は壊れそうになってしまう。生存が危うくなり、「いる」が脅かされる。すると、子どもはお母さんの機嫌をうかがったり、お母さんを喜ばせようとしたりする。ウィニコットは、そういうときに「偽りの自己」が生じるとしている。

僕が机の木目を数え、ジュンコさんが調理の手伝いをしていたのと同じだ。環境に身をあずけることができないときに、僕らは何かを「する」ことで、偽りの自己をつくり出し、なんとかそこに「いる」ことを可能にしようとする。生き延びようとする。

僕らは誰かにずっぽり頼っているとき、依存しているときには、「本当の自己」でいられて、それができなくなると「偽りの自己」をつくり出す。だから「いる」がつらくなると、「する」を始める。

逆に言うならば、「いる」ためには、その場に慣れ、そこにいる人たちに安心して、身を委ねられないといけない。

身を委ねる。頼る。依存。ここにデイケアと「いる」の秘密があると思うのだけど、これ以上はここでは触れない。依存は洞窟のようだ。うねうねと複雑に絡まり合って、分岐しながら、どこかへとつながっていく。もちろんこのときの僕はまだそんなことを知らないから、ここでは話を前に進めたい。

ただし、一つだけ、言っておきたいことがある。そういう依存を僕らがふだん意識せずにやっていることだ。僕らは実のところ、誰かに身を委ねながら生活している。そしてそのことに気がつきもしない。

だけど、それが難しい人たちがいる。そういう人たちが居場所型デイケアにやってくる。だからデイケアでは、傷つけられるのではないかと脅かされやすい人たちが、尻をあずけて、座っていられるようになることが目指される。「いる」ために「いる」。あのふしぎの国のトートロジーがやってくる。

そういうわけで、僕の仕事は「とりあえず座っている」ことだったのだ。だって、スタッフ自身が「いる」を脅かされているのに、どうやってメンバーさんが身をあずけられるだろうか。

ジュンコさんは、デイケアから離れて数か月して、夏のいちばん盛りのときに、デイケアに帰ってきた。

だけど、やはりデイケアにいるのは不安だったみたいで、ジュンコさんは相変わらず何かを「する」ことで、忙しく立ち回ることになった。「する」で「いる」の不安を紛らわすことが繰り返された。

だけど、今回のジュンコさんはヒートアップしすぎないように、自分で調整しているようだった。僕たちスタッフもときどきブレーキをかけながら、彼女を見守った。

ときどき、ジュンコさんはいるのがつらくなると、デイケアから出ていった。クールダウンしているのだろうと思って、そっとしておきたかったけど、いちおう医療機関なので探しに行かないといけない。

そういうとき、特に「する」ことがない僕が、よく探しに行かされた。

クーラーの効いたデイケア室を出て、殺人的な日差しのなかを歩き回る。近所のサンエーを見て、バス停を見て、大きな公園を見て、どこにもいなくて、途方に暮れる。暑い。もう家に帰ってしまったのかもしれないなと思ったのだけど、最後にクリニックの裏の小さな公園を見にいく。手入れが全然されていなくて、草が腰くらいまで伸びているその公園のいちばん奥で彼女を見つけた。公衆便所の裏でジュンコさんはタバコを吸っていた。

「探しましたよ」僕は言う。

「ごめんね、ちょっとワサワサしちゃってさ」ジュンコさんは答える。

「そうなんですね。戻れますか？」

「もうちょっと、ここにいたい感じかも」

そうかもしれないと思って、僕もタバコに火をつける。そして、シーソーに座る。すると、ジュンコさんはブランコに座る。何か話をするのが必要なのではない。脅かされずに一緒にいることが大切だ、と思う。

だから、僕はゆっくりとタバコを吸う。ジュンコさんもタバコを吸う。二本目からはニコチンが足りているので、もう味なんかしないのだけど、やっぱりもう一本吸う。僕が彼女を待っているという状況ではなく、二人でタバコを吸っているという状況の方が気楽だから吸う。それにデイケアに戻って、狭い部屋で「座っている」よりも、やっぱりこうやって外にいるほうが楽だ。

なんとなく、ジュンコさんの気持ちがわかる。

するとふと、ジュンコさんが言う。

「暑いね。きっと、もっと、暑くなるさ」

「暑いのはいやだなぁ」僕は答える。

でも、本当はそこはガジュマルの木の下だったから涼しかった。風が吹くと汗が引く。僕らは二人で荒れ放題の公園をぼーっと眺めていた。

異常に日差しが強かったので、雑草がモワっと匂った。

こうして、僕はふしぎの国のとば口に立ったのだった。

第3章

心と体
「こらだ」に触る

ハゲ、デブ、ガリに泡盛を

「燃えてたなぁ」タカエス業務統括部長がオリオンビールの発泡酒「麦職人」を飲み干した。「でも、まだまだ燃えるなぁ。燃え尽きるまで待たんとなぁ」

空になったビールジョッキについた水滴を、シンイチさんがおしぼりで丁寧に拭き取る。

「テッペンまでな」とタカエス部長が自分の禿げあがった頭頂部を指すので、僕がジョッキから飛び出るほど氷を投入する。あわてていたので、氷が何個か机の上にカラカラと転がる。

「落ち着けよ、トンちゃん」と笑いながら、シンイチさんが「クース（古酒）」と呼ばれる熟成した泡盛「菊の露ＶＩＰゴールド」をつぎ入れる。僕がそこに水を注ぐ。タカエス部長が野蛮にもグラスに指を突っ込んでかき混ぜると、水割りは完成。

部長はグイっとあおり、満面の笑顔で言う。「上等さー」

「これから燃えるでしょうね」ダイさんがグラスを飲み干したので、僕はすばやく氷を投入し、待ち構えているシンイチさんにグラスを渡す。

「燃えはじめですからね」シンイチさんはそうつぶやきながら、泡盛を注ぐ。

消防士の会話ではない。デイケア看護師の集いだ。

クリニックにほど近い那覇市小《お》禄《ろく》の激安居酒屋ルパンに、勤務を終えた看護師たちが夜な夜な集まっていた。

「また、ハゲ、デブ、ガリが来てるさー、って言われてるはずよ」とシンイチさんは笑う。

ハゲとは、言うまでもなくタカエス業務統括部長（五九歳）のことだ。

デブはドカベン体型で髭がもじゃもじゃ、そして日々プロ野球のことだけを考えて生きている野球狂のダイさん（三六歳、看護課係長）。

ガリは、乾杯のタイミングにジョッキ二杯を空けてしまうのに、極細マッチョのイケメンであるシンイチさん（三一歳、ヒラ看護師）。

僕が入職したときのデイケアは、ハゲ、デブ、ガリが中心になって運営されていた。ダイさんが司令塔で、シンイチさんが実行部隊。なぜかいちばん役職が上のタカエス部長は買い物とか運転とかを一手に引き受ける雑用係だった。

女性が多くて、しかも人の出入りの激しい職場だったからなのか、デイケアを司る三人の男性看護師の結束は異常に固くって、仕事が終わると頻繁に集っていた。

僕は酒が弱くてすぐ二日酔いになるから、次の日に仕事があるときは、基本的に飲みに行きたくなかったのだが、「トンちゃん、行くぞ、オラ」と体育会系のダイさんに言われてしまうと、断ることができなかった。ハゲ、デブ、ガリにハカセ号をもったチビが加わったのだ（二七歳、ヒラ心理士）。

心理士というと、なんか専門職っぽい感じもするけれど、組織に勤めてしまえば、一介のサラリーマンでしかない。先輩からの飲み会の誘いは絶対だ。そして、飲み会に行ったら行ったで、いちばん下っ端として泡盛の水割りをつくる係をしなくてはいけない。

僕はそういうサラリーマン的お酌が向いてない。気が利かないし、注意が拡散しつづけているので、人のグラスにどれくらい酒が残っているのかわからないのだ。それでしょっちゅう、「トンちゃんは気が利かんな」とタカエス部長とダイさんに怒られた。そういうときに、シンイチさんは笑いながら、代わりに水割りをつくってくれる。

悪いことに、看護師たちの話題の九割は野球だった。ハゲもデブもガリも熱烈な巨人ファンで、暇さえあればプロ野球の話をしていた。あいにく僕は中学のときに野球部で補欠だったせいで、野球のことを軽く憎んでいたから、興味が持てなかった。だから、僕の趣味である幽霊の話に切り替えようと、「このへんで、幽霊が出るとことかないんですか？」と水を向けてみるも、「トンちゃんは、原監督に会ったことあるか？　東京出身だろ？」とダイさんに完全無視された。

文化系でそもそも軟弱な氏育ちなのに、大学院なんかに行ってしまったから、僕からは協調性と社会性が完全に失われていた。だから、看護師たちの体育会系的結束になかなか馴染めなかった。だけど、しょうがない。サラリーマンなのだ。へらへらしながら、泡盛をチビチビ飲み続けるしかない。あぁ、社会人ってのは、本当に面倒くさい。サラリーマンはつらいよ。

だけど、この日の飲み会はいつもと違った。タカエス部長がおしぼりで頭をピカピカに磨きながら「トンちゃん、見ろ！　飲めば飲むほど、ハゲが進むぞ！」とおどけることもなく、言葉少なに泡盛だけが進んだ。僕らは暗かった。

「あれはこれからまだまだ燃えるぞ」タカエス部長は泡盛を舐めた。

「ええ、燃えますね」ダイさんはグラスを飲み干した。

「いまも、燃えてるんでしょうね」シンイチさんがそのグラスに泡盛を注ぐ。

「つらいなぁ」僕は胸が痛い。

この夜の僕らは、野球ではなく、火事の話をしていた。原監督ではなく、ユリさんという女性メンバーの話をしていた。

その日はデイケアが大火に見舞われて、看護師たちが消火をして回り続けた、長い長い一日だったのだ。

出火と鎮火

動かざること、デイケアの如し。

前章ですでに書いたし、これからもひたすら書き続けるつもりだけど、デイケアには動きがない。動きがないから音がしない。射し込む日光までスローモーションに見える。とにかくみんな座っていて、ぼんやりと時間を過ごしているのが、デイケアだ。すると、ときどき、時計まで止まってしまう。

その日の朝も、そうだった。

朝のプログラム（これまた塗り絵という時間止まる系活動だった）が終わってから昼ごはんまでのあいだ、本当に時が止まった。

メンバーさんたちはいつもの指定席に座っていて、何をするでもなく机の一点を見つめていた。ときどきスポーツ新聞をペラっとめくる音がして、ヌシの側近であるヤスオさんが頻繁にお茶を飲みにいくほかには何も動きがない。古い池のように澱んだ時間を、僕は部屋の片隅の椅子に腰かけて、ぼんやりと眺めていた。

退屈すぎる。

ホエールウォッチングよりも暇ではないか。眠くなる。実際、奥の和室からは静かな寝息が聞こえてきていた。メンバーさんたちがタオルにくるまって眠っているのだ。僕も寝てしまいそうになるけど、さすがに勤務中に堂々と昼寝をするような太い神経はない。

だから、頻繁に時計を見る。だけど、針は全然進まない。昼休みどころか、五分後にも、時間は全然たどり着かない。

平和だ、と僕は思う。いや、平和すぎやしないか。二〇代終わりの働き盛りのサイコロジストにとって、ここはあまりに平和すぎる。だから、僕は心の中で唱える。

「時よ、動き出せ」

すると僕の祈りはうっかり天に届いてしまう。


「殺す気か！」突然、女性の甲高い怒号が響く。

「何言ってんの？　あんた頭おかしいよ！」男性の野太い声が炸裂する。

澱んだ時間のどこかから、火の手があがる。

出火元は和室。さっきまで静かに眠っていたはずの二人が怒鳴り合っている。

「私が使ってたさ！」二〇代女性のユリさんはそう叫び、体にかける用のタオルケットを強く抱きしめる。

「知るか！」三〇代に突入したばかりのリュウジさんが怒鳴り返す。「わけわからんこと言うな！」

デイケアは一瞬にして緊迫に包まれる。平和ははかなくも燃え去り、戦争がやってくる。

「殺すのか！」ユリさんはわめき散らす。「支配する気か！」

「おかしいだろ！」

「殺されるーーーーー！」甲高い声が響く。

僕は動けない。固まってしまう。デイケア室は騒然としていて、緊迫していたから、スタッフである僕は何かしなくちゃいけない、というのはわかるのだけど、そもそも何が起きているかわからず、どうしていいかわからない。何より、ほとばしる殺気にビビってしまう。だから、身動きできないままに、事態をただ見ている。

「ふざけんなよ！」リュウジさんは激高する。「あやまらんか！」

「あんたがあやまれ！」

「誰にものを言ってる！」つかみかかろうとする。

「支配する気か！　殺される！」ユリさんがもう一度叫ぶ。「殺されるーーー！」

そこに白衣のガリマッチョ天使が舞い降りる。

「はーい、はいはいはい、はーい」間の抜けた、ゆったりとした声が響く「ユリさん、リュウジさん、落ち着きましょうねー」

外来で受付をしていたシンイチさんが、騒ぎを聞きつけてやってきたのだ。シンイチさんは大げさにおどけた動きをしながら、二人のあいだに体を入れる。暴力を防ぐために、体を壁にする。

「どうしたんですかー、そんな怖い声出すから、みんなデージ心配してるじゃないですか」

緩む。炸裂しそうだった殺気を方言がやわらかく包み込む。

「リュウジさんがよ、殺すって！」ユリさんはまだ興奮している。

「怖いこと言わないでくださいよー。誰も殺さないですよー」

「誰もそんなこと言ってないだろ！　こいつ、頭がおかしいよ！」リュウジさんは緩みそうな雰囲気に負けないようにと、かろうじてもう一度怒鳴った。

「リュウジさん、深呼吸しましょうね。ゆーっくり、ゆっくり」と笑顔で言いながら、シンイチさんはリュウジさんの肩をしっかりとつかむ。動けないようにするためだ。それが興奮を鎮める。実際、リュウジさんに最初の勢いはなくなっている。

気づけば、ジャージ姿のデブがユリさんの肩に手を置いている。「お二人さん、ちょっと、別々にお話ししましょうか」

「そうしましょう」シンイチさんはそう答えて、ほかのメンバーさんのほうを振り返った。そしてイケメンスマイルで言った。「みなさんは、そろそろお昼ですから、配膳を手伝ってくださいね」

ダイさんがリュウジさんを、シンイチさんがユリさんを、それぞれに別の面接室に連れていく。デブとガリはあっという間に火を消したのだった。僕はその見事な手際を、座ったまま、ただ見ていた。

ビビりの心理士、怒られる

昼のスタッフミーティング、僕はきつくきつくシボられた。

「トーハタ！　あんた、ボケっと座ってたでしょ、私は見てたよ」オツボネ看護課長のケイコさんは大変なお怒りだった。「ああいうときはね、いちばんに走っていって、間に入るんだよ。シンイチを見たでしょ！」

返す言葉もない。まったくその通りだ。医療現場で働く心理士として、あまりに恥ずかしかったので、うなだれる。

「すみません」


いま思い出しても、情けない。僕は生来ビビりで、揉めごとが苦手なのだ。

小学生のころ、ガキ大将と闘うための傭兵になってくれと友人に頼まれたことを思い出す。僕は快く承諾して、一〇〇円をもらった挙句、放課後になったら怖くなってしまったので、すたこらさっさと帰宅した。しかも、もらった一〇〇円でアイスを買い食いしてしまう始末だ。

そう、チキン心理士なのだ。だから、僕はああいうときに、咄嗟《とっさ》に動けない。ビビりながら、遠巻きに見ている。

と思ったけど、いや、違うな。それだけじゃない。

僕のこのチキンな性格だけが問題なわけじゃない。僕の名誉を守るために、断じて言っておきたいのだが、そもそも心理士って存在自体、こういうときに情けないのだ。

デイケアで火が噴いたとき、看護師たちは一瞬で火消しに変身して、体当たりの消火活動を始める。これはきっと看護師の祖ナイチンゲール以来の伝統だ。彼女はクリミア戦争が起きると、すぐに戦場に向かった。最前線に飛び込んだのだ。死を恐れず、火を恐れず、ナイチンゲールは反射的に身を投じる。看護師にはそういうエートス（文化的習性）がある。

看護師は何かが起きたときに、まず動く。目の前で誰かが倒れたとき、混乱しているとき、怪我をしたとき、具合がわるいとき、助けが必要なとき、看護師は即座に手を差し伸ばす。体が反射的に動く。

だけど、そういうときに、心理士は二呼吸遅れてしまう。

「何が起きているのだろう」と考え、それから「どうしたらいいのだろう」と考えてしまうからだ。それには理由がある。

セラピーでは心という目に見えないものを扱う。たとえば、深く傷ついたことで、コントロール不可能になった心を扱う。読者のみなさまも、自分がひどく傷ついて、まだ整理がついていないことがあればちょっとだけ思い出してみてほしい（続きを読んでほしいので、ちょっとだけでいいですよ）。

一瞬、我を失いはしないだろうか？　いつもの自分とは違った自分になってしまいはしないだろうか？　それはあなたの心の、微妙で繊細で、そして野蛮な部分だ。

だから、僕らは心に触れることに対して、とてもとても慎重だ。実際、僕はふだんはとても早口だ。会話をするときも、講義をするときも、ベラベラと早口で話す。でも、セラピーをするときには、かなりゆっくり話をする。相手が何かを話したら、いったん「うん」とだけ返事をして、二呼吸くらい僕の中でその言葉を置いておく。そして、もし何か思いついたらそれを伝えるのだけど、そのときも時間をかけて言葉を十分に吟味する。でも、そのあいだに、クライエントが次の話を始めていることも少なくない。

セラピーのとき、僕らは反射的には動かない。夫婦喧嘩は犬も食わないというけど、心の痛いところが外に出てくるときに、反射神経に従うと、ひどいことになるからだ。

「あんたは本当に稼ぎが少ない！」と言われるとカチンとくるわけだけど、そのカチンに導かれて、反射神経を駆使すると、「お前のほうこそ……」とひどいことを言ってしまう。そして、その言葉がカチンカチンと反射して、さらなるひどい言葉が返ってくる。そこにあったのは、本当は自分のことをちゃんと気遣ってほしいというシンプルにして切ない思いだったのかもしれないけれど、反射神経を使うと心の傷は拡大してしまうのだ。

ましてや、体になんか簡単に触れない。体に触れられるとき、心は暴走しやすい。少女漫画を読むとよくわかる。ほら、ハイタッチからいとも簡単に恋が生まれるじゃないですか。密室に二人きりのカウンセリングルームで、体に触れるとおかしなことが起こりやすい。性的な問題が起きたり、あるいはカウンセラーが教祖みたいになったり（そういえば、キリストは触ることで奇跡を起こす人でしたね）、ややこしいことが生じやすい。

だから、僕らは「何が起きているのだろう？」と一拍考え、「どうしたらいいのだろう」とさらに一拍考える。それから動く。そのときに、看護師はもう走り出していて、体に触れている。僕はその後ろ姿を、指をくわえて見ている。

心理士は心を扱うから慎重で、看護師は体を扱いなれてるから反射的に動ける。以上、シンイチさんが有能で、僕がビビりなうえに情けないのは僕の性格のせいではなく、職種の問題でした。証明終わり。Q.E.D.

とは、全然ならないよな、やっぱり。

いま僕が考えていたことは、本当のことも含まれてはいるけど、何かがおかしい。だって、体にきちんと触れられる心理士はいるし、事件が起きて出火したときにすぐに動き出せる心理士のほうがやっぱりまともだと思う。問題をセラピーのことにすり替えちゃいけない。

違うのだ。ここにあったのは、もっと根本的なことだ。電車でご老人にぱっと席を譲れないとか、道で突然倒れた人にすぐ駆け寄れないとか、そういう次元でのビビりが、僕にはあったように思う。それって、心と体とか、そういうこと以前の問題じゃないのか。

と、訳がわからなくなりかけているところで、意識は昼休みのミーティングに戻る。

「で、どうする?」デイケアのリーダーであるダイさんが話を仕切りなおした。「これで三回目だからな」

派手なギャルメイクでまん丸の体のユリさんは、僕が働きはじめる前からデイケアに通っていた。診断は統合失調症。若くして発症して、入退院を繰り返していた。調子のいいときはしっかり者で愛想も良いのだけど、調子を崩すと幻聴が強く聞こえて、とても被害的になる。この数週間は徐々に調子が悪くなってきていて、ここ数日はデイケアで問題を頻発させていた。

今回も、和室にあるタオルケットの使用をめぐってパニックになり、リュウジさんを巻き込んだ騒動になった。些細なことで混乱し、怒りを爆発させることが続いていた。急激に彼女にとってつらい時期を迎えているようだった。

「薬は飲んでいると言っていたけど、かなり怪しいですね」シンイチさんは言った。「お父さんとも話してみます」

「そうだな、燃えはじめてるな。もしかしたらまた入院するかもしれない。とりあえず、もう少し様子を見よう」ダイさんの一声でミーティングは終わりに向かう。

だけど、最後にオツボネ看護師ケイコさんは捨て台詞を残す。

「タカエスさん、私見てたからね」

そう僕も見ていた。タカエス部長も、デイケア室にいたのに、部屋の片隅から一歩も動かずに騒動を見ていた。動かない看護師もいる。

ハゲは僕のほうを見て、ペロッと舌を出した。僕もペロッと舌を出した。


こうして様子を見ることにしたのはいいものの、燃えはじめた火種はそう簡単に収まらない。この日は長い長い一日だったのだ。

その午後、ユリさんはフィーバーした。

フィーバーする歌姫

午後の活動はバレーボールだったから、僕らは何台かのワゴンに分かれて、糸満にある体育館に向かっていた。僕はダイさんが運転する一五人乗りの大型車の助手席に座っていたのだけど、後部座席ではユリさんのリサイタルが始まっていた。

「ウララ〜、ウララ〜」と突然、山本リンダの名曲を歌い出したのだ。「ウラウラよ〜」

唐突に始まったフィーバーに、みんな笑う。僕も笑ってしまう。ユリさんはその反応に気をよくし

たのか、絶好調になって、安室奈美恵のメドレーを始める。微妙に音程を外しているのが、またかわいらしくって、みんな笑う。

運転していたダイさんもいったん笑うのだけど、バックミラー越しにユリさんを見ると、深刻な表情になる。そして、穏やかに諭す。「ユリちゃん、元気出しすぎだな。ちょっと落ち着こうか」

だけど、ユリさんは意に介さない。「早くカラオケ大会にならんかね？　一〇曲くらい歌おうかと思って、練習してるさ。西野カナとか」

そう言って、今度は「会いたくて、会いたくて」と熱唱しはじめる。

僕は助手席から振り返って、歌姫の表情を見てみる。表情が硬直していて、脂汗を流している。苦しそうだ。

「私、これから歌手になるかもしれないさー。デビューしないかって言われてて、オリジナルとかも、たまに考えたりするし」

「まずいな」ダイさんはつぶやく。


夏の体育館は本当にサウナみたいだった。いるだけで汗が噴きこぼれてくるし、体育館のありとあらゆるところから、誰かの汗の残り香が漂ってくる。

バレーボールは、デイケアでは一、二を争う人気の活動だった。スタッフとメンバー関係なく、二チームに分かれ、紅白戦を行う。チームスポーツだから、ミスをしてもカバーしてもらえるし、いつもはほとんど動かない高齢のメンバーさんが偶然ファインプレーをしたりするから、とても楽しい。

ガリマッチョのシンイチさんは見た目通りめちゃめちゃ運動神経がよかったし、ダイさんは動けるデブだった。でもいちばん意外だったのは、タカエス部長だ。高校時代にバレー部でインターハイを目指していたらしく、小太りなのにアタックをバシバシ決める。しかも、三人とも負けず嫌いだったので、試合は毎回超盛り上がった。彼らはいつも本気なのだ。

僕はといえば、大学院に入学した二二歳以降、運動なんて一切しなかったから、当然体はまったく動かない。レシーブすればボールはあらぬ方向に飛んでいき、トスはアタッカーの頭上を越えていく。アタックしようとジャンプするけど、まったくタイミングが合わない。

「トンちゃん、格好悪すぎ」とダイさんに笑われる。

自分でもなんて格好悪いんだと思うけど、それでも僕はバレーボールが好きだった。蒸し暑い体育館で汗びっしょりになると、自分がリハビリしているような気持ちになった。バレーのあとは毎回ひどい筋肉痛になってつらいのだけど、思えばそんな感覚も本当に久しぶりで、気持ちよかった。大学院で「心だ、心だ」と夢中になって、おかしくなっていた何かが回復しているように感じる。

一試合終えると、休憩時間。ヤスオさんはよほど汗をかいたのか、お茶を何杯もごくごくと飲んでいる。僕もポカリスエットを一気飲みする。うまい。

ふと見ると、ユリさんは「狙い撃ち！」と山本リンダの名曲を歌いながら、手でピストルをつくって、サーブの練習をしているダイさんのことを狙撃している。

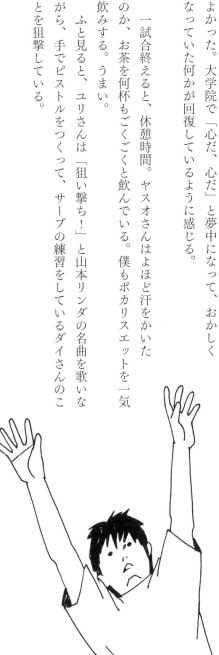

「ユリさん、何してるんですか？」と僕は声をかける。

「なかなか当たらないさー」彼女はふたたびピストルを発射する。「狙い撃ち！」

僕は一瞬笑ってしまう。でも、気楽に笑っていられないような、切迫感がそこにはあった。脂汗のせいか、ギラギラに濃いメイクが溶け出している。そして、彼女からは、強い体臭が立ち込めている。僕はつい、息を止めてしまう。ユリさんは呻くようにして、歌いながら、ダイさんのことをピストルで撃ち続ける。

ダイさんのことが好きなんだろうなと、ユリさんを見ていると思う。

ユリさんは父子家庭で母親がいなかった。家は軍用地の地主らしくて、裕福だったのだけど、ユリさんは寂しかったのだと思う。だから、中学生のときから、不良グループの一員になって、悪いことをいろいろとやっていたみたいだ。高校を卒業後に発症して入院するまでは、ほっそりと痩せていたから、とてもモテたらしい。でも、何度か入退院を繰り返すうちに、少しずつ体は丸くなって、精神機能も少しずつ落ちていった。

たぶんユリさんにとって、ダイさんはお母さんのような存在だったのだと思う。実際のダイさんは髭が生えていて、クマみたいだったけど、なんというか包容力があった。淡々と仕事をしているように見えて、ダイさんはメンバーさんの様子にいつも気を配っていた。孤立しているメンバーさんがいれば声をかけ、調子を崩しているメンバーさんがいればアドバイスをした。規則違反をすれば的確に注意した。ダイさんはデイケアの全体を包み込んでいて、スタッフもメンバーもみんなダイさんのことを頼りにしていた。ダイさんがいれば大丈夫、そういう何かがあった。

ユリさんもダイさんに見守られていると感じていたのだろう。だから、小さな子どもが「見て見て」とお母さんに声をかけるように、ダイさんを狙い撃ちして、「ウララウララ」と踊っていた。

とはいえ、やはりそれは異様だったし、悲壮だった。僕はまだデイケアに来てから日が浅かったけど、それでも彼女がいま病的なものに突き動かされていることはわかった。彼女は苦しそうだった。だから、僕は声をかける。

「ユリさん、ちょっと休みましょうか」

「そうだね、鉄砲当たらないしね」意外なことに素直に応じる。

僕はふらつくユリさんと、見学席まで一緒に歩く。ゆっくり歩くことで、彼女のペースを落としたいと思うけど、やはりフィーバーは止まらない。ユリさんは突然、浜崎あゆみに変身する。熱唱し、踊る。ステップを踏み、ジャンプする。


そのときだ。ユリさんが着地に失敗する。バランスを崩して、ぐらっと揺れる。

「アゲ！」

小さな悲鳴を上げて、ユリさんは僕の方に倒れてくる。まん丸に太ったユリさんの体が、僕の胸に吸い込まれる。僕はいったん、彼女をキャッチする。抱き止める。

だけど、その次の瞬間、僕はまたしても躊躇してしまう。体の重みや柔らかさ。汗がにじんでべとついた肌、そして化粧品と香水の匂いとくぐもった体臭。生々しい。それらの感覚が僕を不快にさせ、脅かす。

ダメだ！　触っていられない！

一瞬腰が引けてしまう。ユリさんの体に触れていることを拒否してしまう自分がいる。

すると、体重の行き場がなくなって、ユリさんはそのまま地面へと肩から倒れていく。どしんと音がする。

「アガー！」甲高い悲鳴が上がる。体育館は騒然とする。「血が出てる！　痛い！」

「大丈夫ですか⁉」僕はそう言いはするものの、どうしていいかわからない。

違う。彼女を抱き起こすべきだ。それはわかっている。そして、僕の体は彼女に向かおうとするのだけど、でもそれを僕自身が押しとどめる。触れない。どうしたらいいかわからない。

そこにダイさんがあわてて駆けつける。すぐに手を差し伸べる。体に触る。

「ユリさん、大丈夫さ。落ち着こうな」そう言って、ダイさんはしゃがんで、ユリさんを抱き起こす。

「一緒に行こうな」

「血が出てる！」半狂乱のユリさんにダイさんは肩を貸す。

そこからは早かった。精神科看護師は迅速に火を消した。

ダイさんは傷の手当てをしながら、ユリさんと話をして、彼女がじつは薬を飲んでいなかったことを聞き出す。三人の看護師が話し合う。

「いかんなぁ、一人では帰せないよなぁ」とタカエス部長が結論を下して、ユリさんの父親に電話をかけた。

ユリさんのお父さんはすぐに体育館まで迎えにきてくれた。ユリさんはまだ興奮していて「やめて！　一人で帰れる！　支配する気か！」と大声を出す。騒然とするのだが、火消したちは毅然とした態度で対応する。病院にきちんと行くこと、状態が落ち着くまでデイケアは出席停止であることを伝える。

「入院かもしれません。よろしくお願いします」とタカエス部長は父親に言った。

「こちらこそすみません」ユリさんのお父さんは申し訳なさそうに謝った。

僕はその一連の流れを、突っ立ったまま、ただ見ている。

「こらだ」に触る

ワゴンに乗って戻ってくると、そこはいつものデイケアだった。今日一日、何事も起きなかったかのように、夕食の時間になり、いつもの凪タイムに突入した。動きのない平和な時間がやってくる。

ユウジロウさんはいつものようにナプキンを折り畳んでは開いてを繰り返し、ヌシはゆったりとタバコを吸い、ヤスオさんはその横で五〇〇ミリリットルのコーラをごくごく飲んでいた。看護師たちはカルテを書き、医療事務ガールズは皿を洗っていた。つつがなく一日が終わろうとしている。あと一時間もしたら、みんな、それぞれ家に帰っていく。

そんなデイケアの平和（パックス・デイケアーナ）を目の前にして、僕は思う。

「これは、かりそめの平和だ」

パックス・デイケアーナの裏側には、いつでも火種がくすぶっていた。今日はユリさんとリュウジさんだったけど、この前はトモカさんだったし、あしたはヌシかもしれない。いずれにせよ、その火種は、ときどき猛烈な炎になってしまう。

そこにはいろいろな理由がある。薬を飲まなかったせいかもしれないし、人間関係の些細なトラブルのせいかもしれない。いずれにせよ、何かのきっかけでバランスが失われると、火種は一気に燃え広がる。大火になる。そして、炎はあっという間に、人格全体を飲み込み、ありふれた日常を食い破る。歌姫的混沌をもたらす。パックス・デイケアーナとは、もろくも崩れ去ってしまうかりそめのものなのだ。動かないものの裏側には、激しく動き続けているものがある。

もちろん、それはデイケアだけのことではない。僕らの日常だって同じだ。ふだんはきちんと社会人とか家庭人とか学生とかとして、まともに生きているような感じがしているけど、上司に叱責されたり、信頼していた人に裏切られたり、恋に落ちたりすると、ありふれた日常はいとも簡単に焼け落ちる。心の奥のほうでくすぶっていた火種が、一気に燃え広がる。すると、いつもの自分とは違う自分が出てくる。そして、学校や仕事に行けなくなったり、大切な人間関係を壊してしまったりする。当たり前だったはずの「いる」ことが不可能になる。僕らの日常だって、薄皮一枚で維持されている。

でも、デイケアの場合、その薄皮が本当に薄い。あるいは脆《もろ》い。薄皮は可燃性物質でできているのか、ふとしたことで火は燃え広がる。

だから看護師たちは日々、消防をして回っていた。出火していないかをチェックして、ボヤが見つかったら大火になる前に鎮火するのだ。

そういうとき、看護師たちはメンバーさんの体に触れていた。リュウジさんの体を抑えたように、あるいはユリさんを抱きかかえたように、迅速に看護師たちは触る。体が触れられることを必要としているとき、看護師たちは反射的にそこに手を当てることができる。そしてそれが、メンバーさんを落ち着かせ、火を小さくする。

三人の看護師たちは皆、まだ一〇代のころから精神科病院で最重症の精神病者の看護をしてきた人たちだったから、メンバーさんの体には触れられることを求めるときがあることをよく知っていた。そう、触れられることをどうしても必要とする体というものがあるのだ。それは僕らがふだん思い浮かべている「心と体」というときの体とは少し違う。そうやって割り切っておくことができないような「心と体」未満の体だ。そこでは、心と体はユリさんのメイクのように、ぐちゃぐちゃに溶けてしまっている。

中井久夫という精神科医は、心と体を分けておくのは、それが便利だからという理由にしか過ぎないと言っていた。

心と体を分けておくと便利なのだ。そうすると、コントロールしやすくなるからだ。だって、そうじゃないか。指にイボができたとき、これを「心がけが悪い」とか、「神の祟りだ」とかと言い出すとややこしくなるから、液体窒素で焼いて処理してしまったほうがいい。体のことは体のことにしておくと便利だ。同じように、数学の問題を解くのに、いちいちヨガの姿勢をしていたら大変だ。あるいは恋をするたびに、心臓外科で治療してもらっていたらどうかしているでしょう。心のことも心のこととしておくほうが楽なのだ。

分けることは分かることだ、なんていう言い古された言葉があるけど、さらに付け加えるならば、分割して統治せよと言われるように、分けておくとうまくコントロールできる。

実際、僕らの生きている世界をある程度コントロールしてくれている近代科学は、デカルトという哲学者が心と体を分割してくれたことから出発したといわれる。彼は世の中のありとあらゆるものをすべて疑ってみるというエキセントリックなプロジェクトを遂行して、「我考えるゆえに我あり」という境地に到達した。そして、そこから心と体が別々のものであることを発見した。体は体、心は心。そういうふうにすることで、デカルトは何が何だかわからないグニャグニャした世界を、すっきりと便利なものにしてくれた。

だけど、じつはそういう便利な状態でいられるのって、余裕があるときだけだ。心と体はいつでも分割されているわけではない。というか、ふだんはきれいに分割されているように見える心と体には、実際のところグニャグニャしたままの部分もある。

そのグニャグニャは、余裕がなくなり、追いつめられると、顕在化しやすい。嫌な人のことを考えたらお腹が痛くなることがあるし、緊張すると手先が震える。顔を叩かれたことで心までコナゴナになることがある。調子が悪くなると、心と体は容易に混同されてしまう。それらが混じった何かが現れる。

こういうことについて、中井久夫は次のようにうまいことを言っている。

〈こころ〉と〈からだ〉ということばを両方ともやめて、なんでもよいが「こらだ」で両方をあらわすとおかしなことになる。（中井久夫・山口直彦『看護のための精神医学 第二版』一一二―一一三頁）

調子が悪くなって、「おかしな」状態になるとき、心と体の境界線は焼け落ちる。そのとき、心と体は「こらだ」になってしまう。思い出してほしい。リュウジさんが怒りを抑えられなかったとき、心が怒っていて体に暴力をふるうように命じていたわけではない。こらだが怒っていたのだ。ユリさんが脂汗を流すとき、こらだが不安におびえていた。僕らもそうだ。恋をするとき、心だけが恋をするのではなく、心臓がバクバクとするみたいに、僕らは全身で恋をする。

　そう、火種が燃え広がり、薄皮が焼け落ちてしまうと、こらだが現れる。


　こらだは不便だ。こらだが現れるとき、自分で自分をコントロールできなくなってしまうからだ。こらだは暴走する。尿意を極限まで我慢しているときのように、僕らは自分のことが自分じゃなくなってしまったと感じる。こらだに振り回されてしまう。

　ここがとても重要だ。「心と体」というふうに分けておけると、自分のものは自分のものにしておけるし、他人のものは他人のものにしておける。「心と体」はとてもプライベートで、誰も勝手には侵入できない神聖不可侵なものだ。ほら、満員電車で誰かと体が触れると嫌な気持ちがするではないか。あれはプライベートなものを侵されている感じがするからだ。

　だけど、ひとたび、こらだが現れると、プライバシーのために閉じられていた場所が、他者に開かれる。こらだはコントロールが効かないから、他者を巻き込んでいく。ユリさんの体は抱き止められることを求めていたし、リュウジさんの体は抑制されることを求めていたではないか。僕たちだってそうだ。熱が出たとき、怪我をしたとき、眠れないとき、泣きそうなとき、僕らの「心と体」はこらだになって、触れられることを求める。

　それだけではない。こらだには伝染力がある。こらだを目の当たりにしたとき、僕らの「心と体」までこらだになってしまう。目の前で老人が転倒したとき、いてもたってもいられず、つい手を伸ばしてしまうのは、僕らのこらだが反応しているからだ。他者に開かれたこらだは、実際に他者のこらだを引き出す。その最たるものが性行為ではないか。そのとき、こらだとこらだは混じり合い、二人のあいだのプライバシーとか国境線を吹き飛ばしてしまう。

ここまで考えていて、気がつく。

僕がユリさんの体を触ることができなかったのは、自分の体がこらだになってしまうことが怖かったからだ。プライベートなものが他者に開かれていくことが不快だったからだ。

セラピーを学んできた僕は、「私は私、あなたはあなた」を叩き込まれてきた。心の問題を扱うセラピーとは、きわめてプライベートな内容をプライベートに扱うものだから、「私は私、あなたはあなた」という近代的個人が大前提になる。だから、僕は厳重に管理された国境線を尊重し、無断侵入をしないように、最大限に配慮する訓練を受けてきた。そういう意味で、僕は徹底的にデカルトの末裔だった。

どんな身体も無く、どんな世界も、自分のいるどんな場所も無いとは仮想できるが、だからといって、自分は存在しないとは仮想できない。（デカルト『方法序説』四六頁）

これはデカルトが「心と体」を分離して、近代的自我を発見したときの言葉だ。この他者を寄せ付けない圧倒的な孤独が、セラピーの根底にはある。だから、僕はプライバシーが崩壊することに、ものすごく抵抗を感じてしまう。

だけど、デイケアは違う。デイケアにはこらだになりやすい人たちが集まっている。孤独になると

「心と体」を分かつ薄皮が燃え去りやすいから、誰かと共に「いる」ことを必要としている人たちが集まる。彼らは他者に開かれていて、そして他者を必要としている。

だから、あのとき、ダイさんもシンイチさんも、メンバーさんの体に触っていたのではない。彼らのこらだに触れていたのだ。自分のこらだとユリさんのこらだを重ねていたのだ。そうすることで、彼らの「いる」を確保しようとしていたのだ。バランスを欠き、コントロールを失ったこらだは、ほかのこらだと一緒にいることで落ち着きを取り戻すからだ。

僕にはそれがわかっていなかった。僕は自分のこらだを恐れていた。でも、デイケアに「いる」ためには、こらだに慣れないといけない。他者の匂いやべたつく肌に、慣れないといけない。そうじゃないと、スタッフになれない。

僕は看護師たちから学ばないといけない。

そのときだ。

「ぶわっ！」

異常な音がする。続けてガシャーン！　と音がする。

喫煙室だ。僕は振り返る。見ると、ヤスオさんが泡を吹いて倒れている。全身が痙攣し、椅子から滑り落ちようとしている。

何が起きたんだ？　と考える前に、僕は動く。

こらだが勝手に反応する。

喫煙室の扉を開ける。目の前に触れられることを求めるこらだがある。それは、怪我をしないことを、息を詰まらせないことを求めている。僕のこらだはヤスオさんのこらだに吸い込まれていく。

「触れてはいけない！」

そういう声が聞こえる。僕のプライバシーを持った心は抵抗する。だけど、それを無視する。思い切って、足を一歩前に踏み出す。

すると、あとはこらだが勝手に動き出す。こらだは腕を伸ばす。こらだがこらだに触る。

誰かが救急車を呼ぶ。

そう、この日は本当に最悪の一日だったのだ。

おれが辞めるまではお前も辞めるなよ

こうして話は冒頭に戻る。

「燃えるときは燃えるんだよなぁ」ハゲは水割りを飲み干した。ガリがジョッキを拭き、チビが氷を入れ、ガリが泡盛をつぎ、チビが水を注ぎ込む。「一回燃えたらよ、うまーく燃え尽きるまで、待たんといかんさ」

きっとユリさんは今ごろ燃えている。入院することになるだろう。そして、心の中の何かを一通り燃やし尽くすと、ふたたびデイケアに戻ってくる。彼女の人生は、今までもそういうことを繰り返してきたし、これからもそうなのかもしれない。

「飲みすぎだよなぁ」そう言いながら、ダイさんも水割りを飲み干した。

「飲みすぎですよ」シンイチさんは何杯目かわからないビールをおかわりした。「トンちゃんも、気をつけろよ。飲みすぎたら、ああなるぞ」

「飲みすぎちゃだめだなぁ」僕は夕方のことを思い出しながら、水割りを口に運んでいた。

ヤスオさんの発作は水中毒が原因だった。一日中、水分を過剰に取り続けた結果、血液中のナトリウム濃度が低下して、発作に至るのだ。ヤスオさんはふだんから飲み物を取りすぎる傾向にあったから、ダイさんが注意はしていたのだけど、この日は十分に目が届いていなかった。でもまた、こらだが落ち着いたら、ヤスオさんは帰ってくるだろう。それも繰り返されていたことの一つだった。


「いい加減、落ち着いて、仕事したいよなぁ」ダイさんが言う。

「ほんとですね、疲れますね」シンイチさんは言った。

僕もうなずく。落ち着いて仕事をしたい。そう思う。

「ダイちゃん、そりゃ無理だ、ここにいる限りはな」とタカエス部長は自嘲気味に笑う。

そう、僕らは落ち着いていなかった。というより、きわめて不安定な状況に置かれていた。

ユリさんやヤスオさんのせいではない。それはデイケアではよくあることだ。出火しては鎮火する。

そういうなかで、それでも毎日を送っていく。僕らの人生もそうだし、デイケアでもそれは同じだ。

だから、それは仕事の一環だ。問題ではない。

そうではなくて、そのころのデイケアはより根本的なところで危機にあったのだ。

医師が一人辞めてしまい、そのことをめぐってさまざまなシステムやルールが大きく変わろうとしていたのだ。それは大きな変化だった。だから、これからどうなるのか、先行きは不透明で、誰にも見えなかった。僕らはデイケアがこれまで通りにやっていけるのか、ひどく不安になっていた。

僕らスタッフが、あのころ平和ではなかったのだ。僕らの心の火種も燃え広がろうとしていた。だから、思う。ユリさんの動揺は、僕らスタッフの動揺から生じてはいなかったか。デイケアのルールがいろいろと変わることは、彼女に「支配される」という思いを引き起こしてはいなかっただろうか。

あるいはヤスオさんの水中毒は、そういう時期に目配りが不十分になることで生じてはいなかっただろうか。

僕らの不安が、彼らの「いる」を脅かしたのではなかったか。

だからこそ、僕らは頻繁に居酒屋ルパンに集っていた。不安定なときだからこそ、僕らはくだらない話のために酒杯を重ねていた。

サラリーマンは面倒くさい。組織で働くって、他の人に合わせなきゃいけないし、自分勝手にできないから面倒くさい。だけど、サラリーマンにはいいところもある。難しいことが起きて不安なとき、一緒に不安になれるからだ。それは一人で仕事をしていたらできないことだ。みんなで嫌なことを共有し、愚痴る。不安をみんなで抱えて、酒を飲む。すると、なんとかなる気がする。

それはきっとハゲ、デブ、ガリも一緒だったのだと思う。だから、重たい雰囲気を振り払うように、結局のところシンイチさんが言う。

「なんくるないさ、大丈夫よ。これまでも同じだったさ」

柔らかい方言でそう言われると、気が楽になる。だから、泡盛を口に運ぶ。

だけど思う。これまでも同じことがあったのか？　どういうことだ？

僕はまだこのデイケアのことをよく知らない。

タカエス部長の目がトロンとしてきている。部長が赤ちゃんのような表情になると、そろそろお開きの時間だ。だけど、ダイさんはまだ泡盛を飲み続ける。僕は氷を投入して、泡盛を注ぎ、水を加えて、マドラーでかき混ぜる。それだけはもう慣れた。僕はまだバレーをすると筋肉痛になっていたけど、泡盛の水割りをつくるのには慣れた。すると、唐突にダイさんが言う。

「トンちゃん。約束してもらおうか」

「なんですか？」

「おれが辞めるまでは、トンちゃんも辞めちゃだめだぞ」

それを聞いたシンイチさんが大きく笑った。

「トンちゃんもついに言われちゃったか。おれもよ、ダイさんにその約束をさせられてしまったからよ。トンちゃん、一緒にがんばろうぜ」

「約束だぞ。男同士の約束だ」そう言って、ダイさんは泡盛を飲み干す。

僕は酔っぱらってるから、深く考えずに約束する。「了解です。約束します」

「約束だからな」ダイさんはつぶやいた。

こうして、僕はハゲ、デブ、ガリの仲間に入れてもらった。ようやくスタッフの一員にしてもらった。

だけど、すぐに気がつく。ダイさんは辞める気なのか？　そして、「辞めないこと」をわざわざ約束しなくちゃいけないほどに、ここは「いる」のがつらい場所なのだろうか。いったい何があるというのか。

「いったい、ここには何があるんですか？」と僕はダイさんに尋ねる。

「内緒さ」ダイさんは笑った。「二年辞めなかったら教えてやるよ」

結局、僕がダイさんからその答えを聞くことはなかった。だけど、教えてもらうまでもなく、僕はそれを知ることになる。それどころか、そこにあった不吉なもののど真ん中に、投げ込まれていくことになる。

でも、このときの僕はまだ、そのことを知らない。

ハゲ、デブ、ガリと一緒にいるから、「なんくるないさ」と安心していて、マドラーで氷をグルグルとかき混ぜていた。グラスの中で氷がカラカラと鳴り、そしてゆっくり溶けていく。

第4章

専門家と素人
博士の異常な送迎

朝、ホームセンターの駐車場で

沖縄にいたころ、僕は朝型臨床心理学者だった。いや、正確に言うと、「朝だけ」臨床心理学者だ。狼男が満月のあいだだけオオカミに変身するように、ドラキュラが夜のあいだだけ空を飛ぶように、あるいはシンデレラが一二時の鐘が鳴るまではプリンセスであったように、僕も朝の五時から七時のあいだだけ、臨床心理学者だった。

五時になってケータイのアラームが鳴ると、跳ね起きる。電気ケトルでお湯を沸かしているあいだに、ベランダでタバコを一本吸う。那覇の早朝はすばらしい。蒸し暑くなりそうな予感はするけれども、夜風の名残りが涼しくて気持ちいい。タバコを吸い終えると、安物インスタントコーヒーにお湯を注ぎ、おもむろにパソコンを立ち上げる。

そこから二時間、論文を書く。このころは、精神病のクライエントとのセラピーについて書いていた。「コンテイニング」とか「投影同一化」とか、そういう呪文のような専門用語を使って、精神病者とのセラピーで何が起きるのか、治療者はいかなる介入をなすべきか、そしてその結果、心はどのように変化するのかを書いていた。

そうやって、コムズカシイ言葉を使って、ギャグの一つも入れられないような論理的な文章を書き連ねていると、自分にうっとりしてしまう。なんてお利口な臨床心理学者なんだろう、おれは。寝る間を惜しんで、ガクモンに打ち込むだなんて、超意識高い。そのうち、「情熱大陸」とか「プロフェッショナル」とかが取材に来るのではあるまいか、とテンションが上がる。

博士の異常な送迎

だけど、僕が臨床心理学者でいられるのは、二時間だけ。七時になると、魔法が解ける。

七時四五分。僕は一〇人乗りハイエースの運転席に座っていた。短パンに黒いポロシャツ、麦わら帽子、そしてサングラスを装着して、ハンドルを握る。瀬長島《せながじま》を横目に見て走り、ホームセンターの人気のない駐車場に到着する。誰かが残していった体育館シューズのせいで、車内はひどく汗臭かった。ツンとくる。

送迎だ。前章で書いたデイケアのシステム変更に伴い、僕たちスタッフは、交代で朝晩の送迎をすることになっていた。自力でデイケアに通うことができないメンバーさんを迎えに行って、そして送り届けることが業務の一つになったのだ。

最近五〇代に突入したロン毛の男性メンバー、タマキさんは今日も遅刻だ。送迎用の携帯電話には連絡がないから、たぶんそのうち来るだろう。汗臭い車内にいるよりは、と思い外に出てタバコを吸った。朝の空気が気持ちいい。

まわりを見渡すと、開店前の駐車場には車も人もおらず、わびしい。すると、ふと気が緩む。先ほどまでコムズカシイ論文を書いていた気鋭の臨床心理学者だったというのに、次の瞬間に送迎の運転手になっている自分に気がつき、愕然としてしまう。いったい、おれに何が起きたんだ！

すると、よからぬ考えが浮かんでくる。

「おれは流罪にあっているのではあるまいか。博士号を取って、ハイエースで送迎をやっている臨床心理士なんて、日本中探してもおれだけに違いない！」

菅原道真のことを思い出す。そうか、流罪にあうとこんな気持ちになるのか、とシンパシーを感じる。そりゃ、祟り神にもなる。そうだ、おれにだって知り合いを手当たりしだい祟ってやる権利があるはずだ。そう思って、陰湿な計画を描きはじめていると、向こうから野太い声が聞こえた。

「ハイサイ！」元気な挨拶とともに、派手なアロハシャツを着たタマキさんが足を引きずりながらやってくる。「今日は東畑センセーかー。ミサちゃんじゃないのかよ。ついてねえなぁ」

我に返る。「おはようございます、遅刻ですよ」

「ハッサー、ひどい夢みたさー」かまわずにタマキさんは方言で喋り続ける。「カラスがデージいっぱいいてさ、こっちに来るんだよ、ワジワジしたよ」

統合失調症らしい不気味な夢だ。だから「大変でしたね」と言って、それ以上あまり触れないようにする。

タマキさんは統合失調症と診断されている。身寄りがないので、生活保護を受けながら一人で暮らしている。数年前に足を悪くしてからは運動しないのもあって、糖尿病になってしまったが、そんなことは気にせずに、いつも砂糖をどっさり入れたコーヒーを飲んでいる。足のせいで一人ではデイケアに通えないので、こうして送迎を利用していた。そのタマキさんのお気に入りが、医療事務ガールのヒガミサだった。

そうやってメンバーさんと受け答えをしていると、一日が始まる感じがした。

エンジンをかけ、ハンドルを切る。豊見城《とみしろ》の田舎道を走る。道沿いで待っているメンバーさんを次々と拾い、デイケアを目指す。カーステのスイッチを入れると、ド派手なクラブミュージックが流れ出す。昨日の晩、送迎担当だったヒガミサが置き忘れたＣＤだ。ニッキー・ミナージュがFuckだDanceだと歌っている。

「イイ感じじゃん、おれも昔はよく踊ったよ」タマキさんがカチャーシーを踊る。「今度、ミサちゃんと、朝まで踊りたいなぁ」

「アギジャビヨ！」僕は笑う。

医療事務ガールズ

朝の魔法が解けると、臨床心理学者は運転手になる。そして、クリニックのカウンセリング室に入ると、臨床心理士に変身する。ワイシャツとチノパンに着替えて、白衣を装着するとセラピーの専門家になるのだ。だけど、カウンセリングを終えて、デイケア室に入るときにはふたたび白衣を脱ぐ。するると、今度は麦茶をつくる係のお兄さんになる。まるで狼男のようだ。服を着たり脱いだりして、変身を繰り返す。たいへん忙しいのだ。

デイケアにいるとき、僕は何者になっていたのだろうか。

メンバーさんと一緒に調理をし、皿洗いをする。掃除機をかけ、机や椅子を雑巾で拭く。どこかに出かけるならば、飲み物を準備し、必要なものをハイエースに運び込む。人数確認をしたら、運転する。メンバーさんと話をする。そして、デイケアで座っている。

仕事の九割が、まるで「お母さん」がやっているような素人仕事なのだ。

だから、デイケアにいるとき、僕は臨床心理の専門家ではなく、ただの素人で、そのことに戸惑っていた。

もちろん、臨床心理士の資格も、博士号もたしかに手元にあるから（落武者が都の思い出を抱きしめているようなものだ）、僕は間違いなく専門家ではある。

だけど、臨床心理学的な送迎や皿洗いをしているかといえば、もちろんそんなものは存在しない。少なくとも教科書には書かれていない。実際、心理学者的な深い洞察によって車線変更をしていたわけではない。僕がやっていたのは、間違いなく素人仕事だった。

僕の履歴書の資格欄には、臨床心理士と普通自動車免許と書かれているのだけど、価値が高いのは圧倒的に一九歳のときに目黒の教習所で取った普通自動車免許だった。バック駐車ができなくて、仮免をなかなかもらえなかったのだけど、あのとき諦めなくて本当によかった！

この点で大活躍していたのが、医療事務ガールズだった。

彼女たちは高校を卒業してすぐに、何の資格も持たずに就職してきた。沖縄県の最低賃金は安いし、仕事は非正規雇用ばかりだから、正規雇用で、しかも高卒としては破格の給料をくれるこのクリニックには、毎年多くの応募があった（僕が就職した事情とまったく同じだ）。

彼女たちはクリニックで、ありとあらゆる仕事をやっていた。本来は事務職として採用されていた

博士の異常な送迎

から、外来の受付やレセプト請求、職員の給料管理といった事務仕事をやるのはもちろん、週替わりでデイケアの素人仕事も担当していた。調理をし、掃除をし、送迎をした。メンバーさんとトランプをしたり、一緒にバレーボールをしたり、話をしたりもしていた。彼女たちがいないとデイケアは成り立たなかった。

タマキさんお気に入りのヒガミサはそのうちの一人だった。ド派手な水商売風メイクで出勤する彼女は僕よりも少しだけ遅く入職してきた後輩だったのだけど、見た目通り普通の医療事務ガールズとはちょっと違ったキャリアを歩んできた。

ヒガミサはまだ一〇代で妊娠したので、高校を中退していた。父親となった男はドロンとどこかに消えてしまったから、結婚しないままに一人で娘を育てることになった。沖縄女性の一つのパターンだ。彼女は母親に子どもを預けて、夜に働いた。地元のキャバレーで派手なドレスを着て、泡盛の水割りをつくり、タバコの火をつけた。ときどき、同級生たちがお店に来ることもあったらしく、そういうときは「サイアク」だったそうだ。

だけど、彼女はいつか昼の仕事をしたいと思っていたから、苦労して通信制で高卒資格を得た。そして、医療事務職として採用されたのだ。

彼女はほかの医療事務ガールズより少し年上で（といっても、二三歳）、しかも姉御肌だったから、彼女たちからは絶大な人気があった。ヒガミサは医療事務ガールズの道徳的支柱となり、純朴な医療事務ガールズを夜の街へと導いた。

ヒガミサに率いられ、医療事務ガールズは夜の街に繰り出す。那覇には松山という繁華街があるのだけど、そこのダンスクラブで朝まで踊り、ときにホストクラブに行き、小さな恋をして、うまくいったりいかなかったりする。遊ぶのには十分なお金と体力があるから、朝から晩まで仕事をして、晩から朝まで遊んで、そしてまた朝から晩まで働いた。

入職した当初の医療事務ガールズはひどくあどけない。つい先日まで高校生だったのだから当たり前だ。だけど、デイケアで一年間働くと、彼女たちはすっかり大人の顔になる。

家では親の手伝いなんかしたことがない、料理も洗濯も掃除もしたことがないと言っていた少女が、気づけばデイケアの素人仕事を完璧にこなしている。すぐにでもお母さんになれるくらいになった。

そして、しばしば医療事務ガールズは実際にお母さんになった。恋をして、妊娠して、子を産み、デイケアを辞めていった。

そういうとき、「がんばれよ」とヒガミサは励ました。自分の人生経験もあったのだろう、優しかった。「イキガ（沖縄方言で男）に変なことされたら、ちゃんと言ってよ。相談に乗るさー。ま、私はうまくいかなかったんだけど」

青春のただなかにある医療事務ガールズとすでに所帯持ちの臨床心理士である僕は、デイケアではまったく同じ仕事をしていた。そして、明らかに僕のほうが役立たずだった。これはもう本当に間違いなく、致命的に、そうだった。だって、僕は車を大破させてしまったのだから。

後ろ向きの臨床心理士

デイケアで、僕らはよく出かけた。

バレーボールをしたり、キックベースをしたり、バドミントンをしたりするから、体育館にはよく行ったし、ソフトボールをするために野球場に行ったり、南風原《はえばる》ジャスコ（略してバルジャス！）で買い物実習をしたりした。デイケアは地域で営まれるのだ。それにしても、平日の昼に、ママさんバレーをやっている隣のコートでバドミントン大会を開催していると、自分が仕事をしているのかどうなのか確信が持てなくなる。

いずれにせよ、そうやって地域に繰り出すためには「足」が不可欠だった。だから、看護師も、医療事務ガールズも、そしてハカセ号持ちの心理士も運転手になる。メンバーさんを乗せて、体育館へ、ショッピングセンターへ、どこへでもハイエースを走らせる。

ときどき呪詛の念にとらわれて祟り神化することもあったけれど、じつは僕は運転が好きだった。ハイエースの運転席は高いところにあって、馬力もパワフルだったから、オモチャみたいな自分の軽自動車と比べると、気分がよかった。

運転しながら、メンバーさんと話をするのも楽しい。ほとんどのメンバーさんが、デイケア室にいるときと同様、静かに窓の外を眺めているわけだが、車中で話しかけると思わぬ返事が返ってくることもある。

「もう来週、バレーボール大会ですよ」と話しかけると、水中毒になったけどすぐに復帰したヤスオさんはふだん「はい」としか返事をしないのに、ニヤっと笑って「もうポンコツだからダメ」とセンテンスで答える。

車の中って話しやすい。視線を合わせないままに自然に会話ができるからだ。

「なんでポンコツなんですか？」体育館の駐車場に到着したので、バックで駐車する。

「オ〇〇ーしすぎたから」と伏せ字にしなきゃいけないハレンチ発言に、みんなで爆笑。

「ハッサー！」下ネタ好きのタマキさんがはしゃぐ。「エッチだねー、ヤスオさんはエッチだねー」

そのとき。

メリメリメリメリメリメリ！　と異常な音がする。

振り返る。リアガラス全面に大きなヒビが入っている。何かに衝突している。

「おおおおお！」僕はパニックになっていて、ブレーキを踏もうとするも間に合わない。何かがリアガラスを突き抜ける。車は停止する。ヤスオさんの頭のすぐ横に丸太が飛び出ている。

「死んだかもしれない！」ヤスオさんが叫ぶ。

事故った。

駐車エリアに飛び出していた丸太に向かって、バックで突っ込んだのだ。

あわてて駆け寄ってくるタカエス部長が警察に連絡し、車のディーラーに電話で事情を説明する。

代車を用意してもらう。

別の車を運転してきたヒガミサが、ボロボロになったハイエースを見て、無礼なことに、くすっと笑う。なんてムカつくやつだと思うが、こちらは何も言える立場にない。

皆が体育館でバレーボールで汗を流しているあいだ、僕は駐車場でひとり警察とディーラーの到着を待っていた。アスファルトに散乱したガラスの破片が、元気いっぱいの太陽のもとでキラキラと光っていた。

「バックが苦手なんだよなぁ」

バックができないのに、おれに仮免を与えた目黒の教習所のおじさんが悪い！　こういうときは、他人を呪うしかない。

クリニックに帰ると、オツボネ看護師のケイコ課長にみっちり絞られた。

「トーハタ！　あんたは不注意すぎる！　安全がいちばん大切なんだよ！　ちゃんと後ろを確認しろ！」

返す言葉もなく、僕は生まれて初めて始末書を書いた。「今後、駐車をするときは、必ず、いや絶対、後ろを振り向いて、丁寧に状況を確認したいと、心の底から思っている次第です」

こうやって、僕は超後ろ向きの臨床心理士になったのだった。

川で洗濯する依存労働

バックミラー神経症を患った僕は、それでも運転業務をしつづけた。送迎をやめることはできなかった。

どんなにヘタクソでも、そこにいる誰かがやりつづけないと回らなくなる仕事というものがあるのだ。

専門家の仕事は一定水準以上のことができないならば、しないほうがいい。外科手術もセラピーも、未熟な者がやっていいことはない。うまくできなければ、相手に致命的な損害を与えてしまうからだ。そこにはリスクが存在している。だから、専門家にはトレーニングと経験によって、一定水準の資質が求められる。

だけど、素人仕事は違う。ヘタクソでも皿洗いはできる。そして、誰も皿洗いをしないと、キッチンは汚れ切って、使用不可能になってしまう。それはすなわち、食事を出せなくなるということだ。家事がそうであるように、日常に支障をきたさないために誰かがそれをやらないといけない。

だから、僕は運転をしつづけた。僕が運転をしないと、体育館でバレーボールができないし、何よりタマキさんは自分じゃデイケアに来ることができない。事故を起こすのはダメだけど、普通に運転して現地まで無事に送り届けられるならば、それで十分合格点がもらえるのが素人仕事なのだ。レースのようにタイムを競って、体育館まで激走する必要はない。

現実的にはそういうことなのだけど、でもやっぱりそう簡単に飲み込めないものがここにはある。

いったいおれは何をやっているのだろう？　流罪の刑に処せられて、どこに流れ着いたというのか？　おれは何者になってしまったのだろうか？

ちょっと時間をかけて考えてみたい。

エヴァ・フェダー・キテイというフェミニズム哲学者が面白いことを言っている。彼女はこういう素人仕事のことを「依存労働」と呼んでいる。

依存労働は、脆弱な状態にある他者を世話（ケア）する仕事である。依存労働は、親密な者同士の絆を維持し、あるいはそれ自体が親密さや信頼、すなわちつながりをつくりだす。（キテイ『愛の労働あるいは依存とケアの正義論』八五頁）

「依存労働」とは、誰かにお世話をしてもらわないとうまく生きていけない人のケアをする仕事だ。「弱さ」を抱えた人の依存を引き受ける仕事といってもいい。

たしかにそうだ。デイケアで僕は依存労働をしていた。足が悪いタマキさんは送迎がないとデイケアに来ることができない。ヤスオさんが妄想に飲み込まれずにいるには、デイケアで誰かと一緒にいることが必要だ。彼らは生きるうえでのとても基本的なことを、他者に依存していて、僕らスタッフはその依存を引き受けていた。

それはまるで子どもを世話するお母さんの仕事だ。子どもは自分で自分のことができないから、母親にいろいろなことをやってもらわないといけない。おむつを替えてもらい、ごはんを食べさせてもらい、洗濯をしてもらう。母親は子どものさまざまなニーズを満たす。子どもの依存を引き受ける。

このとき、母親の仕事は多岐にわたる。「ワタクシは授乳することには異論はありませんが、おむつについては契約に含まれておりません！」とはなかなか言えない。いや、そうやって主張すること自体は可能かもしれないけど、実際には誰かがおむつを替えてあげないと、そのあいだに赤ちゃんのお尻はかぶれてしまう。

ケアってそういうことなのだ。なんらかの脆弱性を抱えた人には、さまざまなニーズが発生している。誰かがそれに対して臨機応変に対処しなくてはいけない。だから僕は麦茶もつくるし、床にこぼれてしまった沖縄そばの残骸を雑巾で拭き取る。結局のところ、誰かがそれをやらなくちゃいけない。

キテイは、そういう依存労働が専門家の仕事とはみなされにくいことを強調している。


依存労働の仕事としてすぐ思い浮かぶのが、一人であらゆる仕事をすべてこなす形態であり、仕事が合理化され、専門化されるようになると、依存労働とは認識されない傾向にある。（同書八五頁）

社会学では、母がしているような仕事を機能的に拡散した仕事、専門家がしているような仕事を機能的に特化した仕事と呼ぶ。（同書九八頁）

ややこしい言葉遣いなので、解説したい。僕らがまだ、原始人だったころのことを思い浮かべてほしい。そのころから、僕らは群れで暮らしてはいたのだけど、でもだいたいみんな同じ仕事をしていたはずだ。みんなで狩りに出て、みんなで焚火を組んで、みんなで食事をつくった。そりゃ、男女とか、老若で違う役割もあったかもしれないけど、少なくとも「ワタシは銀行のATMシステムを構築するから、君はコーヒー豆の品種改良をしといてよ」みたいな複雑な違いはなかっただろう。だけど、徐々に社会が発展し、複雑化するなかで、分業が進み、専門的な職業が生まれてくる。

ケアも同じだ。原始のころも、僕らは病人や弱った人に対してケアをしていたはずだ。歩くのを助けてあげたり、食べるのを手伝ってあげたり、寝かせてあげたり、体を撫でてあげてたに違いない。

僕は一時期、チンパンジーのことが気になって、取材をして回ったことがある。もちろん、チンパンジーは喋れないから、霊長類学の研究者とか飼育員とか獣医に話を聴いて回ったのだ。すると、チンパンジーたちも、不安が高まったり、うつっぽくなったりすると、互いに体を触ったり、噛んだりして、ケアをしているとのことだった。

そう、僕らにとって、依存は本質的な営みなのだ。弱ったときに、誰かに頼る、ケアしてもらう。あるいは、弱った人のお世話をする、ケアをする。それは僕らの本能だ。

そういう原初的ケアが、徐々に専門家の仕事へと分化していく。体を専門に診る医者が現れ、食事をつくる栄養士が現れ、そして心を扱う臨床心理士が生まれる。それぞれに特化した職業が生まれるのだ。中井久夫は、看護は医学よりも古いと書いていたけど、ケアはセラピーより古い。

依存労働とは、専門化しないままに残ったケアの仕事のことなのだ。だから、僕はそこにニーズがあれば、ありとあらゆることをやらなくてはいけなかった。

このとき、問題をさらに入り組んだものにしているのが、そういう依存労働の社会的な評価の低さだ。この点についても、キテイが指摘している。この人は哲学者なんだけど、子どもが障害を抱えていて、毎日そのケアをしていたから、いろいろと葛藤を抱えていたのだろう。徹底的に依存労働について考えているのだ。

ポスト産業時代において専門職が可視化されてきたのに比べ、現代社会の個人主義的性格は特に依存労働を不可視化させている。要求水準は高いとはいえ、高い報酬が与えられる専門職に対し、依存労働は、無償ではない場合でも、賃金は非常に安い。（同書九九頁）

こういうことだ。

僕らは自立している個人を前提とした社会に生きている。幼稚園でも、小学校でも、「自分のことは自分でしましょう」と言われて、それができると「お利口さん」と褒められる。自立していろいろなことを自己責任でやっていける人が、この社会を構成している。そういうふうな前提のもと、僕らの社会は運営されている。

だから、そうやって自立しているものの価値は見えやすい。たとえば、夫が会社に働きに出かけ、妻が専業主婦をしていると、夫は立派にお金を稼いでいて、妻は夫に依存しているように見られがちだ。

だけど、本当は違う。夫もまた妻に依存している。夫は食事・洗濯・掃除という生存するための最も基本的なことを妻に依存している。ほら、桃太郎のことを思い出してほしい。おじいさんが柴刈りにいけるのは、おばあさんが洗濯という依存労働をしているからなのだ。

依存労働は見えにくい。おじいさんにおばあさんの価値は見えにくく、おばあさん自身も「あたしゃね、柴を取らないで、洗濯しているだけなんで」と思いやすい。

自立を良しとする社会では、依存していることそのものが見えにくくなってしまうから、依存を満たす仕事の価値が低く見積もられてしまうのだ。川で洗濯とか、超大変だというのに。巨大な桃が流れてくるような、デンジャラスな現場なのだ。

まわりを見渡してみてほしい。依存労働の社会的評価は確かに低い。小児科医の給料は高いけど、保育士の給料は低い。老後の資産運用をするファンドの給料は高いけど、介護の給料は低い。他人事《ひとごと》じゃない。僕もまたセラピーのほうが、ケアの仕事よりカッコいいし、価値が高いと思っていたからだ。

ここだ。ここに僕は傷ついていた。

自分がしている素人仕事の社会的評価が頭にちらついてしまって、専門家の国から遠く離れたところへと流罪にあっている気がしてしまうのだ。

だから、問いはまた戻ってくる。おれはいったい何者なんだ。送迎をしているとき、麦茶をつくっているとき、僕はそれでも臨床心理士なのだろうか。わからない。だから呪いの言葉が心にあふれてしまって、内なるもののけ姫に「だめー、タタリ神なんかにならないで」と止められる。

沖縄を駆け抜ける

沖縄の観光地のほとんどはデイケアで行った。デイケアには「ドライブ」という活動があって、行先はどこでもよかった。だから、どうせならと、名護のオリオンビール工場を見学し、南部の奥武島《おうじま》で名物の天ぷらを食べ、その帰りにざわわなサトウキビ畑を走り抜ける。北部の美ら海《ちゅうみ》水族館にまで行ったこともある。ハイエースに乗って、どこまででも行ってしまうのだ。

とはいえ、どこに行っても、やることは同じだ。みんなでハイエースに乗ってどこかに行く。到着したら、一息つく。そしてふたたびハイエースに乗って帰ってくる。辺野古《へのこ》に行こうが、与那原《よなばる》に行こうが、セーファーウタキに行こうが、安全運転で行って、三九円コーラを飲みながら「ゆくって」(沖縄方言で「くつろぐ」)、安全運転で帰ってくる。そうやって一日を過ごす。

この日の目的地は、浜比嘉島《はまひが》だった。伊計島、宮城島、平安座島《へんざ》とともに、沖縄本島からの橋でつながれた小さくて美しい島だ。勝連《かつれん》半島からまっすぐと伸びる海中道路は本当に気持ちがいい。遠浅の海のど真ん中をまっすぐ走ると、そのまま空まで飛んでいけそうな感じがする。

この日、僕はヒガミサと車が一緒だった。行きは僕が運転だ。

バックミラー神経症なので、安全運転を心がける(駐車するときは後ろをちゃんと見る)。やるべきことをちゃんとやる。余裕をもってパーキングエリアでトイレ休憩を挟む。そして人数確認。全員で出発して、ちゃんとトイレに行って、全員で帰ってくる。誰もパーキングエリアに置き去りにしない。これがいちばん大切だ。「ホーム・アローン」という映画があったが、あのうっかりもののお母さんも、デイケアで働いた経験があれば、ちゃんとケヴィンをバカンスに連れていけただろう。

僕らのハイエースにはタマキさんも乗っていて、さかんにヒガミサに話しかけていた。

「ミサちゃん、おれよ、最近、酒が弱くなったさ」

「へー、そうね」

「だから、飲みに行っても、一〇〇〇円くらいで、酔っぱらえるからお得だよ」

「へー」

めちゃめちゃ態度が悪い。ヒガミサは助手席でずっとケータイをいじっていた。

「ミサちゃん、今度、おれと飲みにいって、踊りにいかない？　おれ、昔は悪かったからよ。飲んで食って、女の子と踊ってたよ。懐かしいよ」タマキさんが言う。

「遠慮しときますね」

ヒガミサがあまりにすげないので、僕は助け舟を出した。

「じゃあ、ヤスオさんが代わりにタマキさんと行ってあげてください」そう言うと、ヤスオさんがバックミラー越しにニヤっと笑った。

「ソープがいいさ。連れてって」

「ハッサ！　ヤスオさん、悪いやつだね。おれより悪いな」タマキさんが笑う。

ヒガミサは表情一つ変えない。余計に硬くなる。


浜比嘉島の奥には遠浅の海岸があって、そこの駐車場に到着。医療事務ガールズのなかでも最年少のヒロコさんが、みんなに三九円コーラを配る。滞在時間は短いのだけど、皆が思い思いに過ごす。

僕はメンバーのジュンコさんとヤスオさんを誘って、海岸のそのまた奥にある洞窟を見にいくことにした。そこは沖縄の祖先神アマミチューとシルミチューが住んだといわれているところだ。僕は宗教とか神話が好きなので、下調べをしていて、浜比嘉島に行ったらそこに行こうと決めていた。

ガマは鬱蒼とした森の中にあった。ウタキと呼ばれる沖縄の聖地は、だいたい森の中にある。アニミズム信仰が生きているので、何かの神の像があるわけではなくて、森そのものが聖なる場所だと捉えられている。たいていは香炉とか、石とかがぽつんと置かれていて、「あ、ここが信仰の対象なんだな」とわかる。

浜比嘉島のそれは、神社のように鳥居があり、宗教施設っぽくなっていた。沖縄ではめずらしいことだ。だけど、鳥居をくぐり、階段を上がっていくと、最後は森になり、大きな岩と洞窟が待っている。この森そのものが聖なる場所であることがわかる。

洞窟の入り口にはフェンスがあって、中には入れない。フェンスには赤とかピンクのひもが結ばれている。それがまた南国風で美しい。森が音を遮断するからなのか、とても静かだ。ひんやりとした空気は、西行法師的に言えば「なにごとのおはしますかは知らねども　かたじけなさに涙こぼるる」といった感じだった。沖縄の宗教性って、とても感覚的なものなのだ。

「ありがたいですね」と僕が言うと、ヤスオさんは「わからん」といった感じで首をかしげる。ジュンコさんは手を合わせて、静かに祈っていた。沖縄の人はお祈りすることに慣れていて、その姿は美しい。

海岸に戻ると、メンバーさんたちはベンチに座って、ぼんやりと海を眺めていた。その視線の先では、医療事務ガールズが海ではしゃいでいる。紫外線を完全防御するために、タオルで顔をくるみ、サングラスをかけているので、農家の娘みたいだ。遠浅の海の、少し先のほうまで行って、水をかけ合っている。

よく見ると、タマキさんもうれしそうに、水をかけ合っている。足は大丈夫なのか、と思うけど、まあ大丈夫なんだろう。

　僕がフクギの木の下で涼んでいると、ヒガミサが高齢女性メンバーのギマさんの手を引いて、こっちに歩いてきた。トイレに連れて行ったみたいだ。

「ありがとうね」ギマさんはお礼を言う。

「どういたしまして」ヒガミサは優しく答える。「あと、一五分で出発しますからね。休んでおいてよ」

「はいよ」そう言って、ギマさんはベンチに腰を下ろす。デイケアにいるときと同じように、何をするでもなくぼーっと座っている。そこに「いる」。

　すると、ヒガミサがこちらを見て、話しかけてくる。

「そういえば、トンちゃん、聞いた？」

「聞いたよ」僕は答える。そのことを、僕は知っていた。

彼女は驚いた表情をする。「なんで知ってるの？」

「ケイコさんから聞いたよ」オツボネ看護課長がその話は触れ回っていた。「妊娠してるんでしょ、ヒロコさん？」

浅瀬でタマキさんと水のかけ合いをしている医療事務ガールのヒロコさんは、まだ勤めて一年も

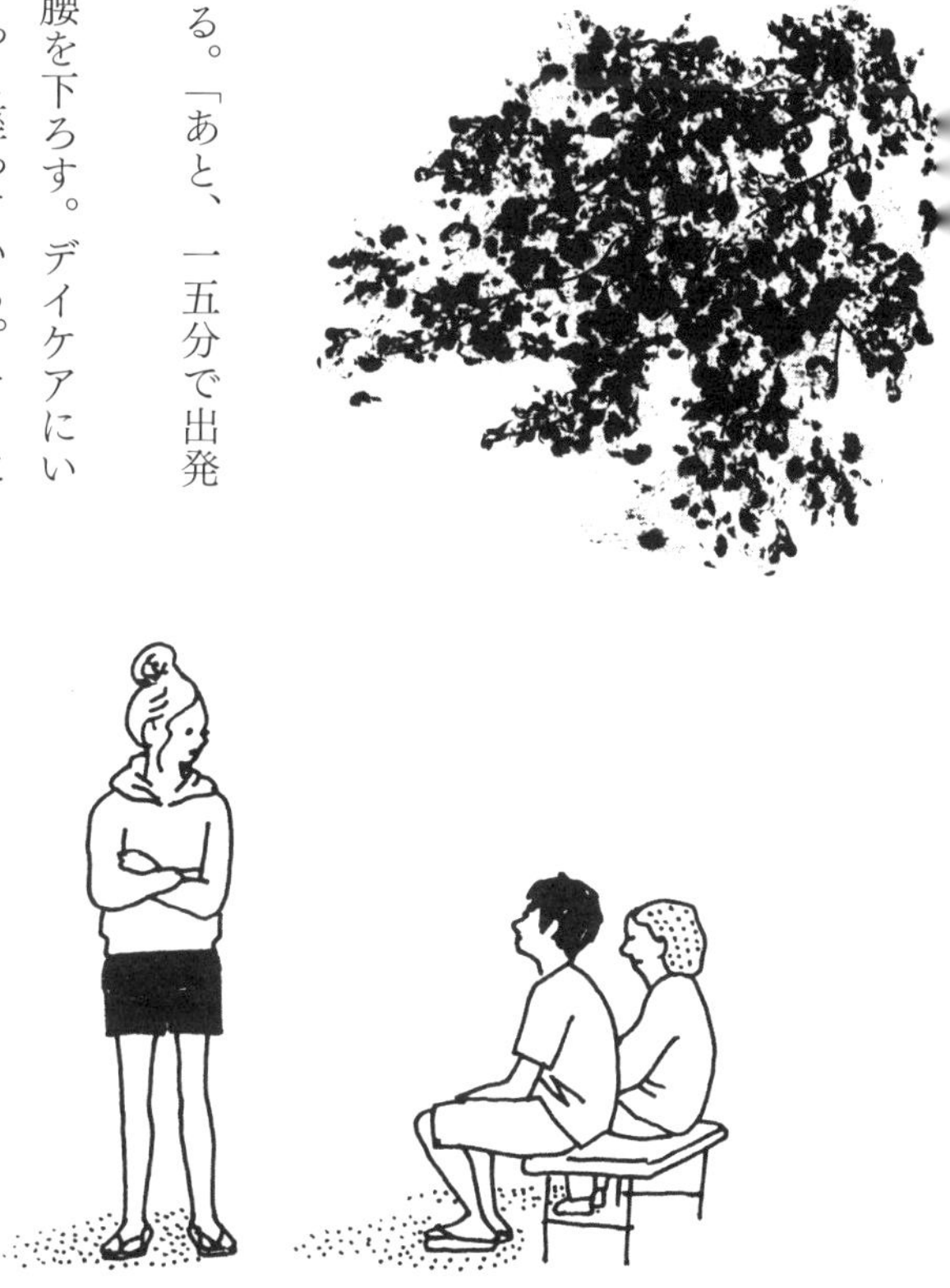

経っていなかった。一九歳だ。だけど、彼女は妊娠していて、そのうち産休に入るとのことだった。そういう医療事務ガールズは、たいていは産休から仕事に復帰することがなかった。そのまま、違った人生を歩んでいくことが多かった。


「そっちじゃないさ」呆れたように、ヒガミサは言う。「まあ、それも関係あるんだけど」

「え？　じゃあ何？」ほかにもあるのか。どうなってるんだ。

「リエさんも今度、辞めるって。看護学校に受かったんだって」

「そうなの？　知らなかった」

リエさんというのは医療事務課の課長で、ヒガミサの直接の上司だった。そうか、看護師になるのか。たしかにほとんど同じ仕事をしているのに、看護師の給料のほうが全然いいもんな。そう思うよな。

だけど、思う。「人、辞めすぎじゃない？」

「だからよー」とヒガミサは森羅万象すべてを肯定するといわれる沖縄的相槌を繰り出す。そして言った。「それで、私、今度、課長になることになったから」

「マジで？」なんてことだ。ほぼ同期入社のくせに、おれの上司になるのかよ。でも、人生の回り道をしてきたこともあって、彼女は早くも医療事務ガールズのなかでは最年長者になっていた。たしかに医療事務課の課長になるなら、ヒガミサしかいない。「大変じゃん」

「だからよー」ヒガミサはため息をつく。なかなか職場は落ち着かない。

するど、タマキさんが近づいてくる。「ミサちゃん、一緒に海で遊ばない？」

「もう帰る時間ですよ、車に戻りましょうね」ヒガミサは不愛想に答える。

裸足のケア

浜比嘉島の帰り道はヒガミサが運転だった。僕は助手席に座る。

海中道路を走る。海が広い。少しずつ日が暮れはじめていて、空が黄色くなってきているのが、また綺麗だった。

みんな、なんだか気分がよかったのだろう、めずらしく車内が盛り上がる。

お調子者のタマキさんが「今からタマキンさんが真面目なこと言いますよー」と謎のジョークを飛ばしはじめた。「出だしから真面目じゃないじゃないですか」と僕はツッコミを入れる。すると、突然ジュンコさんが「東畑先生のキンタマ小っちゃそう」と言い出して、皆が笑った。

「恐ろしいことを言わないでください」僕は若干傷つくけど、一緒に笑う。

下ネタが吹き荒れるハイエースは、海を離れ、うるま市の国道に入る。沖縄自動車道を目指す。日が暮れていく。

ヒガミサは車内の大騒ぎとは無関係に、静かに運転していた。誰とも会話を交わすことなく、信号を確認し、バックミラーとサイドミラーに注意を払う。車間が詰まると、柔らかく、静かにブレーキを踏む。

ヒガミサがしていたのは、「素人」というよりも「大人」の仕事だ。大人は当たり前のことを当たり前のように進行していく。それこそが良き依存労働だ。

ハイエースの中は盛り上がっていて、冗談に夢中になっているから、みんなヒガミサが柔らかいブレーキを踏んでいることに気がつかない。いや、きっとヒガミサが運転していること自体に気がつかない。もし、ヒガミサが運転していることに気がつくとすると、それは彼女が事故ったり、きつめにブレーキを踏んでしまったときだけだ。

依存労働というのはそういうものなのだ。この本にたびたび登場する精神分析家ウィニコットは次のように言っている。

ことがうまく運んだときには幼児は何が適切に供給され何が妨げとなったかを知る手立てをもたないということは、多様な抱っこという母親による育児の問題を考えるとき、ひとつの眼目になる。幼児が知るのはことがうまく運ばなかったときである。（ウィニコット『情緒発達の精神分析理論』五一頁）

そう、人は本当に依存しているとき、自分が依存していることに気がつかない。

僕らが幼かったころ、夕食が出てくることにいちいち感謝しなかったし、その裏にあるお母さんの苦労について思いを馳せることなんてしなかった。おじいさんは山で柴刈りをしているとき、その日のフンドシをおばあさんが川で洗濯してくれていたことに気がつかない。

子どもがいちいち母親のしていることに感謝しているとするなら、それは何か悪いことが起こっている。依存がうまくいっていないということだ。依存労働は当たり前のものを、さも当たり前のように提供することで、自分が依存していることに気がつかせない。

そう思うと、依存労働って、本当に損な仕事だ。すべてのお母さんたちは大変なのだ。仕事が成功しているときほど、誰からも感謝されないからだ。感謝されなければされないほど、その仕事はうまくなされている。依存労働の社会的評価が低いのには、きっとそういう事情もあるのだろう。依存は気がつかれない。

だけど、普通の一日、ありふれた日常、そして僕らのデイケアは、そうやって誰かが依存させてくれているおかげで成り立っている。

高速に乗って、風景が退屈になると、気づけばメンバーさんたちは眠っていた。車内が静まる。ヒガミサがカーステの音量を下げる。アップテンポなクラブミュージックが小さな音で流れている。

「なんて曲？」僕はなんとなく尋ねてみた。

「知らんさ、クラブでよく流れてるやつ」ヒガミサは不愛想に答える。

沈黙。前の車のテールランプが赤く点滅する。

すると唐突に、ヒガミサが口を開く。

「トンちゃんさ、よくそんなにメンバーさんと喋っていられるね」

たしかに彼女は車中でほとんど口をきかない。

「なんで？」

「疲れるさ」ヒガミサはため息をつく。「なに話していいかわからんし。私たちはそういうの勉強してないから」

専門性は見えないところで、たしかに存在している。そのとき僕はそう思った。ヒガミサ、そして若い医療事務ガールズは平然としているようで、じつは戸惑っていたのだ。

繰り返しになるが、彼女たちはデイケアには欠くことのできない存在で、よく働いていた。調理をし、送迎をし、「デイ＝一日」を支えていた。素人仕事の依存労働を引き受けていた。それを立派にこなしていた。

だけど、依存労働は洗濯物や食品、車を相手にするだけの仕事ではない。キテイが言っていたではないか。再度引用する。

依存労働は、脆弱な状態にある他者を世話（ケア）**する仕事である。依存労働は、親密な者同士の絆を維持し、あるいはそれ自体が親密さや信頼、すなわちつながりをつくりだす。**（キテイ『愛の労働あるいは依存とケアの正義論』八五頁）

そうなのだ。ケアとは親密な関係を生きることであり、依存労働はつながり抜きにはなしえない。そして、デイケアにはそういうつながりが難しい人たちが集まってくる。

安定して走るハイエースの車中では、人と人との距離が近すぎたり、遠すぎたりする。メンバーさんたちには、人と一緒にいることの難しさがあったからだ。だからこそ、彼らは職場にいられず、ほかのコミュニティにいられず、デイケアに集まってきていた。デイケアとは人と一緒にいることが難しくなった人たちが「いる」を試みる場所なのだ。

ヒガミサをはじめとする医療事務ガールズは事務職と思って就職して、そういう精神障害者の「難しさ」に出会った。話しかけても、すぐに会話が途切れる難しさ。タマキさんのような急な性的接近。ふとしたことで、容易に訪れる混乱状態。そういう弱さと彼女たちは出会った。

それは彼女たちを慢性的に傷つけていたのだと思う。心のケアとは脆弱な人と一緒にいて、相手を傷つけないことだ、と僕は思う。少しずつそういうことがわかってきた。だけど、それはたやすいことではない。そのときケアする人自身がじつは傷つきやすく、脆弱な状態に置かれるからだ。依存労働者は、依存されることに伴うさまざまな難しさを飲み込まないといけない。


だから、キテイは、依存労働者には「ドゥーリア」が必要だと述べている。

出産し、赤ん坊を世話することになった母親のために、身の回りのことを手伝ってくれる人のことを「ドゥーラ」という。キテイはそこから着想して、ケアする人をケアするもののことを「ドゥーリア」と呼ぶ。それは「ドゥーラ」の複数形だ。ケアしつづけるために、ケアする人は多くのものに支えられることを必要とする。

僕にも「ドゥーリア」があった。そのうちの大きなものが臨床心理学だった。僕はメンバーさんとの距離のとり方や立ち居振る舞いを臨床心理学から得ていたと思うし、メンバーさんたちの脆弱性を心理学的に理解することが、彼らを傷つけないことを可能にし、そしてそのことで自分自身を傷つきから守っていたと思う。何より、こうやってケアする仕事に価値や意味があることを臨床心理学が教えてくれていた。

たとえ、白衣を脱いでジャージに着替えても、僕が専門家であることは変わらない。依存労働をするとき、僕はそれでも臨床心理学という衣を身にまとっていた。専門性が、ケアする人が生き残ることを可能にしてくれる。

だけど、彼女たちは裸足だった。医療事務ガールズは精神障害的な難しさと、生身で向き合っていた。自分が何に巻き込まれているのかわからないままに、親密な関係という最も傷つきやすくプライベートなものを提供していた。

彼女たちがわりあい早く転職してしまうこと、あるいは妊娠・結婚して退職してしまうことの背景の一つに、そのつらさがあったのではないかと思う。あるいは彼女たちが、夜ごと過剰にクラブに通っていたのは、日々生じ続けている傷つきを癒したかったからなのかもしれない。

だからだろう。ヒガミサは不愛想だった。ヒガミサは運転するとき、音楽を大きな音で流していた。何かを遮断しようとしていたのだ。自分に迫りくる、よくわからないものから身を守るために、裸足をクラブミュージックで包み込んでいたのだ。


「ヒガミサ、将来、看護学校に入ったりとか考えてないの？」僕は聞いてみる。看護学校に行くと決めたリエさんもきっと自分を守る何かが欲しかったのだと思う。

だけど、ヒガミサは屈託なく言う。「はぁ？　嫌ですよ、娘もいるのに」

「そうか」

「事務してたいさ。レセプトってね、けっこう楽しいんだよ」彼女は笑う。ケバめの化粧が崩れて、子どものような表情になる。そうなのだ。彼女もまだ若いのだ。

日が暮れてくる。クリニックが見えてくる。クリニックに残っている医療事務ガールズが、メンバーさんのために夕食を準備して待っている。

「もう着きますよ」僕はメンバーさんに声をかけて、起こす。

専門家は一日に溶ける

デイケアの専門家ってなんだろう。

そこにはたしかに職種別の専門性があったと思う。看護師は看護師の、心理士は心理士の仕事をしている。言葉をかえれば、看護師は看護師的に、心理士は心理士的にメンバーさんと関わっている。それぞれのやり方で、メンバーさんとのつながりを生きる。

だけど、それはとても見えにくい。僕はハイエースを運転しながら、臨床心理士であったけど、でも運転自体は赤信号できちんと止まり、青信号で前に進むことの繰り返しでしかない。そういう日常に専門性は溶け入っていく。

いろんな専門性を持ったスタッフがみんなで素人仕事をやるのだ。それはまるでセラピーとケアの水溶液のようだ。いずれを欠いても、デイケアはデイケアでなくなってしまう。

そして、じつはそれは少しずつ僕のセラピーにも溶け込みはじめていた。僕はセラピーの専門家になりたいと思って沖縄にまで来た。心の深い部分に介入できる専門家になりたいと思っていた。だけど、デイケアで働くと同時に外来でセラピーの仕事をするなかで、僕は「あえて」心の深い部分を扱わないセラピーをすることを始めていた。精神病やパーソナリティ障害のような、重篤なクライエントに対して、深いところを掘り下げるのではなく、日常を支えることに価値を感じるようになっていた。僕はケアの入り混じったセラピーをするようになっていたのだ。

それを毎朝論文に書いていた。セラピー業界的にはもっとセラピーっぽい論文を書いたほうがウケがよかったと思うのだけど、その論文が僕と同じような仕事をしている誰かのドゥーリアになればいいと思って、ケアが溶け込んだセラピーのことを早朝に起きて書いていた（この本を書いている動機と同じだ）。

僕の中でも、いろいろなものが混ざった水溶液が生まれはじめていた。

浜比嘉島からクリニックに帰ってきたメンバーさんは、簡単な夕食をとり、帰り支度を始める。「帰りましょうか」僕は彼らに声をかけてから、ハイエースに乗り込む。人数を確認して、出発する。「今日は楽しかったさー」タマキさんが言う。「海、綺麗だったなぁ」「最高でしたね」最高だったと本当に思う。「また行きたいですね」

ハイエースが夕闇を走る。ヘッドライトが照らす先に、ホームセンターが見える。

「東畑さん、もっと近くまで送ってくれないかな？　足が痛くってさ」

本当はホームセンターの駐車場を送迎ポイントにするというルールなのだが、タマキさんもたしかに疲れている様子だったので、「いいですよ」と引き受ける。

ホームセンター手前の角を曲がり、大柄なハイエースが住宅地の入り組んだ狭い道に入っていく。まるでジャイアンが机の引き出しに入っていくみたいだ。

あの角を曲がるとタマキさんのアパートだ。ハンドルを切る。

そのとき。

博士の異常な送迎

クギギギギギー！

超嫌な音がする。これは絶対ヤバいやつだ。

「センセー！　なにしてる！」タマキさんがあわてる。「絶対コスってるよ」

「あぁぁぁぁ！」僕は絶叫する。

皆を送り届けたら、車体をチェックしなくては。きっとまたオツボネ看護課長に怒られる。言わんこっちゃない。だから、ルール通り、いつもの場所でタマキさんを降ろせばよかったのだ。

あぁ、明日出勤したら始末書を書かなくちゃ。論文は二本書いたらハカセになれるのだけど、あと何枚始末書を書いたら、僕はデイケアの専門家になれるのだろうか。

すべての人の送迎を終えて、帰途につく。大柄なハイエースが糸満街道を走る。バックミラーを確認すると、まわりの車のヘッドライトが反射する。カーステをつける。ヒガミサの好きなニッキー・ミナージュがスローなバラードを歌い出す。

僕は慎重に、柔らかくブレーキを踏む。

幕間口上

時間についての覚書

ゴキゲンいかが？

読者のみなさま、こんにちは。

ゴキゲンいかがですか？　どうですか？　うるわしい感じですか？

突然、語りかけちゃってすみません。じつはですね、ちょっとこのあたりで一息つくのもいいんじゃないかなって思ったんです。

貴兄がいま、この本をどこで読んでくださっているのかはわからないですけど、家にいらっしゃるならお茶でも飲みませんか。電車にお乗りになられているならフリスクでもかじってみませんか。お口の中がスッといたしますよ、あれをかじると。

ああ、それからツイッターを開いてみるのも悪くないですね。「居るのはつらいよ、読書中。著者がつぶやけと書いているから、つぶやきます、居るのはつらいよ、なう」とかつぶやいてみたらいかがでしょうか。

いや、べつに宣伝してほしいってことじゃないですよ。もちろん下心がないわけでもないけど、ほら一息入れましょう、っていうそういうご提案ですよ。

じゃあ、僕も一息入れさせていただきますね。ちょっとフリスクかじります。カリっ。スッとしますね、これ。おいしいなぁ。あと、タバコも吸っちゃおうかな。ふぅぅぅ。

なんかすいません、ダラダラ書いちゃって。地球環境が有限だっていうのはわかってます。だから、こうやって与太話を書き散らして、紙資源を

幕間口上

時間についての覚書

無駄づかいしていることに良心の呵責はあるんです。だけどね、ちょっと言いにくいことがあるんですよ。それで幕間《まくあい》口上を入れてみようかなと思ったらこんな感じになっちゃって。本当すみません。でもやっぱりちゃんと説明しといたほうがいいですよね。うん、そうだ。逃げちゃだめだ。

気づいていました？　ここまでの四章分でね、じつはすでに二年くらい経ってるんです。僕がデイケアにいたのが四年ですから、もう半分です。「え、そうなの？　だって、ようやく登場人物の紹介が終わったところじゃん？」って思われたその貴兄、おっしゃる通りです。すいません。

もうね、時間の流れがメチャクチャなんですよ。登場人物を紹介したかったからエピソードを書き連ねてきたんですけど、このエピソードがね、じつはけっこう時期がかぶってたり、時期が前後してたりしてるんです。

わかってますよ。本にしてるんだから、ちゃんと時系列で物語にしなきゃいけないんでしょ。知ってますよ。でも難しいんだよ。

「何を言ってるザマス！　それならもっと文章を練ってくれザマス！　ワタクシは貴重な時間使ってるザマスよ！」

責めないで！　僕も一生懸命やっているんです。だけどね、デイケアを書くのって難しいんですよ。これ、本当ですよ。

もうちょっと正確に言うとね、デイケアの「時間」を書くのが難しいんです。本当に至難の業なんだから。おれのせいじゃないの。デイケアが悪いの。そうそう、デイケアが悪い。

いいですか？　この本の時間の流れがグチャグチャなのは、デイケアのせいです。それがデイケアの本質なんです。断じて、おれのせいじゃないからね。

のび太少年の線的夏休み

すいません、ちょっと取り乱しました。大事なことなので、もう少し説明させてください。どうぞ、もう一粒フリスクをかんでいただいて、お茶をすすってください。そのあいだに説明を終えますから。

なぜデイケアの時間は書くのが難しいのか？このことを考えるために、セラピーとデイケアの時間を対比してみましょう。セラピーについてだったら、時間を書くのが比較的簡単だからです。そこで図にしてみると、こんな感じ。

セラピーの時間はぐるぐると回りながらも右から左へと流れていきます。というのも、セラピーは何らかの変化を目指すものだからです。不安を和らげたいとか、家族とやり直したいとか、いろいろな目的がありえますが、基本的にはセラピーではAという状態からBという状態へと移行することが目的となります。

もちろん、人間の心はそんなに簡単には変わらないので、途中でぐるぐると同じところを回ったり、一進一退を繰り返して、自分たちがどこにいるのか、何をしているのかわからなくなっちゃうときはあります。だけど、それでも、あとから振り返ってみれば、歩んできた道筋はまあちゃんと見えます。時間はきちんと線のように流れている。

だから、セラピーの時間は書けます。というか、僕はね、今までセラピーについては論文を書いてきたんですよ。おれは時間を書けるんだよ。右から左へ流れる線的な時間はね、書くことができるんです。それはちゃんと物語になるからです。

この点について、千野帽子氏の『人はなぜ物語を求めるのか』という本が参考になります。千野氏は物語というものの基本構造を「(平衡状態→)非常事態→あらたな平衡状態」だと言っています。

幕間口上

時間についての覚書

こういうことです。最初に平和な日常があります。そこでは毎日は同じことの繰り返しです。映画版ドラえもんを思い浮かべてみてください。だいたい、のび太少年の何気ない夏休みから話は始まります。そして、そのまま夏休みが過ぎていくならば、物語にはなりません。だって、そんなの退屈ですもん。

だから、事件が起きます。空から傷ついた魔法少女が落ちてきたり、恐竜の卵を手に入れてしまったり。すると、日常は一変します。魔法世界のゴタゴタに巻き込まれたり、原始世界で恐竜ハンターと戦ったり、非常事態に突入します。そして、そこでなんだかんだいろいろなことが起きるのだけど、ドラえもんの道具とのび太の勇気で世界を救い、最終的にはいつものありふれた夏休みに戻ってくる。このとき、のび太はちょっとだけ成長していて、世界は以前と同じようでありながら、やっぱり少し変わっている。

これが「(平衡状態→)非常事態→あらたな平衡状態」の意味です。読者のみなさんも、人生の危機のとき、同じようになりませんでしたか？ 学校に行けなくなったり、恋人に裏切られたり、仕事で失敗したりすると、日常は消え去り、非常事態が訪れる。そこで迷走したり、もがいたりすることで、徐々に新しい日常が再構築されていく。新しい学校に行きはじめたり、恋人とやり直したり、結末はいろいろだけど、そのとき僕らはささやかな成長とか成熟を得ています。

こういうとき、時間は線的に流れています。その場にいるとよくわからないけど、後から振返ってみると、時間は後ろから前へと、過去から未来へと流れていきます。そのようにして流れる線的時間は、物語として語ることが容易です。始まりがあり、終わりがありますから。

それにしても、こうやって書きながら思ったのだけど、セラピーというのは本当のところ、時間がうまく流れるように手伝う仕事ですね。治療者が直接心に働きかけて、心を変化させるというのではなく、滞った時間を流れさせるのをアシストして、時間が心を変化させるのを待つ仕事と言ってもいい。

円環的サザエさんは旅に出ない

いずれにせよ、セラピーの時間は線的に流れている。だから、それは物語として描きやすい。だけど、デイケアは違います。次の図を見てください。デイケアの時間は円のようにぐるぐると流れています。たしかにそこにも線はあります。各メンバーさんはそれぞれの人生の一時期をデイケアで過ごすわけで、その意味で線も走っている。だけど、デイケアという場所自体の時間は、同じ地点をぐるぐると回っている。

というのも、先の物語の図式でいうならば、デイケアは非常事態ではなく、平衡状態を提供する場所だからです。メンバーさんたちは冒険をしにデイケアにやってくるわけではありません。そこに基地となるような日常を求めて、彼らはやってきます。

そのとき、時間は円環的に流れます。実際、デイケアでは毎日が同じように繰り返されています。ラジオ体操をして、ミーティングをして、午前と午後の活動をして、その合間に食事をして、家に帰る。毎日はぐるぐると円を描いて、繰り返されています。

マクロに見ても同じです。春に浜降り（海藻を取りに行く沖縄の春の行事です）と甲子園観戦があり、夏にはビーチパーティと甲子園観戦、秋はバレーボール大会があって、冬にはクリスマスパーティがある。同じ季節がめぐり、同じ一年が繰り返されるわけです。

デイケアの時間は円環しています。ミクロに見ても、マクロに見ても、時間はぐるぐると同じところを回っている。

サザエさんみたいですね。日曜日の六時半になると、毎回同じような日常が放送されています。そこでは小さな事件はいろいろと起こるのだけど、決して磯野家は非常事態には突入しません。カツオが思春期になることもないし、波平が不治の病に侵されることもない。サザエが磯野家に疑問を抱いて旅に出立し、人格的な成熟を成し遂げるなんてことは絶対にない。サザエさんは円環的な時間を生きています。

線的時間が僕たちの人生の一部であったのと同じように、円環的時間もまた僕らの一部です。というか、僕らの毎日のほとんどは円環的なものです。ほら、三週間前の火曜日のことって思い出せなくないですか？　七週間前の火曜日と三週間前の火曜日、そして今週の火曜日はだいたい同じです。そして、それが同じだからこそ、僕らは落ち着いて日々を営むことができます。こうやって、みなさんが落ち着いて本を読んでいられるのも、時間が円のように流れているからではないでしょうか？　だって、魔法世界からやってきた大魔導士によって世界が消滅させられそうだったら、こんな本を読んでいられないですよね（世界を救うほうに専念してください）。

僕らは二つの時間を生きている。一つは線的時間で、それは僕らに物語をもたらす。もう一つは円環的時間で、それは僕らに日常をもたらす。「線は人生に関わり、円は生活に関わる」遠藤周作ならそう言うんじゃないかな。

デイケアらしいデイケアがあったころ

なんだかすごい遠回りをした気がするのですが、伝わりましたか？　大丈夫かな。

この本の時間がうまく描けていないのは、僕のせいじゃなくて、デイケアの円環的時間のせいだってことを言いたかったんです。日常を描くのって、本当に難しいんですよ。

ということで、気づけば、この本ではデイケアの時間が、二年経っていました。みなさんの知らないところで、そして僕の文章の裏側で、円はぐるぐると回り続けていたのです。

そして、よくよく考えてみると、この二年目の終わりというのは、僕にとってデイケアが最もデイケアらしかったときのことだったと思うのです。実際、僕がデイケアのことを思い出したり、夜の夢に出てきたりするときのデイケアは、このころのデイケアです。

タカエス部長がいて、ダイさんがいて、シンイチさんがいて、そしてヒガミサがいたころです。馴染みのメンバーさんたちもほぼ固定していました。そして、僕もまた毎日を同じように過ごしていました。カウンセリングをして、デイケアでトランプをしたり、野球をしたりして、毎日をぐるぐる送っていました。このころ、僕はデイケアの円環的時間の一部でした。あるいは、僕の円環的時間とデイケアの時間は深く重なっていました。

だけど、その後、その円はあっという間にほどけて、消え去っていきました。円に切れ目を入れると、大きな線になります。そこに物語が生まれるわけだけど、今はまだそのことについては語らないでおきましょう。

どうですか？　僕が悪くないことはわかりましたか？　わかっていただけたみたいですね。

オーケー、じゃあ、これで幕間口上は終わり。大丈夫ですか？　フリスクはかみ砕き終わりましたか？

準備が整ったら、後半戦を始めましょう。

次の章ではせっかくなので、僕にとって最もデイケアらしいデイケアがあったときのことを書いてみたいと思います。

それは円環的な時間の話です。そういう円の中を走っていた小さな線の物語です。

そして、円環的時間に必然的に訪れる、退屈についてのお話です。

それでは、またどこかでお目にかかりましょう。

ごきげんよう。

第5章

円と線
暇と退屈未満のデイケア

つらいよぉ

「消えてしまいたい」
「いなくなりたい」
「しんどい」
「怖い」
「殺してしまうかもしれない」
「つらいよぉ」

カウンセリング室には、そういう切実な言葉が満ちあふれる。

それらの言葉の文脈はいろいろだ。捨て鉢になって語られるときもあるし、いつものセリフとして語られるときもある。あるいは誰にも頼れなかった人が勇気を出して絞り出す言葉のときもある。

だから僕は、そういう言葉をしばし心に置いてみる。そうやって、たとえば「消えてしまいたい」という言葉に込められた思いを慎重に吟味する。そこに含まれている自己嫌悪、親しき人への怒り、そして僕に依存したい気持ちを味わい、そしてそれが絶望に塗り固められているのか、希望が少しでも宿っているのかを確かめる。思いを受け取るのには時間がかかる。

セラピーでのコミュニケーションは普通の会話とはちょっと違う。そこでは社交とか、おつきあいを極力排して、心と心のコミュニケーションがピュアに浮き上がってくることが目指される。

「つらいよぉ」

長い沈黙が破られる。師走のカウンセリング室に声が響く。

「はい」僕は声を返す。そしてクライエントの声を心の中に置く。

絞り出された言葉からにじむ思いを味わう。彼がたどってきたこれまでの人生がポコポコと連想される。

「つらいよぉ」

「うん」

「女々しくて、女々しくて」あれ？「つらいよお」

誰の声だ！　よく見ると、天井がドタンドタンと揺れている。そこから「つらいよぉ」と声が聞こえる。クライエントはポカンとして、天井を指さす。

「上で何かやっているんですか？」


すみません。ちょっと盛って書いちゃいました。小説的効果を狙ってしまいました。今のは若干つくり話です。さすがの僕でも、ゴールデンボンバーの歌声とクライエントの語る声を取り違えたりはしない。

だけど、面接中に天井からゴールデンボンバーの声が聞こえたのは本当だ。幻聴じゃない。カウンセリング室の上はデイケアのメンバーさんが過ごせる小さな広間になっていて、そこでメンバーさんたちがゴールデンボンバーの名曲「女々しくて」を踊っていた。そう、恒例のデイケアクリスマス会はもう来週だったから、出し物の練習をしていたのだ。

超ムカついた。下まで音が響くから、カウンセリングをやっている時間は踊らないでくれとあれだけ頼んでいたというのに。なんてことだ。


面接が終わってから、注意するために二階に駆け上がると、やっぱりメンバーさんたちがドスンドスンと踊っている。中心にいるのはハエバルくんだ。汗びっしょりのハエバルくんが僕に気がつく。

「あ、東畑さん。みんなかなり息がそろってきました」満面の笑顔でハエバルくんは言う。「いま、カウンセリングはないんですか？　ないなら、一緒に踊りましょう！」

混じりけのない素朴な笑顔に、僕の牙は抜かれてしまう。注意をする気をなくす。しょうがない、まあいっか。もう今日のカウンセリングは終わりだから、いっちょやるか。

ハエバルくんが音楽を流す。イントロが流れ出す。僕は構えの姿勢に入る。

「女々しくて女々しくて」

ハエバルくんが両手を激しく振る。キモい感じなのが良い感じだ。僕もシャカシャカと手を振る。きっと超キモいはずだ。

「つらいよぉ」

石を積む少年

暇と退屈未満のデイケア

ハエバルくんの話をしよう。

僕がデイケアで働きはじめて一年が経ち、いろいろなことに慣れたころ、彼はデイケアにやってきた。そのときはたしか大学一年生だった。僕もまだ二〇代だったから、彼は若いイトコみたいな感じがして、なんだか放っておけなかった。

ハエバルくんの診断は微妙だった。「統合失調症疑い」。父親と一緒にマスターベーションをしてみたいと言うなど、高校時代から奇妙な言動があったが、幻聴や妄想がはっきりとあったわけではなかったし、話してみると疎通性も悪くはなかった。バリバリの統合失調症というわけでもないし、かといって対人恐怖的な神経症なのかというとそうとも言えなかった。

ハエバルくんの調子がおかしくなったのは、高校時代だ。学校にはきちんと通えていたのだけど、家では自室にこもるようになった。そして、性をめぐる奇妙な考えを時おり漏らすようになった。このころに心配した母親がクリニックに連れていき、様子を見るということになった。ハエバルくんは、成績が良かったのでなんとか大学には進学できたのだが、前期の半ばで通うことができなくなった。そして、自室にひきこもる生活が続いていたため、デイケアに通うことになった。

ハエバルくんは当初、デイケアに馴染めなかった。他のメンバーさんと一緒に座っていられず、しょっちゅう半地下にあった一人になれる卓球室へと退避し、かりゆし58の音楽をイヤホンで聴いていた。そういうとき、彼は目を閉じて、何かに集中していた。

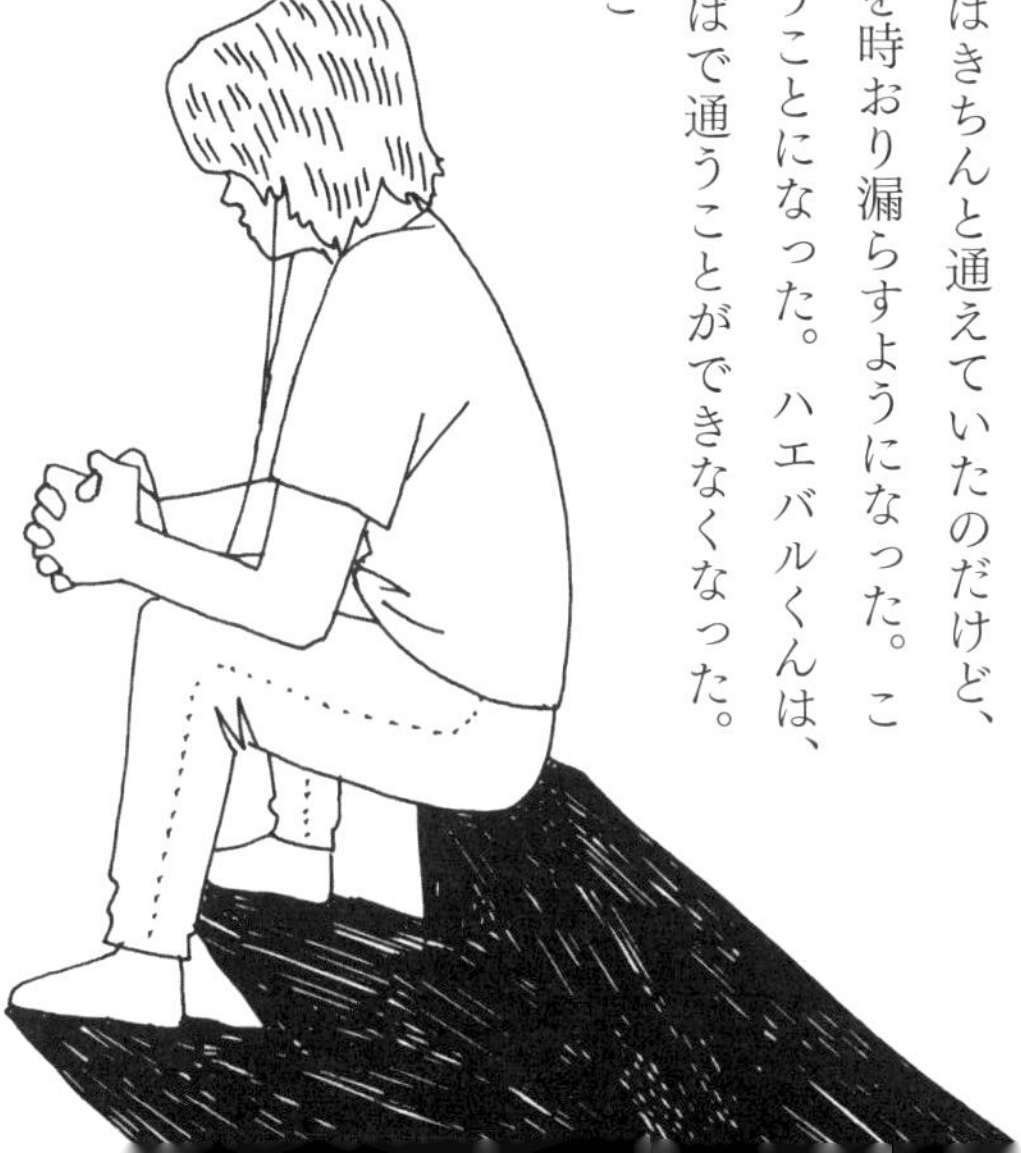

ハエバルくんに何をしているのかと聞いてみると、頭の中に穴が空いている感じがするから、それを塞ぐために、石をつくっているとのことだった。もちろん、現実の石ではなく、イメージ上の話だ。蚕が繭《まゆ》を編むように、慎重に慎重に石をつくって、それを頭に空いた穴にはめ込む。だけど、その石はいつもちょっとずれてしまうから、穴は微妙に塞がらない。だから彼は毎日石をつくり、そして積む作業をしつづけないといけなかった。そうしないと落ち着かなくて、座っていられないとハエバルくんは苦しそうに語った。

そういう話をしているときのハエバルくんは、僕にはガラス細工のように見えた。安易に触れたら壊れてしまいそうなものを、なんとか壊れないように保っているようだったからだ。「まだ若いのに」と思って、僕はしばしば悲しくなった。

その思いは、他のスタッフも同じだったと思う。そういうふうにスタッフを熱くさせるメンバーさんがときどき現れる。「なんとかしてあげたい」という気持ちにさせられるのだ。ハエバルくんの場合、若さと純朴さが僕らを熱くさせたのだと思う。だから、僕らスタッフはハエバルくんによく声掛けをしていた。

ダイさんは昼休みにやっていたソフトボールの練習に熱心に誘っていたし、シンイチさんは一緒に散歩をしようかと提案した。医療事務ガールズは調理を教えようとした。ものぐさな部長まで、めずらしくスポーツ新聞に出ていたニュースを教えてあげたりもしていた。ハエバルくんがデイケアにいられるようになるために、それぞれが関わりを持とうとした。

僕は、といえば、ハエバルくんをゲームに誘った。トランプに、花札、ジェンガ、オセロ、そして将棋。ありとあらゆるゲームに誘った。

僕はそれらのゲームをメンバーさんから教わった。デイケアの凪の時間にいるのがつらかったころ、メンバーさんたちがゲームに誘ってくれたのだ。タマキさんは花札を教えてくれたし、ヌシは将棋を教えてくれた。そうやって遊んでいるうちに、僕はなんとなくデイケアにいられるようになったから、今度は僕がハエバルくんをゲームに誘ったのだ。

よく考えてみると、僕は一生分のテーブルゲームをデイケアにいたころにやったのではなかろうか。再三書いているように、デイケアでは何もすることのない悠久の時間が流れているので、退屈する。その退屈を埋めるために、僕らはひたすらにゲームをしていた。「いる」ためには、適度な暇つぶしが必要なのだ。

だけど、ハエバルくんはあまり乗り気ではなかった。

「自分はいいっす」生真面目な表情を浮かべて、ゲームの誘いを断ることも多かった。「バランスが崩れるかもしれないんで」

ゲームをすると、積んである石が崩れてしまう、ハエバルくんはそう感じているようだった。彼にとっては石の行方こそが重大事で、他のことは極力避けようとしていたのだ。だから、気づくとハエバルくんは半地下にひきこもった。頭の中で石を練り上げる作業に没頭していた。

「調子はどう？」と心配した僕が話しかけると、いちおう返事は返ってきた。

「自分じゃよくわからないんですけど、今はちゃんと石をつくらなきゃいけないって思うんです。それは絶対にやらなきゃいけないことなんです」

彼は一瞬一瞬を切実なものとして懸命に生きていた。ハエバルくんには退屈している暇なんてなかった。そして、その余白のなさが、僕は悲しかった。

暇と退屈未満のデイケア

ここで、退屈について本気出して考えてみたい（ポルノグラフィティというロックバンド風に言うと）。というのも、デイケアにとって、退屈はとても重要な現象だと思うからだ。

まず大前提として、デイケアとは退屈な場所だ。僕はこの本を書くための取材で、いろいろなデイケアを回ってみたけれども、はっきり言ってどこもかしこも、たいへん退屈だった。一つだけ、退屈じゃないデイケアもあった。そこはやることがしっかりと決まっていて、メンバーさんもスタッフも忙しそうにしていた。たぶん、統合失調症よりも軽い病態の人を扱っているという事情もあったと思うのだけど、そのデイケアにいる人はどこか緊張して、疲弊しているように僕には見えた。

デイケアは退屈なのだ。本質的に、宿命的に退屈だ。逆にいえば、退屈はデイケアがデイケアであるために不可欠なことなのだと思う。退屈のないデイケアはデイケアではない。

それは僕らの生活に、必ず退屈な時間があるのと同じだ。ほら、みなさんの家庭って退屈じゃないですか？　というか、家に帰ってきて、めくるめくファンタスティックな時間が待っていたら大変だ（新婚さんって、疲れるはずですよ）。あるいは家がエキサイティングなサバイバル空間だったら、やってられないでしょう。学校だって、職場だって、同じだ。ちゃんと退屈な時間があるから、僕らは安心してそこにいられる。

そう、退屈は悪しきものではない。

とはいえ、たしかに退屈は耐えがたい。僕も退屈は超苦手だ。何も起こらない凪のデイケア室に座っているのは本当に苦痛だった。刺激がないことに耐えられない。今でもそうだ。タバコを吸っているときまで、スマホでツイッターをやっている始末だ。僕はとことん情報処理依存症で、退屈に弱い。

なぜだろうか？　退屈しているとき、僕らはいったい何を体験しているのだろうか？

國分功一郎氏は『暇と退屈の倫理学』という超退屈な言葉が並んだタイトルなのに、中身はまったく退屈じゃない本で、退屈が「引きとめ」と「空虚放置」から成り立っていると論じている。少し詳しく説明しておこう。

挙げられているのは、次の電車が来るまで、駅で四時間待たないといけないという事例だ（哲学者ハイデガーの体験らしいが、同情を禁じえない）。そこでの退屈を、國分氏は「退屈の第一形式」と呼び、以下のように記述している。

退屈においては時間がのろい。時間がぐずついている。退屈する私たちは、このぐずつく時間によって困らされているのだ。［…］ぐずついているものが私たちを困らせるのは、それが単にぐずついているだけでなく、私たちを引きとめているからである。私たちは退屈しながら、ぐずつく時間によって引きとめられているのである。（國分功一郎『暇と退屈の倫理学 増補新版』二一九―二二〇頁）

まさに僕がデイケアで体験していたことが描かれている。昼ごはんの時間にならない、午後の活動が始まらない。デイケアでは時間がぐずつく。凪の時間とは、ぐずついて動かない時間のことだ。そのとき僕は、どこにも行けずに「今、ここ」に引きとめられている。

ここから國分氏はさらに退屈を探求していく。これではまだ退屈を説明したことにならないからだ。なぜ「引きとめ」によって僕たちは退屈してしまうのか。その答えはこうだ。

引きとめられると、何もないところ、むなしい状態に放って置かれることになるからである。何もすることがない、むなしい状態に人間は耐えられない。だから「退屈とともに台頭してくる空虚放置へと落ち込まないために」、私たちは何かやるべき仕事をもとめる。（同書二二一頁）

そうだそうだ。僕がゲームをやったり、机の木目を数えたりしていたのは、まさにそれだ。さらに國分氏は続ける。空虚放置とはどういうことか？　実際にはまわりにさまざまな物があるのに、空虚に放置されているとはどういうことか？

そこには物がある。しかし、それらの物がこちらに向かって何事も仕掛けてこない。私たちを完全にほったらかしにしている。〈空虚放置〉とは単に物がないということではない。物が私たちに何も提供してくれないことを意味しているのだ。（同書二二二―二二三頁）

暇と退屈未満のデイケア

そうだそうだ。まさにそうだ（ソーダ売りのおじさんみたいになってしまった）。僕が世界の片隅のデイケアで感じていたことが、見事に言語化されている。そうなのだ。僕はほったらかしにされてしまって、退屈していた。その通りだ。

だけど、このままいくと、ソーダ売りおじさんになってしまうので、ここで國分氏の議論を追うのはやめて、僕たちの問いを追いかけよう。僕らの問いは、退屈の一歩手前にある。

ハエバルくんの話だ。彼は退屈していなかった。いや、ハエバルくんだけじゃない。多くのメンバーさんもデイケアでべつに退屈していなかった。僕が退屈に悶絶している時間を彼らは平然と過ごしていた。ハエバルくんが石をつくっていたように、彼らも自分の世界に埋没していた。

なぜだろうか？　なぜ彼らは退屈未満だったのだろうか？

そのヒントは先ほどの「空虚放置」にある。退屈とは空虚のなかに放置されることであり、物が僕たちに何も提供してくれないことを意味していた。

ということは、退屈できないハエバルくんは空虚のなかにはいなかったことになる。物たちはハエバルくんに語りかけ、働きかけていたのだ。それは「美女と野獣」の映画みたいに、ポットや燭台が歌ったり、踊ったりする世界のことを意味していない。たとえ、ふしぎの国のデイケアといえども、物たちは実際には沈黙している。食器棚もゴーヤチャンプルーも歌わない。

そういうことではなくて、ハエバルくんやメンバーさんの世界では、空間に「何か」が充満していたのだ。たとえば、幻聴。それは何もないところに響く声だ。あるいは「脳を抜かれている」と語るメンバーさんの空間は、宇宙からやってくる電波で満たされている。それから、被害妄想。誰も何も言っていないのに、冷たいまなざしを感じてしまう。それは何も統合失調症の人だけに限らない。不登校になった子どもは何もないところに自分への攻撃を見出してしまうし、僕たちだって会社を休んでしまった次の日は、みんなの視線が痛い。本当はそこには何もないのに、充満する「何か」を感じてしまうということがある。空虚はときに充満に変わってしまう。

すると、退屈なんかしていられない。悪しきものが充満する空間では、一瞬一瞬が切実な時間になる。なんとかかんとか、しのいでいかないといけない危険な時間になる。僕にとっての凪タイムは、彼らにとっては「何か」が吹き荒れている時間だったのだ。

だからだろう。ハエバルくんは石をつくることになった。彼は自分の頭には穴が空いていて、それを塞がないといけないと言っていた。もちろん、現実には彼の頭には穴なんて存在していない。頭蓋骨と頭皮、そして髪の毛によってしっかり覆われている。ハエバルくんだってそんなことはわかっている。それでも、彼は穴にこだわっていた。それは彼に「自分は閉じられていない」という感覚があったからだ。

精神分析家のフェダーン（手を握ることで有名な看護師シュヴィングと一緒に統合失調症の治療をしていた人だ）は「自我境界」という概念を提唱している。それは自分と外界、あるいは自分と他者、そして自分の意識と無意識のあいだにつくられる境界膜のことだ。

自我境界って、じつは超大事なものだ。自我境界がきちんとしているから、自分の考えと人の考えを混濁しない。現実と空想を混濁しない。逆にいうと、自我境界が揺らいでしまうと、いろいろ面倒なことになる。たとえば、幻聴。そのとき、内なる声と外の声が混線してしまっている。

自我境界があることで、僕らは誰かと一緒にいても自分でいられるのだ。それは「自分」を区切り、自分を包み込み、自分を自分として保っておくための境界線だからだ。

ハエバルくんの穴は、頭ではなく、この自我境界に空いていたのだろう。そこからはいろいろなものが漏れ出してしまう。そしていろいろなものが侵入してしまう。空虚な空間には、その穴から漏れ出した「何か」が充満してしまうのだ。すると、物はハエバルくんを放っておいてくれない。語りかける。脅かす。そのとき、退屈は不可能になってしまう。だってそうじゃないか？　まるでお化け屋敷のように、そういうとき、時間は一瞬一瞬がエキサイティングだ。

そう、円だ。きちんと機能している自我境界は、円のようにして僕らを包み込んでいる。それは僕らの日常を可能にしてくれる小さな円だ。僕らの中の円がきちんと閉じられているならば、脅かされずにそこにいられる。だけど、そこに穴が空いていたり、切れ目が入っていると、いてもたってもいられなくなる。教室で裸にされてしまったり、傷だらけで塩水につかったりするようなものだ。

中井久夫は「統合失調症の人なら「退屈」したらだいぶ治ってきたといえる」と言っていたけど、退屈とは身を守る円が閉じたことを示す偉大な達成だ。空虚とは円が閉じた証なのだ。だから、ハエバルくんは石を積むことで、その円に空いた穴を塞ごうとしていたのだ。他のメンバーさんもそうだ。彼らは自分を閉ざしていたわけだけど、充満した何かから身を守ろうとしていた。ほころんだ円を閉じようとしていた。そして、閉じきれずにいたのだ。

それでは、いかにしてほころんだ円はうまく閉じられるのだろうか。そこにデイケアの円環的な時間はいかに関わるのだろうか。そのことを考えるために、話を前に進めてみよう。

ハエバルくんはその後どうなったのか。

ハエバルくんの回復

結論からいうと、ハエバルくんは変わった。彼はデイケアに馴染み、そしてデイケアにいられるようになった。

何かドラマティックなきっかけがあったわけではない。金八先生の愛の一撃で不良少年が心を入れ替える、みたいなことはデイケアでは起こらない（物語ではないものが大切なのだ）。いや、もしかしたら何かはあったのかもしれないけど、僕にはわからないし、他のスタッフにもわからないし、たぶん本人にもわからない。繰り返される日常の円環的な時間が変えたとしか言いようがない。

でも、とにかく彼は変わった。その兆候は、ハエバル君が遊べるようになったことだった。

彼は花札にハマった。最初は僕が誘っても、断ったり、しぶしぶやったりするような感じだったけれども、徐々に花札を楽しむようになった。彼が自分から誘ってくるようにすらなった。頭の中で石をこねているときと同じ生真面目な表情で「花札やりません？」と言ってくるようになったのだ。その真剣さがかわいくって僕は笑ってしまった。「いいよ、やろうか」

奇妙さというか、ぎこちなさ自体はもちろん残った。「猪鹿蝶《いのしかちょう》はそろえちゃダメなんです、ダメな気がするんです」みたいな、よくわからないこだわりを彼はよくつぶやいていた。だけど、ハエバルくんはたしかに花札を楽しんでいた。役がそろうと彼は「よっしゃ！」と叫んだ。我を忘れて、喜んだり悔しがったりするようになった。遊びに夢中になったのだ。

そうやって、花札をやっていることで、ハエバルくんはほかのメンバーさんとも関わりを持てるようになった。彼はみんなから可愛がられた。ヌシはハエバルくんにタバコをあげようとして断られていたし、おせっかいなジュンコさんは飴を過剰に押しつけていた。みんながハエバルくんにコーラをおごってあげていた。

すると、行動範囲が広がった。ハエバルくんは昼休みのソフトボールに定期的に参加するようになった。ダイさんは喜んで彼を鍛えた。運動神経は悪くなかったので、ハエバルくんはショートという重要ポジションを任され、チームになくてはならない存在になった。彼自身も体を動かすことを楽しむようになった。

ソフトボールだけではない。ドライブやグラウンドゴルフなどのさまざまな活動を楽しめるようになり、その狭間の時間には花札をして時間を過ごした。彼はときどき冗談を言うようにすらなった。そして、気づけば石のことを云々している時間は消えていた。円に薄い膜が張ったようだった。

ハエバルくんは、デイケアに馴染んだのだ。「いる」ことができるようになった。それはもちろん、直線的な回復ではなく、調子は良くなったり悪くなったり波があったけれど、それでも彼はたしかに変化した。

「ハエバルくん、元気になったな」と熱心にソフトボールを教えていたダイさんはうれしそうだった。そして決めた。「クリスマス会を任せてみようか」

こうして、話は「つらいよぉ」の一幕に戻る。

デイケアでは年に一度、クリスマス会が行われていて、メンバーさんはいくつかのグループに分かれて出し物をやることになっていた。もちろん、スタッフもそれぞれのグループに張り付くのだけど、メンバーさんのなかからグループリーダーを決めて、一か月かけて出し物の練習をするのだ。

ハエバルくんは当時無茶苦茶はやっていたゴールデンボンバーの「女々しくて」を踊るグループのリーダーを任された。僕がそのグループの担当スタッフだった。

ハエバルくんは任された役割に夢中になった。何かがカチっとはまったのだろう、熱心に出し物の練習に取り組んだ。

僕らは毎日ハエバルくんに召集されて、YouTubeでプロモーションビデオを見ながら、「女々しくて」の振り付けをコピーさせられた。死ぬほど踊らされた。

「東畑さん、もっとキモい感じにしたほうがいいと思うんで、大げさにやってくれませんか？」とよく注意された。

「了解、がんばる」と伝えると、ハエバルくんはいつもの生真面目な表情で頭を下げた。「大事なところなんで、ほんとお願いします」

クリスマス会ボンバー

クリスマス会の日は、なんとなくみんな浮ついている。前日から飾り付けをしているので、デイケア室はいつもと違って華やかだし、机の上には三九円コーラとかチョコパイ、ポテトチップなどのお菓子がどっさりと並んでいる。

デイケアにいると季節感が失われやすい。始業式も決算日もないから、繰り返される円環的な時間には切れ目が入りにくい。小さな円がぐるぐる回り続ける。だから、春のお花見とか、夏のビーチパーティとか、ときどき季節に合わせたイベントを行う。クリスマス会もその一つだ。そうすると「もうクリスマスなのか」と僕らは思い出す。小さな円のその向こう側でゆっくり回っている大きな円に気がつく。

できる限りクリスマス的に装飾された部屋は、今日がいつもと違う一日であることを伝えてくれる。それは本当はいつもと同じ一日なのかもしれないけれど、それでも僕らはちょっとワクワクする。心なしか、いつも自分の世界に沈み込んでいるメンバーさんもソワソワしているように見える。

「レディースエーンドジェントルメーン！　タイムハズカム！　これからクリスマス会を始めます！」

このころには、この手のイベントをやるとき、僕が司会をすることになっていた。大学院で論文を書くために培った言葉の技術で、クリスマスを盛り上げるのが僕の仕事だ。

「はじめに、タカエス部長からご挨拶です」

ジャージにポロシャツ、そして頭頂部にクリスマスのキラキラした飾りをつけた部長が、のそのそとマイクの前に立つ。

「みんなー、ハゲてるかー!?」部長が絶叫して、みんな拍手。「みなさん、ありがとうな。今日はクリスマス会だからな。おれの頭に負けずに、みんなも今日は輝いてくれよ」

クリスマス会は各チームの出し物によって構成されている。一か月かけて練習を重ねてきたパフォーマンスを披露し、最優秀賞を競うのだ。

最初は、以前にユリさんと大喧嘩をしていたリュウジさんと医療事務ガールズのユウカさんのピアノの連弾だ。ここにはじつは小さな恋の物語があったわけだけど、それについてはのちほど。

スピッツの「チェリー」が演奏されると、事情を知っているメンバーさんたちは大盛り上がりで「ヒュー！」と冷やかす。リュウジさんは恥ずかしそうにしている。巧みとはいえないへたくそなピアノが、不器用な恋の感じをよく醸し出していて、たいへんよかった。

「ワーンダホー！　マーベラス！　ネクスト！」僕は怪しい英語で司会の大任を果たす。

次はヒガミサ率いる女性メンバーさんのハンドベル演奏。「きよしこの夜」と「あわてんぼうのサンタクロース」を奏でる。クリスマスらしい音色に拍手喝采。鼻くそをほじりながら演奏していたメンバーさんから握手を求められたヒガミサが、嫌そうな顔で握手に応じているので、笑ってしまう。

「ワーンダホー！　ビューティホー！　ネクスト！」同じ調子で司会を続ける。

お次はダイさんが率いるＫＡＲＡチームだ。ダイさんとシンイチさん、そしてタマキさんなどのメンバー七人がカラフルなアフロのかつらをかぶって登場する。名曲「ミスター」がかかると、黒タイツに包まれた筋肉質のお尻をぐいぐい振る。躍動する。ラストはダイさんが振り返って、「サンキュー、みんな愛しているよ」と投げキッス。

「気持ち悪かったですねぇ」本当に気持ち悪かったので、日本語になってしまう。「さて、では、お次はゴールデンボンバーで「女々しくて」です。ネクスト！」

暇と退屈未満のデイケア

舞台が始まる。「女々しくて」のプロモーションビデオのコピーだ（YouTubeかなんかで参照してほしい、そっくりに再現されたので）。

まず、バブル期のいい女風ファッションに身を包んだユリさん（「ウララー」と歌っていたあのメンバーさんだ。このころには退院してデイケアに復帰していた）がハイヒールでかつかつ歩いてくる。薬の副作用でふらつくので、みんな笑う。

ユリさんに追いすがるようにして、ハエバルくんが出てくる。

「ねえ、ちょっと待ってよ、ほんとに。ちょっとあやまってんじゃん」ユリさんに捨てられそうな情けない男の役だ。そして土下座。「ほんとに捨てないでよ、お願いごめんなさい」

ユリさんがにやにやしながら「触んじゃねえよ」と言い捨てる。「おめえ、女かよ」

情けなくフラれてしまったハエバルくんは立ち上がる。音楽が始まる。僕とヤスオさんをはじめとする男性メンバーさんも舞台に現れる。

「女々しくて、女々しくて、女々しくて、つらいよぉ」

残念ながら、僕の文章力では、いかに僕らのダンスがキモくて、笑えたのかを表現することができない。そもそも、こういうものって文章にできるのだろうか。高校時代の部活の帰り道、友人が顧問の先生のモノマネをしはじめて、お腹がよじれるくらい笑ったことは誰にでもあると思うけど、あの笑いを文章にするのが不可能なのと同

じだ。

　だけど、この日のゴールデンボンバーは本当に笑える渾身の舞台だった。ハエバルくんのダンスのキレは凄まじくって、そして超キモかった。音楽が終わると拍手喝采。ハエバルくんは汗をにじませ、肩で息をしていた。


　これですべての出し物が終了。タカエス部長をはじめとする審査員たちが協議をしている間に、僕らは準備していたケーキを食べる。ハエバルくんは「おもしろかったよ」「かっこよかったさ」と他のメンバーさんから声をかけられて、照れている。

　そして、結果発表。タカエス部長が禿げ頭に張り付けた小さなメモをひっぺがして読み上げる。

「優勝はゴールデンボンバー‼」

「おお！」歓声が上がる。

「やったー」ハエバルくんは喜ぶ。本当にうれしそうに喜ぶ。そして、タカエス部長から賞状を受け取る。

「やったな」部長がハエバルくんの肩を叩く。

「ありがとうございます」満面の笑みで賞状を握る。

　最後はみんなでクリスマスソングを歌う。もうそろそろ一年が終わると思うと、ちょっとしんみりする。すると、姿を見ないと思ったタカエス部長が、女装をして現れる。

　マイクを握りしめたタカエス部長は秋元順子の「愛のままで」を披露しはじめる。浸りきって歌う部長はひたすらグロテスクだった。すると、いつもナプキンを折り畳んでは元に戻してを繰り返しているふしぎ系メンバーのユウジロウさんが「ハッサ！　気持ち悪いね！」と大声で叫ぶ。そして、部長のステージに乱入して、謎のニワトリ歩きで会場をぐるぐると回る。ユウジロウさんの奇行にみんな大爆笑。

こうしてクリスマス会は終わる。会が閉じて、クリスマスの飾りつけを片付けていると、祝祭空間は急にいつものデイケアに戻っていく。ふと見ると、ハエバルくんが色とりどりのモールを外しながら、浮かない顔をしている。

「大丈夫？」僕は尋ねる。「疲れた？」

「大丈夫です。疲れてはいないです。ただ……」ハエバル君はクリスマスツリーの飾りを段ボール箱に片付ける。そして真面目な表情で言う。「なんか虚しいというか」

僕はその段ボール箱の蓋を閉じる。「そうかぁ」

「わかんないっすけど」ポリポリと頭をかく。

クリスマス会が終わると年末がやってくる。そうすると年が明ける。また、来年も同じようにクリスマス会があるのだろうか。そう思いながら、僕はハエバルくんと一緒に後片付けを続けた。

デイケアは遊ぶ

年末年始の休みを挟み、新しい一年が始まっても、ハエバルくんは冴えなかった。新年最初のデイケアは、皆で奥武山公園の護国神社に初詣に行ったのだけど、にぎわう参道とは対照的にハエバルくんはつまらなそうだった。

どうも様子がおかしかった。いつものように将棋や花札に誘っても、申し訳程度にはつきあってくれるのだけど、楽しくないようだった。とはいえ、それは壊れそうな緊張感のなか、石を積んでいた以前とも違った。ハエバルくんは切実な危機にいるわけではないけど、何か醒めてしまって、そのことに困惑しているような、そんな雰囲気だった。

代わりに始まったのが、パソコンでのインターネットだった。デイケアにはパソコンが設置されていたので、そこでハエバルくんはいろいろな言葉を検索するようになった。何を見ているのだろうと思ったけれども、そこは放っておいた。一人で何かをしたいときだってある。

僕は彼が「祭りのあと」で気分が沈んでいるのかと思っていた。クリスマス会に本気で心血を注いでいたからだ。だけど、どうもそれだけではないようだった。

話をすると、ハエバルくんは言った。

「なんかつまらない感じがして。デイケアにいるのが長く感じるんです」

驚いた。ハエバルくんは退屈しはじめていた。

第5章　円と線
暇と退屈未満のデイケア

ここで退屈についてもう一度、本気出して考えてみたい。退屈できなかったハエバルくんは、なぜ退屈できるようになったのだろうか。そのとき、彼に何が起こっていたのだろうか。

復習しておこう。國分功一郎氏によれば、退屈とはぐずつく時間に引きとめられることで、空虚放置されてしまうということだった。だけど、ハエバルくんは「自我境界＝円」に穴が空いていたから、空虚は「何か」によって充満してしまっていた。そして、充満するものに脅かされていたから、退屈していられなかった。

以上の経緯から素朴に考えるならば、ほころんでいたハエバルくんの円は、デイケアの円環的時間に包まれることで、修復されたといえるかもしれない。

だけど、そんな簡単な話ではない。

なぜなら、ハエバルくんの家庭や学校、つまり彼の日常にも、もともと円環的時間はあったはずだからだ。ハエバルくんがデイケアにやってきたのは、彼のほころんだ円が、家庭や学校の円環的時間の中にいられなくなってしまったからであり、円の中にいられないのが彼の問題だった。だから、なぜデイケアの円だけがハエバルくんの円を修復できたのかを考えないといけない。

具体的に考えてみよう。ハエバルくんはデイケアで何をしていたのか。何か特別な治療プログラムをやっていたのかというと、もちろんそんなことはない。僕らがしていたのは、単なる暇つぶしだ。円環的時間の空虚を埋めるために、花札をし、ソフトボールをし、クリスマス会をして、気晴らしに励んでいた。

もっと端的に言おう。僕らは遊んでいた。

遊び。ここだ。ここに秘密がある。

なぜなら、ハエバルくんの回復は、彼が遊べるようになることと同期していたからだ。どういうことだろう。遊びとは何だろうか。

僕らは遊ぶのが好きだ。仕事や勉強だとやる気が出ないけど、遊びだったら勇んでやる。「遊びを仕事にしよう」みたいなことが自己啓発本にはよく書かれているけど、遊びは心の自発的な働きだと思われている。それは良きものだし、楽しいものなのだ、と。

だけど、じつは遊ぶことって誰にでもできることではない。遊べない人もいる。あるいは遊べないときがある。うつになるとゲームをするのも嫌になるし、不登校児はおもちゃに囲まれても手を伸ばすことができない。ハエバルくんもそうだった。彼は最初遊べなかった。心が逼迫《ひっぱく》しているとき、僕らは遊ぶことができなくなる。

だから、「遊びの精神分析」を打ち立てたウィニコットは次のように言っている。

精神療法は二つの遊ぶことの領域、つまり、患者の領域と治療者の領域が重なり合うことで成立する。精神療法は一緒に遊んでいる二人に関係するものである。以上のことの当然の帰結として、遊ぶことが起り得ない場合に、治療者のなすべき作業は、患者を遊べない状態から遊べる状態へ導くように努力することである。（ウィニコット『遊ぶことと現実』五三頁）

ここで語られているのは、遊びの治癒力であり、遊びが二人の人間の重なるところで行われるということだ。ウィニコットはこの二人の重なるところを「中間領域」とか「潜在空間」と呼んでいる。

言ってしまえば、遊びとは何かと何かのあわいに生じるものだということだ。

ちょっと先走りすぎたかもしれない。ややこしいけど、おもしろいところなので、もう少し丁寧に説明しよう。ウィニコットって、簡単な言葉を使って、訳のわからないことを語る人なのだ（わかりにくいのは、おれのせいじゃないんです！）。なぜわかりにくいかというと、彼が語ろうとしているのが母子関係の微妙で繊細な部分だからだ。がんばって説明したい。

砂場で遊んでいる子どもを思い起こしていただきたい。彼は熱中して砂のお城をつくっている。僕らから見ると、彼は一人で遊んでいる。

だけど、ウィニコットに言わせると、彼は一人で遊んでいるわけではない。彼の心には「母親」がいる（当然のことながら、べつにこれは生物学的な母親でなくてもいい。お世話する人、つまりケアしてくれる人であればいい）。ここがウィニコットのわかりにくいところだ。少年は砂の城のことしか考えていないし、外から見ている僕らにも彼は一人で遊んでいるように見える。だけど、実際には彼の心の中にはきちんと母親がいる。それがわかるのは、彼の遊びが中断するときだ。

少年はときどき手を止めて、後ろを振り返る。後ろのベンチに母親がいるのを確認する。そこに母親がいるか不安になるのだ。すると、遊びは中断する。このとき、母親はスマホでツムツムをやっていて気がつかないこともあるかもしれないけど、多くの場合、手を振ってくれる。すると少年は安心して、ふたたび遊びに没頭しはじめる。

そう、遊ぶためには、誰かが心の中にいないといけない。それが消え去ってしまうと不安になって、遊べなくなってしまう。少年は心の中で母親に抱かれているときに、遊ぶことができる。他者とうまく重なっているときに、遊ぶことができる。

そして、この重なりは自己と他者のあいだでだけ起こっているわけではない。ふたたび、少年をよく見てみよう。外から見ると、この少年がやっているのは砂の塊をこねていることだ。そのことは少年もよく知っている。「何してるの？」と尋ねれば、「砂遊びです、ご覧になられればわかると思うのですが」と答えてくれるだろう（なぜか嫌味な少年が浮かんでしまった）。だけど、じつはそれは砂の塊であると同時に、この少年にとってはロボット帝国の勇壮な要塞でもある。少年はロボット帝国という想像の世界で遊んでいる。

遊びは現実と想像が重なるところで生じる。そのどちらかしかなければ、それは遊びではない。「ただ砂をこねているだけですよ」となったら楽しくないし、「ロボット帝国の要塞なんです。本当にヤバいんですよ、いまこれをやらないと世界が滅びるんです」と脂汗をかいていたら、それはそれでヤバい。切実すぎて遊んでいるとは言えない。

遊びは中間で起こるのだ。主観と客観のあわい、想像と現実のあわい。子どもと母親のあわい。遊びは自己と他者が重なるところで行われる。それはすなわち、人は誰かに依存して、身を預けることができたときに、遊ぶことができるということを意味している。


しかし、同時にここには逆説がある。他者と重なることができるから人は遊べる一方で、遊ぶことによって、自己と他者を重ねることができる、という逆説だ。

あなたのぎこちなかった初デートを思い出してほしい。最初は緊張して遊べる感じにならなかったのだけど、無理やりボウリングをしたり、カラオケで歌ったりしているうちに、なんだか楽しくなってきて、最後は二人でいることが普通にできるようになったではないか？　転校生とのつきあいもそうですよね。最初はなんか違和感があるのだけど、遊んでいるうちに普通に友達になっている。緊張しちゃって身を固くしている僕らは、遊びに巻き込まれることで、気づけば遊べるようになっている。他者に自分を重ねることができるようになっている。身を委ねることができるようになっている。

鶏と卵のような話だ。依存するから遊べるし、遊ぶから依存できる。おそらくその「どっちも」であるのが遊びなのだ。遊びは二つのもののあわいに生じる。ほら、「鶏か卵か」を問うこと自体が、思考の遊びではないか。

デイケアのプログラムに遊びが多いのは、決してただ暇つぶしをしているということではないのだ。それがデイケアの治療的仕掛けなのだ。一緒に遊ぶことによって、遊べない人を遊べるようにする。自己を他者に重ねることを可能にする。

だから、思い返してみれば、タカエス部長も、ダイさんも、シンイチさんも、遊びの達人だった。彼らはいつも楽しそうに遊んでいた。ソフトボールも、バレーも、クリスマス会も、よくよく考えれば、世界の片隅で行われている本当に小さな暇つぶしだ。だけど、看護師たちはそれに夢中になっていた。本気で遊んでいた。そうすることで、メンバーさんたちをその遊びに夢中にさせていたのだ。

だから、メンバーさんたちも皆、遊びの達人だった。スポーツだけじゃなくて、トランプや花札、将棋と、彼らは熱心に遊んでいた。僕は彼らに遊んでもらった。彼らの遊びに自分を重ねさせてもらった。そのことで僕も少しは遊び人にしてもらった。

ハエバルくんはデイケアの遊びに巻き込まれたのだ。人と一緒にいられなかった彼は、遊びのなかで、自分をデイケアに重ねた。デイケアに身を預けた。そのようにして、ハエバルくんのほころびた円は、デイケアの円環的時間に重なり、そして修復されたのだ。そう思っている。

走れ、原付ボーイ

整理しよう。

ほころんだ円によって、ハエバルくんは退屈できなかった。しかし、遊びを媒介にして、彼は自分の円をデイケアの円に重ねた。そうやって円は修復された。だけど、これでハッピーエンドではない。続きがある。

遊びとはいつか醒めるものだからだ。

夕食の時間になれば砂遊びは終わり、楽しいデートだって必ず終わりはある。そのとき、ロボット帝国の要塞はただの砂の塊に戻り、魂を共有していると思った二人は互いが他人であることを実感する。

ハエバルくんもそうだった。花札にしても、ソフトボールにしても、クリスマス会にしても、醒めてしまえば暇つぶしの遊びに過ぎない。どんなに重大事だと思って取り組んでいても、それは世界の片隅にあるデイケアの内輪の遊びにしか過ぎない。そこには錯覚がある。そのことに気がつくと、魔法が解ける。すると、なんか虚しい。ここに退屈がやってくる。

國分功一郎氏はそのようにしてやってくる退屈のことを、「退屈の第二形式」と呼んでいる。

それは先の電車を四時間待っているような「退屈の第一形式」とはちょっと違う。第一形式では「何かによって退屈させられること」が問題なのに対して、第二形式では「何かに際して退屈すること」が問題だ。たとえば、パーティのような、気晴らしや暇つぶしとなる楽しい何かをしているのだけれども、なぜか退屈してしまうというのが、第二形式だ。ハエバルくんが直面していたのはまさにこれだ。この退屈について、國分氏は次のように言う。

第二形式においては、自分で自分に時間をとっておいて、パーティーに行くことができている。時間に追い立てられてはいない。自分に向き合うだけの余裕もある。だからそこには「安定」と「正気」がある。（國分功一郎『暇と退屈の倫理学 増補新版』二四二頁）

そう、そこには「安定」と「正気」がある。それはハエバルくんの円が閉じたことによる達成なのだ。もはや彼は脅かされていない。空いた穴から不法侵入されることなく、ちゃんといられる。だから、遊びの錯覚から覚めたとき、彼は空虚と直面することになった。そして退屈するようになった。

だからこそ、ここに至って、彼はネットで何かを検索しはじめることになったのだろう。自分を拘束する物たちの充満から解放されて、自由になったからだ。退屈した彼は、新しい何かを探し求めはじめたのだ。

そして、見つかった。鬱蒼としたインターネットの森で、ハエバルくんは見つけた。新しいものを見つけた。

原付免許だ。

それがあれば、自分一人でどこにでも行ける。彼はその可能性に夢中になった。だから、彼はデイケア室で原付免許のための参考書を開き、熱心に勉強をしはじめた。そして無事に免許を取得して、家族に原付を買ってもらった。

最初、彼は誇らしげな表情で、原付にまたがってデイケアにやってきた。「かっこいいねー」「すごいねー」とメンバーさんやスタッフにおだてられて、まんざらでもなさそうだった。

それから、少しずつハエバルくんはデイケアから遠のいていった。それまで生真面目に欠かさずにデイケアに通ってきていたのに、「ちょっと用事があるんで」と言って、休むことが増えた。デイケア以外に世界を見つけたのだ。


デイケアも変わっていく。たしかにそこでは円環的時間がぐるぐる回っているのだけど、それでもデイケアは少しずつ変わっていく。それぞれのメンバーさんは自分の線的時間を生きているから、ある日デイケアにやってきて、そして出ていく。すると、デイケアは少し変わる。

スタッフも同じだ。スタッフたちの線的時間がデイケアの円環的時間と交わり、そこで弧を描く。ぐるぐると回る。そしていつしか、スタッフもそこから離れていく。この世に永遠なんてものはない。それぞれの線は、それぞれの軌道を描いている。僕もいまや、デイケアの円からは外れて、東京で違った円を生きている。そうやって、デイケアは変わっていく。

だけど、それでも、僕がデイケアを思い出すときには、あのときのクリスマス会のころに描かれていた円のことを思い出す。あのころ、僕はどっぷりデイケアにいて、デイケアのなかに溶け込んでいた。あれはいい時期だったのだ。

だから、ハエバルくんが去っていったとき、僕は彼の回復を思ってうれしかったけど、でもやっぱりすこし寂しかった。

デイケアはそうやって変わっていく。日常は刻一刻と変化していく。そのとき、失われていくものがたしかにある。永遠なんてものはない。そう、このころから、僕にとってのデイケアは少しずつ損なわれていくことになる。誰もそれを止められない。でも、それはまだほんの少しだけ先の話だった。


ハエバルくんがデイケアを去ってから数か月したころ、僕は一度だけ彼のことを見かけた。僕はハイエースの運転席にいて、糸満港に「ハーリー」という、海に船を浮かべるお祭りを見に行くところだった。

一直線に伸びる糸満街道はその日もひどい渋滞だった。外はひどく暑くて、太陽がジリジリとアスファルトを焦がしていた。僕は窓をしっかり閉じて、冷たいクーラーの風を浴びながら、メンバーさんと冗談を言い合っていた。

すると、対向車線を一台の原付が走ってくる。見たことのある真っ白なボディの原付だ。運転していたのはハエバルくんだった。相変わらずの生真面目な表情で、まっすぐ前を見ていた。

僕は窓を開けた。「ハエバルくん！」と手を振った。メンバーさんも「おーい」と声をかける。だけど、ハエバルくんは気がつかない。目の前をあっという間に走り抜ける。僕らはハエバルくんを目で追いかけるけど、もう後ろ姿しか見えない。

ハエバルくんの原付は走る。

渋滞のなか、車と車のあいだをすり抜けて走る。まっすぐ那覇のほうへと向かっていく。大学に行くのだろうか。わからない。彼がどこに向かっていたのかはわからない。

だけど、ハエバルくんには、行くところがある。そのことが僕にはうれしい。

ハエバルくんは彼の線をまっすぐ走る。円をまとって走る。

生真面目な原付ボーイが糸満街道を走り去る。

第6章

シロクマとクジラ
恋に弱い男

刺せ！　盗め！　二人とも殺せ！

「刺せ！」

「盗め！」

「二人とも殺せ！」

強盗ではない。テロでも、革命でも、内乱でもない。付け加えておくと、もちろん幻聴でもない。

ソフトボールだ。

傷害事件ではなくタッチアップで、窃盗事件ではなく盗塁、無差別殺人事件ではなくダブルプレー。

猫がいっぱいいて、あくびの大合唱をしているようなグラウンドで、事件は起きていた。友と敵が分かれ、互いが互いを打ち負かそうとしている。ソフトボールは野蛮だ。


糸満市西崎の小さなグラウンドで、僕らはソフトボールに明け暮れていた。

首謀者は元高校球児のダイさんだ。ダイさんはプロ野球選手になるという夢に破れたあとも、毎年ドラフトの時期になると自分が指名されるのではないかとソワソワしだす本物の野球狂看護師だった。だから、ダイさんは休日に草野球チームでプレーするだけでは飽き足らず、デイケアでメンバーさんと一緒に、ソフトボールをすることにした。そうやって、ダイさんは野球を仕事にする夢を叶えた。

毎日昼休みは練習の時間だ。昼食後、メンバーさんも僕も運動着に着替えて、グラウンドに向かう。入念にキャッチボールをする。土と草が匂うなかで、僕はヤスオさんに向かって、大きな白球を思いきり投げる。ヤスオさんはいつもはボンヤリしているのに、野球がうまい。どんなボールを投げても、パシッと器用にキャッチして、ヒョロヒョロとした球を投げ返してくる。

それから、鬼監督ダイさんの鬼の外野ノックが始まる。

「いくぞ！　オラ！」

高い高い外野フライが打ち上げられる。白球が青空に舞う。メンバーのリュウジさんは俊足で、あっという間に落下地点に入る。白球がグローブに吸い込まれる。

「ナイスキャッチ！」

すかさずリュウジさんは送球体勢に入り、キャッチャーをしているシンイチさんに投げ返す。ちょっとズレる。

「スローまでしっかり！」ダイさんの声が響く。

沖縄の日差しは殺人的だったから、三〇分も体を動かすとメンバーさんもスタッフも汗びっしょりになる。頬が赤く焦げる。

だから、練習が終わると、最後はガジュマルの木陰で冷えた三九円コーラを飲む。日陰にいると風が気持ちよくて、ふしぎなことにそうやって飲む甘すぎるコーラは超絶うまい。

そういう最高の時間なのに、ダイさんは熱心な指導をやめない。

「リュウジさん、フライはいいけど、ショートバウンドがまだまだだな。ビビりすぎ」

「うっす」リュウジさんは汗を拭きながら、返事をする。

「ハエバルくんはポロポロするから、ちゃんとグローブの芯でキャッチしないとな」

「うっす」ハエバルくんは深刻な表情で返事する（デイケアの時間は円環し、時系列はまたゴチャゴチャになっている）。

「あと、トンちゃんは足が遅い。明日から筋トレな」

「うっす」僕はコーラをぐびぐび飲む。


デイケアでは来る日も来る日もボールを投げ、バットを振り、汗をかく。まるで部活だ。

だけど、高校球児と違うのは、僕らにほとんど進歩がなかったことだ。投球フォームは不格好なままだし、緊張したら送球はあらぬ方向に飛んでいく。相変わらず、ショートバウンドはタイミングが合わなくて、後逸する。

僕は四年間、毎日ソフトボールをやっていたのに、ほとんどうまくならなかった。たぶん、リュウジさんも、ヤスオさんも、他のメンバーさんも同じだ。うまくなるために練習するのではなく、練習するために練習していたからだろう。

それでも、月に二回は実戦がある。メンバーとスタッフが、同じくらいの実力同士で二つのチームに分かれて紅白戦を行う。死闘が繰り広げられる。これがまた、燃える。

「チクショー！」

恋に弱い男

日々「ん。」の最小言語だけで生きているヌシですら、エラーをしたら絶叫する。

カキーン！　と音がすると、ベンチでいつもぼんやりしているトモカさんやユウジロウさんまで打球の行方に集中する。

満塁場面で外野フライが飛ぶと「タッチアップだぞ！」と声がして、三塁ランナーのヤスオさんは全力疾走。鬼の形相で走りまくる。見事得点が入るとワーっと歓声が上がる。

そして、一発逆転のいちばんいい場面で、ダイさんがホームランをかっ飛ばす。

みずから四番に座ったダイさんがバットを振ると、白球が青空にふわりと舞う。重たいはずのボールがまるで紙飛行機のように飛んでいく。外野の向こうにある大きなガジュマルの樹を軽々と越えて、市街地へと消えていく。ダイさんはゆっくりダイヤモンドを回る。熱狂したメンバーさんたちがベンチ前で迎えるので熱くハイタッチ。ダイさんのホームランは美しい。

ソフトボールは盛り上がる。勝つか負けるかに僕らは血眼《ちまなこ》になる。

どのデイケアにもスポーツがある。僕らみたいにグラウンドや体育館で本格的にやっているところもあれば、クリニック内で卓球をするぐらいのところもあるし、ペットボトルにプラスチックボールを当てるというささやかなパターゴルフをするデイケアもある。いずれにせよ、デイケアでは何かしらのスポーツがなされている。

それはたぶんデイケアが平和すぎるからだと思う。耳タコだとは思うのだけど、これがこの本のテーマなので繰り返させてもらうと、デイケアは動きがないので時間が淀んでいる（ちょっと淀んでるくらいがちょうどいい）。退屈するほどに平和なのがデイケアだ。

だけど、じつはこのパックス・デイケアーナ（デイケアの平和）は本質的にかりそめのものだ。それは危うい均衡によって成り立っている。メンバーさんは脆さや弱さ、そして激しさを抱えていて、それを薬物療法やケアによって抑え込んでいる。パックス・デイケアーナの裏側では、いつも何かがうごめいている。

だから、デイケアには裏でうごめくものを処理するための装置も存在している。たまったガスを抜き、淀んだ時間をかき混ぜる。そのために、さまざまなイベントが開催される。カラオケ大会やクリスマス会、遠足、ビーチパーティなどなど。

民俗学でいう「ハレとケ」というやつだ。終わることなく繰り返される「日常＝ケ」は徐々に枯れていって、「ケガレ」になってしまう。するとケガレは暴走し、デイケアの平和を脅かす。だから、ときどきハレの時間を挿入することで、枯れたものを生き返らせる。

ハレの時間とは、祝祭の時間のことだ。そこではふだんは禁じられていることが許される。道化が王様をバカにしたり、若者が老人をからかったり、所かまわず卑猥な冗談を言いまくったりする。非日常が一瞬現れる。

その最たるものがスポーツだ。スポーツには勝ち負けがあるから、ふだん封じられている攻撃性にかたちが与えられる。生ぬるいパターゴルフでだって、クライマックスでは生きるか死ぬかの殺し合いをすることができる。そうやって、見えないところでうごめいているものは発散され、澱んだ時間が再生する。パックス・デイケアーナはつくり直される。

だから、僕らはソフトボールで野蛮になる。

「刺せ！」「盗め！」「二人とも殺せ！」「蹴るぞ、この野郎！」

え？　蹴るって、ソフトボールのルールにあったっけ？

そう、祝祭にはリスクもある。解放されたものがコントロールを超えて、事件が起きてしまう。

事件勃発

そのとき、僕はセンターの守備についていた（外野の平和を守るために）。ダイさんのホームランで勝負はほぼついていたので、いつものように今までの人生で起こったムカついたことを反芻《はんすう》しながらボンヤリしていた。すると、「カキーン！」と音がする。我に返る。打球が僕の頭の上を越えていく。いけない！　一塁ランナーのリュウジさんが走り出しているのが見える。あわててボールを追いかける。センターのいちばん深いところでボールを拾い、渾身の力でバックホーム。

そのとき、足を取られて、すっ転ぶ。「グキッ！」と音がする。

だけど、ボールは中継に入っていたショートのハエバルくんの頭上を越えて、キャッチャーをしていたダイさんのところへと一直線に飛んでいく。奇跡的な好送球。リュウジさんは三塁を回っている。ホームに突っ込む。クロスプレー。

「アウトォォ！」

審判をしていたタカエス部長がメジャーリーグ風の大げさな身振りでランナーが死亡したことを宣告する。

すると、リュウジさんが激高する。「なんでですか！　ちゃんとベース踏んでましたよ！」

「アウトはアウトォォォ！」タカエス部長はうれしそうに繰り返す。

「ふざけんなよ！」白熱する。「蹴るぞ、この野郎！」

リュウジさんはホームベース付近に落ちていたキャッチャーマスクを蹴り飛ばし、タカエス部長に詰め寄る。緊迫する。ほかのメンバーさんは誰も動けない。

本当に足が出そうになったところで、のっそりとダイさんが止めに入る。

「リュウジさん、落ち着こうか」ゆっくりと部長とリュウジさんのあいだに体を入れて、ヽヽヽこらだに触る。暴力を防止する。火を消す。「ちょっと話そうな」

そういうときのダイさんには迫力があって、興奮したリュウジさんも一瞬動きが止まる。シュンとする。そして二人は話し合うために、バックネット裏へと消えていく。

ソフトボールは祝祭であり、非日常だから、ときどき白熱しすぎる。事件が起きる。

そのとき、僕は、といえば、その様子を外野でもんどり打ちながら見ていた。本当は走っていって、現場に駆けつけなきゃいけないんだけど、足が超痛い。これは絶対ヤッちゃってる。

恋に弱い男

クリニックに帰ってきてから見てもらうと、やっぱり捻挫していたみたいで、足首がひどく腫れ上がっている。

「トンちゃん、あわてすぎ」ダイさんは患部を見てチャカす。だけど、野球狂だからなのか、プレー

恋に弱い男

の評価も忘れずに付け加える。「いいバックホームだったけどな」

そして、包帯を巻いて、足を固定してくれる。ケアしてくれる。

「うまいだろ？　前の病院にいたときは、注射もおれが一番うまかったからな」

たしかにうまい。いかつい体のイモムシのように太い指が、手際よく僕の足首を白い包帯で覆っていく。僕はゴリラのお母さんにお世話されている気持ちになる。

ダイさんは野球狂なだけではなくて、デイケアのお父さんでもあり、お母さんでもあった。毅然として規律を守らせようともするし、きめ細やかにケアもする。メンバーさんたちはそういうダイさんを深く信頼していたし、それはスタッフである僕たちも同じだった。ダイさんはデイケアの精神的支柱だった。

だから、スタッフミーティングの中心にはいつもダイさんがいた。このときも、手当てを受けている僕と、手当てしているダイさんをみんなが囲んでミーティングになった。事件が起きると、僕らスタッフは集まって話をする。情報を共有し、方針を確認する。このときの話題はもちろん、リュウジさんだ。


ここのところ、リュウジさんは相次いでトラブルを起こしていた。イライラすることが多く、メンバーさん同士で衝突したり、スタッフにも腹立ちをぶつけることが起こりはじめていた。不穏だった。今のところ、直接暴力をふるって、誰かを傷つけることはなかったが、スポーツでエキサイトすると大声を出したり、ふてくされたりすることが頻繁にあった。そういうことがあったあと、リュウジさんは自己嫌悪に陥るようで、一人ふさぎ込んだ。表情も険しかった。そしてまた、何かきっかけがあると、事件を起こした。

ダイさんが面談をして聞いたところ、幻聴もきつくなってきているとのことだった。「シネ」とか「おまえ、ヘンタイだばー」などと聞こえていた。そして、それは主にリュウジさんが女性のことを考えるときに起こるようだった。

「やっぱり、ユリさんとのつきあいは負担なんでしょうね」ダイさんは言う。

「ハッサ！」タカエス部長が叫ぶ。「ユリちゃん、魔性だな」


もともとリュウジさんは恋に弱い。

そのころ、三〇歳になったばかりのリュウジさんは、大学在学中に統合失調症を発症し、入院を経た後に、デイケアにやってきた。リュウジさんの回復は順調だった。若い男性メンバーの宿命で、ダイさんのデイケア野球団の一員になり、もともと運動神経が抜群だったのもあって、チームの主力となった。すると、ほかのメンバーさんとの交流も可能になり、リュウジさんはデイケアを盛り上げてくれるようになった。早い段階から、社会復帰も視野に入るような、いわゆる高機能のメンバーさんだったのだ。

だけど、恋がつまずきの石になった。

リュウジさんは次々と恋をした。相手は医療事務ガールズだ。医療事務ガールズは頻繁に人が入れ替わったから、リュウジさんはそのたびに新しい恋をし、そして調子を崩した。好きになった子のことを考えたり、性的なことが頭に浮かんだりしてしまうと、幻聴が聞こえ、ひどく不安になった。そして、しばらくデイケアを休んだ。

そういうときに、話を聴いていたのがダイさんだった。ダイさんは看護師らしく、人を好きになってしまうのは悪いことではないこと、性的な感情が湧くことは自然なことでもあることを伝え、ただ不安になるならあまり考えないようにしようと伝えていた。

そういうことが繰り返された。リュウジさんは回復し、恋をして調子を崩し、持ち直し、また恋をして調子を崩した。そうやって、彼がデイケアに来てから、あっという間に五年が過ぎた。円がぐるぐると回っていた。

だけど、リュウジさんはぐるぐると回転しながらも、着実に前に進んだ。

きっかけは新しく医療事務ガールとして就職したユウカさんに恋をしたことにあった。その前に、リュウジさんはよりによってヒガミサに恋をしたのだけど、あまりに彼女が無愛想だったので、それは一瞬で沙汰止みとなった。そして、その代わりにユウカさんを好きになった。

ユウカさんは家で蛇を飼っているような謎の天然キャラだったから、リュウジさんから好意を向けられていることに物おじしなかった。「私、モテてますねー、キャハ！」と笑って受け止めた。

そのことは自分の恋心や性欲に脅かされていたリュウジさんを少し安心させた。そして、恋による混乱のなかでも、自分を保てるようになった。そういうなかで、意外なことに、リュウジさんはクリスマス会でユウカさんにピアノの連弾を申し込んだ（前章で少し触れたことだ）。

まだ一〇代だったユウカさんは一回り近く年上の男性からの接近に若干戸惑ってはいたけれども、彼女は優しかったし、底抜けに楽観的だったから、「難しいですー、キャハ！」と言いながら、練習につきあった。

それはよかったのだと思う。恋は生々しい形をとるのではなく、ピアノの連弾という形をとった。リュウジさんは距離を保ちながらも、好きな人と一緒に「いる」ことができた。最終目標が満たされなくても、楽しむことができた。リュウジさんにとって、それは大きな体験だったと思う。恋に耐えることができ、そして恋が脅かすだけのものではないと実感できたのだ。

真の事件が勃発したのは、そのすぐ後だ。

リュウジさんは突如、ユリさんとつきあいはじめた。あの「ウララウララ♪」と歌い、リュウジさんと一枚のタオルをめぐって「殺す殺される」の死闘を繰り広げたユリさんだ。

それはなんの前触れもなく、ある日突然生じたことだったから、僕は虚を突かれた。他のスタッフやメンバーさんもそうだったと思う。ダイさんですら驚いていた。なぜなら、この二人はまったくキャラが違ったからだ。

女性経験ゼロで朴訥としたリュウジさん（ジャージ姿以外を見たことがない）。派手でおしゃべりで男性経験がたいへん豊富なユリさん（見た目は完全にギャルだった）。この二人がつきあうなんて、夢にも思わなかったのだ。

「キャー、リュウジさん、すごいー、キャハ！」と片思いの対象から外れたユウカさんはキャピキャピ言っていたが、僕や看護師たちはどちらかというと心配していた。

ユリさんはこれまでも何度かデイケアの男性とつきあって、そしてすぐに別れていたからだ。もしも恋が燃え上がった後に、簡単にフラれてしまったりしたら、リュウジさんは大丈夫なのかと不安になったのだ。

とはいえ、人の恋を止めることは誰にもできない。何より、フワフワしていて、うれしそうな二人を見ると、祝福してあげたくもなってしまう。その気持ちは他の人も同じだったのだろう。タマキさんなんかはしょっちゅう冷やかしていた。

「どうなの？　二人はもうチューしたの？　タマキンさんにだけは言ってごらん」

「エッチだねー、タマキさん。そんなこと言えないさー」ユリさんはニヤつく。そして「言えないよねー？」とリュウジさんを見る。

だけど、リュウジさんはニヤつきながら宣言してしまう。

「しましたよ」

虚を突かれたタマキさんは興奮し、はやし立てる。「ハッサー！　すごいね、リュウジさん！　手が早いね」

「言っちゃだめでしょー」とユリさんがリュウジさんに肘鉄砲をくらわせる。

「ごめん」リュウジさんはシュンとしながらも、ニヤつく。

「ラブラブー、キャハ！」とユウカさんは笑う。

リュウジさんは幸せそうだった。だけど、やっぱりそれは事件に他ならなかった。このころからリュウジさんは徐々に不穏になっていったからだ。

事件論

デイケアではときおり事件が起きる。いや、いま思えば、事件はつねに起き続けていた。あっちの事件が終われば、こっちの事件が始まり、他の事件も並行して続いている。

だけど、同時にデイケアは平和でもある。第3章で書いたように、パックス・デイケアーナは諸事件を抱え込みながら維持されているものなのだ。

だから、僕らはスタッフミーティングをかなり密にやっていた。情報と対応を共有することが、事件含みのデイケアを抱えていくには不可欠だからだ。

そういうとき、僕らは率直に思ったことを言い合う。

「事故が起こってからじゃ遅いんだよ」とオツボネ看護課長のケイコさんは言う。「リュウジさんにはもう何回も話をしてるのに、ルールを守れてないんだから。一度デイケアをお休みしてもらうことも考えないと」

ケイコさんは、たいていは強硬派だ。パックス・デイケアーナを維持するためならば、多少キビシイ処置をとらざるを得ないと主張する。

「そうだな」ダイさんはうなずく。

こういうとき、看護師は基本的に安全第一の平和主義者だ。火が燃えたなら、早めに消す。それが周囲にとっても、本人にとっても安全だと考える。

感染症がそうであるように、小さなミスや甘い見通しから、命に関わる重大な事故が起こることを、看護師は身をもってよく知っている。事件はリスクを高める。だから、早く火を消さないといけない。そう考える。

とはいえ、そういうときにとれる手段は限られている。メンバーさんの心に火が燃えはじめたら、そう簡単には鎮火できない。一瞬で心を落ち着かせる魔法の言葉などあるわけないし、薬だってこういうときは気休めにしかならない。江戸時代の大火に似ている。消火技術が発展していなかった当時は、火が燃えたら、基本燃え尽きるのを待つしかなかった。だから、江戸の火消しは火事になった家のまわりを取り壊して、火が燃え広がるのを防ぐのが仕事だった。

デイケアの火消し看護師たちも同じだ。火が燃え広がりそうになったとき、彼らはデイケアが丸焼けにならないように、出火元を隔離する。具体的にはデイケアの出席停止や利用禁止という処分を行う。

当初、僕はそのやり方を冷たいように思ったし、悪しきパターナリズムのように感じたこともあった。もう少しできることはないものかと思った。だけど、しだいにそれもまたケアだと思うようになった。燃えはじめた火はコントロールを超えてしまう。だから、厳しいように見えて、隔離することで周囲のメンバーさんの傷つきは最小限に抑えられたし、本人にとっても混乱を最小限に収めることができた。傷つけないこと、あるいは傷つきを最小限に抑えること、それがケアだとするならば、権力を発揮するような厳しい処分もまたケアとして機能する。

看護師たちはパックス・デイケアーナの維持のために、なすべきことをなしていた。

そういうこともよくわかりながら、僕はといえば、じつはこういうときに必ずしも平和主義者ではなかった。

看護師たちにとっては、事件とは日常秩序の破壊で、できるだけ生じないのが望ましいものだ。だから、平和を守るために、火消しに励む。

だけど、心理士はちょっと違う。「カウンセラー」という言葉には、優しいイメージがあるかもしれないけれども、僕らは安定や平和だけを大事にしているわけではない。それが貴重なものであることに異論はないけれども、ときどき平和が失われて、つらい思いをすることや葛藤することもまた、心にとっては重要であると考えている。

ここにはセラピーの発想がある。ケアの基本は痛みを取り除いたり、やわらげたりすることだと思うのだけど、セラピーでは傷つきや困難に向き合うことが価値を持つ。痛みと向き合う。しっかり悩み、しっかり落ち込む。そういう一見ネガティブに見える体験が、人の心の成長や成熟につながるからだ。野球がうまくなるために、苦しい練習が必要なのと似ている。

だから、誤解を恐れずに言うならば、僕は事件が嫌いではない。というか、事件が起きたら、今まさに重要なことが起きている、と思う。おれも本気出さなくっちゃと、気合いが入る。

事件ってふしぎだ。それは災厄であると同時に、再生でもある。ここで一度立ち止まって、事件について考えてみたい（探偵みたいですね）。

恋に弱い男

ポストモダン哲学者のジジェクは、その名も『事件！』という本において、事件を以下のように定義している。

事件とは、すべての安定した図式を覆すような新しい何かが突然に出現することだ。（ジジェク『事件！』一五頁）

事件とは日常を突如打ち砕くようにして表れる何物かであり、その破壊は部分的なものではなく、日常を支えている枠組みそのものに向けられていることを、ジジェクは指摘している。

たしかにそうだ。事故ならば後始末を終えれば原状に復する（それも大変なのだけど）。だけど、事件は違う。9・11の事件によって、イスラムについての認識が一変し、セキュリティが強化され、戦争が起こったように、事件はそれまでの枠組みを壊してしまう。そして、事件のさなかにいると、何がどうなるのか、わからなくなってしまう。事件によって、ありふれた日常は転覆してしまうのだ。

だから、事件には二つの側面がある。

一方でそれは日常を破壊する。それまでの自己を破壊する。秩序は攪乱され、リスクが満ちあふれる。だけど同時に、事件は新しい世界を切り開く。新しい自己をつくり出す。その破壊は創造へとつながる。

このときおもしろいのは、ジジェクが事件の例として、キリストの復活とか、ブッダの悟りとか、「江南スタイル」の大ヒットとか（マヤ暦で世界が滅亡するとされていた日にYouTubeで再生回数が十億回を超えたらしい）、そういう世界規模の事件と並んで、恋を取り上げていることだ。

われわれは真剣に恋をしているとき、まさに何かに取り憑かれているのではあるまいか。愛とはいわば例外的状態が永遠に続くことではあるまいか。日常生活の適切な均衡が乱れ、すべての好意が心の奥にある「あのこと」に彩られる。（同書九〇頁）

そしてジジェクは、「サンドマン」という有名なアメコミの作者、ニール・ゲイマンの文章から次の一節を引用する。ちなみに、そのマンガは砂男の話らしいが、砂男は恋をするのか？　誰にするのか？　雪女なのか？　という疑問は置いておく。

恋をすると私たちは弱くなる。胸が開かれ、心が開かれ、誰かが中に入ってきて、めちゃくちゃにする。［…］その瞬間、あなたの人生はもうあなたのものではなくなる。恋はあなたを占領する。あなたの中に入り込む。あなたを食い尽くし、闇の中で泣きじゃくるあなたを放っておく。（同書九〇頁）

そう、恋はきわめてリスキーなのだ。それは大火になりやすい。

実際、デイケアで恋が生じると、さまざまな難しいことが起こる。デイケア内の人間関係が難しくなったり、幻聴が強まったり、気分が不安定になったり。そして、カップル同士で傷つけ合ってしまうことも起こる。特に統合失調症のメンバーさんは、恋に弱い。そもそも彼らの場合、発症したそのときに、性的なことが絡んでいることも少なくない。思春期・青年期の不安定な時期に、恋をしたり、

恋に弱い男

あるいは性的に接近したり、されたりすることで、心の負荷が限界を超えて発症したという事例は枚挙にいとまがない。

たぶん、恋って、自分の中のいちばん弱い部分でするものなのだろう。だから、恋をすると、弱さが満ちあふれ、傷つきが蔓延する。


なぜだろうか？　なぜ恋にはこれほどに破壊性があるのだろうか？

このことについては、さまざまな心理学的説明がありうるのだけど、僕は深層心理学の大御所ユングの説明が好きだ。彼は不倫相手と妻を同居させたり、患者と恋仲になってしまったりするような男だから、恋を書かせたら説得力がある。

ユング曰く、恋をしているとき、男性だったら「アニマ」が、女性だったら「アニムス」が心の中でうごめいているとされる。

アニマとアニムスとはふだん生きている「自分」とは正反対の「自分」のことを指す。つまり、男性は男性らしく生きているから（そうじゃない人もいる）、心の奥には自分が生きていない人生の半面としての女性性＝アニマがある。女性ならその逆で自分が生きていない男性性＝アニムスがある。

ほら、たとえば、砂男は毎日を熱く乾いた砂漠で生きているから、冷たくて湿っている雪山で生きている雪女は正反対の存在だ。だから、砂男は自分にはないものを持っている雪女にどうしようもなく惹かれてしまうのだ。

とすると、こういうことになる。恋をするとき、僕らは現実の誰かに恋をしている。はた目からはまあそう見える。しずかちゃんだったり、花沢さんだったり、雪女だったり。だけど、じつはそれは、自分の中のアニマが外界に投影されている結果でもある。砂男は現実の雪女に恋をしながら、自らの心の中のアニマに揺さぶられている。そうすることで、自分が生きてこなかった自分を生きようとしている。

だから、だ。だから、恋はそれまでの日常を転覆させる。現実を生きるためになんとかつくり上げてきた自分を、内側からやってくる正反対のものが破壊するのだ。恋は盲目というけれど、恋によって現実が見失われる。それはまごうことなく事件なのだ。

だけど、恋は傷つけ、破壊するだけのものではない。それもまた事実だ。事件にはもう一つの側面がある。

デイケアのメンバーさん同士でも、恋愛が結婚に至ったり、安定した関係に至ったりすることがたしかにある。子どもが生まれることだってある。彼らは嵐のような非日常を生き残り、乗り越えて、新たなる日常を構築する。

それは彼らの人生に良きものをもたらす。彼らは自前の居場所を手に入れ、奥さんや子どものために働きはじめる。そうやって、人生は新しい局面に入る。貴重な何かが積み重ねられていく。

僕らだって、そうじゃないか。恋は人を大人にする。

こういうことは少女マンガを読むとよくわかる。少女マンガというのはだいたい同じ構造でつくられている。ほら、主人公の少女は物語の始まりにはまだ子どもだ。能天気で、おっちょこちょいで、屈託がない。食いしん坊である確率がきわめて高い。彼女は自分が女性であることをきちんと自覚していない。

恋に弱い男

そんな彼女に事件が起こる。恋をする。たいていバスケ部とかサッカー部に所属している陰のある男の子に恋をする（陽気な少女の場合、陰気な少年がアニムスになる。なのに、なぜか彼が卓球部であることはほぼない）。すると少女は混乱し、傷つきやすくなり、うつになる。何が何だかわからなくなる。だけど、なんだかんだ、あーだこーだ、うんちゃらかんちゃら、かくかくしかじかあって（ここは無限に引き延ばせる）、少女は混沌を乗り越え、男の子と結ばれる。このとき、彼女は子どもから大人になっている。少女は女性であることを引き受けている。そこには新しい彼女がいて、新しい世界が開かれている。これが少女漫画の筋立てだ。

話はたいへんな回り道をしたのだけど、事件は日常を破壊するだけではなく、成長や成熟をもたらすということを言いたかった。そして、心理士、特にセラピーをする心理士は、後者の可能性をとても重要視している。

だから、恋がリュウジさんに新しいものをもたらすか、あるいはリュウジさんを損なってしまうのか、それが問題だった。そして、このとき、僕はリュウジさんが恋から何かを受け取れるのではないかと思った。それだけの強さがリュウジさんには備わっているのではないかと思った。だから、ミーティングで言ってみた。

「スタッフじゃなくて、メンバーさんに恋をできたのは新しいことだから、ここを切り抜けることができると、大きいのではないでしょうか。それにリュウジさんって、モノには当たるけど、人には当たらないように気をつけてますよね。きちんと現実が見えている部分があるように思います」

リュウジさんは、現実を見失って、恋に飲み込まれているのではなく、現実に触れていて、それを壊さないように配慮していた。アニマは完全にリュウジさんを飲み込んでいるわけではなかった。だから、事件は起きていて、恋はたしかに危険だけど、リュウジさんにはそれをやり抜いて、何かを得る可能性があるように思った。

「そうだな」ダイさんはやはりうなずく。

ミーティングはダイさんを中心に回る。みんなが思い思いに言ったことが、ダイさんの中に蓄積される。ダイさんは冷静に、そして繊細に考える。ゴリラみたいなのに、そういうところは細やかなのだ。そして、最後にダイさんは言う。

「とりあえず、様子を見よう」

結局そういうことになる。ケイコさんの言う通り、危険が広がれば出席停止にする可能性を残しながらも、とりあえず様子を見る。

なんだかんだ言って、僕らにできることは「様子を見る」ことしかない。デイケアには魔法はない。事件を鮮やかに解決してくれる名探偵はいない。そもそも心の問題に特効薬はない。時間という効き目の遅い万能薬しかない。

だから、淀んでいるけど、ゆっくりと流れている時間が、心をどう変化させていくかを見る。注意して見守る。そのために僕らはミーティングを重ねる。看護師は看護の見方を語り、心理士は心理学的な見方を語る（ここにデイケア心理士の専門性がある）。

ただぼんやりと様子を見るのではなく、何が起きているのかを考えながら様子を見る。それがデイケアなのだ（カウンセリングもじつは同じだけど）。

「よし、じゃあがんばりましょう」ミーティングの終わりにダイさんはそう言う。

「お疲れさまです」そう言って、みんな自分の持ち場に戻る。それぞれがいろいろなことを思いながら、メンバーさんの元に向かう。

シロクマとクジラ

結論から言うと、リュウジさんの恋ははかなく終わった。

気がつくと二人は別れていて、ユリさんはまたデイケア内で別のメンバーさんとつきあいはじめ、そしてふたたびすぐに別れた。それでもユリさんはケロッとしていた。

「魔性の女だよなぁ」タカエス部長はため息をついて、ハゲ頭を撫でた。「おれも気をつけんとなぁ」

何を気をつけるのかよくわからなかったけど、いろいろあるのだろう。そして、ユリさんにもいろいろあるのだ。ユリさんはユリさんで寂しさと誰かに頼りたい思いを抱えており、それで誰彼かまわず恋をしてしまうのだけど、結局その思いを誰も引き受けることができなかった。それはそれで悲しいことだった。

フラれてしまったリュウジさんは悲惨だった。食事にもほとんど手をつけず、夜もよく眠れないようだった。相変わらずイライラすることは続いたが、それよりも疲れ切っているほうが目立った。

だけど、それでもリュウジさんはデイケアに通い続けた。これまでのリュウジさんだったら一度調子を崩すと、家にひきこもってしまって、復帰するのに半年単位の時間が必要だったのだが、今回、彼は休まなかった。

その代わりに、リュウジさんはデイケアに来ても、一人でいるようになった。今までだったら、一階でまわりとおしゃべりをしていた時間に、人目を避けるように半地下の卓球室に逃れた。和室の片隅で眠っていることも増えた。ときどき、寂しそうにピアノをポロンポロンとならしていることもあった。

昼休みのソフトボールも「今日は休憩させてください、ちょっと疲れています」と断って、休む。バレーボールのときは試合には出ずに、見学する。そうやって、リュウジさんは一人、もの思いに沈み込んでいた。

そうしているうちに、リュウジさんがイライラを抑えきれなくなることはなくなった。目立つ行動もほとんどなくなった。だから、はた目には彼はずいぶん落ち着いたように見えた。オツボネ看護師のケイコさんなんかは「よかったよかった」と安心していたけど、僕にはリュウジさんが今まさに事件の最中にいるように見えていた。

リュウジさんは自分を抑え込もうと格闘していた。本当のところ彼はまだ傷ついていたし、自分自身の中で燃え盛る恋の炎に脅かされていた。それが彼を傷つけ、興奮させたり、苛立たせたりしていたのだと思う。リュウジさんは壊れそうになっていたのだと思う。そして、そういう自分と戦っていたのだと思う。

その戦いは心の中で行われていたから、外からは落ち着いたように見えたけど、本当のところリュ

恋に弱い男

ウジさんは渦中にいた。

精神分析の創始者であるフロイト先生は、「よく悩む」とはどういうことかについて次のように言っている。

ここで争っている二つの力は、よく知られたシロクマと鯨の例のように、ほとんど出会うことがありません。現実的な決着は、二者が同じ土俵上で取っ組み合ってはじめてつけられるものです。この取っ組み合いを可能にすること、これが私たちの療法の唯一の課題であると私は考えております。（『フロイト全集15 精神分析入門講義』五二二頁）

僕らの心の中にはシロクマとクジラが住んでいて、それらは氷の上と下の別々の世界に住んでいるから、ふだんは出会わない。互いが互いのことを知らない。

このとき、シロクマは意識で、クジラは無意識だ。あるいはシロクマは自我で、クジラはアニマと言ってもいいかもしれない。呼び名はいろいろある。

重要なことはシロクマとクジラが取っ組み合いをすることで、僕らの心が豊かになるとフロイト先生が考えていたことだ。自分の中にあるものと向き合い、葛藤することには価値がある、そうフロイトは考える。

だけど、デイケアのメンバーさんのなかには、クジラの力が強すぎる人がいる。簡単にクジラが氷を割ってしまうのだ（ここでの氷とは前に述べた「自我境界」と重なる）。すると、クジラがシロクマを海へと引きずり込んでしまう。そのとき、心はきわめて危険になる。

特に恋はクジラを凶暴にするから、リュウジさんの氷は粉々になって、クジラはシロクマを飲みこもうとしていたのだと思う。それで、シロクマは不安で、イライラして、そして不穏になっていた。事件が起きるとはそういうことだ。強大なクジラとシロクマが血みどろで戦っていたから、リュウジさんは外界を遮断した。クジラを刺激しないようにして、クジラにふたたび氷の下に潜ってもらおうとしていたのだ。リュウジさんは、そうやって、クジラの猛攻に耐えていた。

事件は見えにくい場所で起きていた。それは一見、リュウジさんがたった一人で取り組んでいる孤独な闘いに見える。

だけど、それでもリュウジさんは一人ではなかった。リュウジさんはデイケアを休まなかった。一人にならないようにした。そして、デイケアにやってくると、話しかけてくれる人たちがいた。タマキさんだったり、ジュンコさんだったり、トモカさんだったり、それまでリュウジさんが人間関係を築いてきた人たちだ。

彼らが言葉を交わすのは、短い時間にすぎない。たぶん、リュウジさんの心の奥で起きている話を聴いているわけではない。だけど、それでも他者と一緒の空間にいること、そして他者が語りかけてくれることは、シロクマを助ける。そうやって、シロクマは現実と触れ合う。

それだけじゃない。毎日短い時間ではあったが、ダイさんはリュウジさんと話をしていた。ダイさんはリュウジさんのことをとても心配していた。そのとき、話しているのは体調だったり、睡眠だったりという、ありふれた事柄だ。こういうとき、体は心を守るための砦になる。そしてときどき、聞こえている幻聴のことや恋のことも聞く。リュウジさんは「調子悪いです」とか「ちょっと良くなってきてます」とダイさんには伝える。ダイさんは「そうか、わかった」とだけ伝える。

リュウジさんはダイさんと長いつきあいだったから、ダイさんのことを信頼していた。そういう信頼している人が、一緒にいてくれる。自分のことを見守ってくれている。それが苦しいときに心を支える。僕はこの時期、二人がそうやって部屋の片隅で話をしているところをよく見かけた。クジラがザブンザブンと流氷を揺らしていた。

変わらないものと変わるもの

三か月後、僕らはいつものようにノックを受けていた。風は少し涼しくなってきたものの、太陽は相変わらず殺人的で、僕もリュウジさんも顔を真っ赤にして、ボールを追いかけていた。

どうやらクジラの勢いは衰えて、氷の下へとふたたび沈んだようだった。リュウジさんが一人でいることも少なくなって、昔のようにメンバーさん同士で話をするようになった。ソフトボールにも復帰した。

ユリさんとも自然に会話をしているようだった。力まず、そして不安にならず。そういうとき、リュウジさんはまだニキビの跡が残る頬を緩ませて、柔らかく笑っていた。

すべては元に戻ったようだった。

すべては元に戻った。何も変わらなかった。リュウジさんは以前と同じようにデイケアに通い、ユリさんもユリさんで変わらずにはしゃいでいた。昔と同じ平和が戻ってきた。

事件が起きて、つらい時期を潜り抜け、そして新しい日常を構築する。事件には成長とか成熟とかをもたらす側面があると、僕は書いた。だけど、実際に生じたことはすべてが元通りに戻るということだった。

デイケアにいると、「治療」ということがわからなくなる。

からだの治療であれば、それは明白だ。傷ついた人、病んだ人が、一時的に治療を求めてやってきて、「患者」になる。注射や手術、療養によって、からだは回復する。僕の捻挫はちゃんと治る。そして、「患者」だった人は、「患者」じゃなくなる。そこでは治療はあくまで手段だ。治療とは通過していくものだ。

心の治療、すなわちセラピーだと、話は若干ややこしくなる。心の病とは、生き方の問題と骨がらみだから、何が治癒なのかはわかりづらい（どういう生き方が正しいのか、現代では誰にもわからない）。だけどそれでも、セラピーは、新しい生き方に開かれ、人生を再構成することを目指す。それを人は成長と言ったりする。だから、事件はセラピーにとって意義深い。そして、そこでも、治療はあくまで手段だ。やはり、通過していくものだ。

デイケアの場合は違う。デイケアでは「変わらない」ことにも高い価値が置かれる。多くのマンパワーと多くの時間が費やされ、そして健康保険から多くのお金が支払われて、つまり多大なエネルギーが注ぎ込まれて、「変わらない」ことを目指す。

デイケアでは「一日」を過ごせるようになるために、「一日」を過ごすのだ。そこでは、手段そのものが目的化する。メンバーさんはケアの中に留まるために、ケアを受ける。そのとき、治療は通過するものではなく、「住まう」ものになる。

もちろん、「社会復帰」を遂げるメンバーさんもいて、そういう場合は何か「治療」らしきことをしている実感があるのだけど、ほとんどのメンバーさんはデイケアに「いられる」ようになるためにデイケアに「いる」。そういうリアリティがたしかにある。

この一見不毛に見えるトートロジーに、僕は揺さぶられる。

それでいいのか？　僕らは成長を目指すべきではないか、治癒に向かうべきではないか？　そういう声が聞こえてくる。

だけど、それでも、デイケアにいると、成長しないこと、治らないこと、変わらないことの価値を感じてしまう。


僕らが生きているこの社会では「変わる」ことがとても大事なこととされている。

「ＰＤＣＡサイクル」なんていう言葉もあるけれども、目標を決めて、挑戦して、うまくいったかどうかをチェックして、そして改善する。そうやって、目標を達成する、成長する、変わっていく。そういうことが良しとされている。それが僕らの社会の倫理だ。

だけど、それってじつは特殊なことではないか。僕らはとても偏った社会に生きているのではないか。人類学者レヴィ＝ストロースは『野生の思考』という名著のなかで、原始的な部族の社会を「冷たい社会」と呼び、僕たちの社会のことを「熱い社会」と呼んでいる。


冷たい社会は、自ら創り出した制度によって、歴史的要因が社会の安定と連続性に及ぼす影響をほと

んど自動的に消去しようとする。熱い社会の方は、歴史的生成を自己のうちに取り込んで、それを発展の原動力とする。（レヴィ＝ストロース『野生の思考』二八〇頁）

ゴツゴツしたややこしい言葉遣いだけど、簡単に言うと次のようになる。

熱い社会は歴史的な発展をなす。過去を基盤にし、未来に向かって進んでいく。直線をまっすぐ歩んでいく。子は父を超えないといけないし、つねに経済成長を成し遂げないといけない。go foward だ。

それに対して、冷たい社会は発展しそうになると、自らその芽を摘み取る。同じままでいようとする。だから、祖父も、父も、子も、同じようなライフコースをたどる。同じ儀礼を保ち続ける。円環的にぐるぐると同じところを回る。

だから、僕らが生きているのは熱い社会で、アマゾン奥地の原始部族たちは冷たい社会を生きている。そういうふうに一般的には整理されている。

でも、たぶん違う。僕らは熱くも生きているけど、同時に冷たくも生きている。変わっていくことを目指しているときもあるけど、変わらないように注意を払ってもいる。ほら、毎日が変わらないものであるように、僕らはとても気を遣っているではないか。上司が改革とか言い出すと、「やめてよー」と思うではないか。

そう、僕らは自分の「人生」にはホットであることを求めることもあるけれど、「生活」はクールなほうがいいと思っている。冷たい安定を欲している。だから、実際のところ、僕らが生きているとき、すべてのことが何かを得るためになされるわけではない。

僕らは毎日野球をしていたけれど、それは野球がうまくなるためではなかった。僕らはキャッチボールをするために、キャッチボールをする。ノックをするために、ノックをする。

同じように、僕らは死ぬために生きているのではない。生きるために今日を生きる。そうやって、僕らの生活がある。デイケアにいると、その貴重さを思い知る。


だけど、それでも、と思う。そうやってきれいに整理しきれるものなのだろうか。果たして本当に何も変わらなかったのだろうか。そう言い切れるのだろうか。リュウジさんが恋愛を実らせることはなかったし、僕も野球がうまくならなかったけど、だけどそこには何かが生じてはいなかっただろうか。

恋をすることでリュウジさんのシロクマは少し逞しくなったかもしれないし、キャッチボールをすることで僕はメンバーさんと一緒にいられるようになったかもしれない。

僕の師匠筋にあたる心理学者、河合隼雄が「先生のおかげで、私もずいぶんと変わりました。変わるも変わるも三六〇度変わりました」とクライエントからお礼を言われたエピソードを書いている。名言だ。僕たちもそうかもしれない。僕たちは三六〇度の大変化を遂げていたのではないか。

デイケアのことを考えていると、「だけど、それでも」と口癖のように繰り返してしまう。そういうふうに言い淀んでしまう何かが、デイケアにはある。「変わる」とか「変わらない」とかが、よくわからなくなってしまうのだ。

「だけど、それでも」、デイケアにも小さな見せ場はある。

グラウンドでは今日もノックが行われている。

高いバウンドの打球がリュウジさんに襲いかかる。ショートバウンドにうまく対応できなくて、リュウジさんはボールを後逸する。

「東畑さん、ショートバウンドは怖いさ」リュウジさんは笑う。

「でも、取ったら気持ちいいですよ」

次は僕の番だ。打球が向かってくる。ズキっと脇腹が痛む。あばら骨にひびが入っている。だけど、僕は一歩前に出て、グローブを突き出す。そして、落球する。

「やっぱり難しいっすね」

僕らは全然野球がうまくならない。


いつもの風景だ。だけど、ノッカーだけが違う。バットを振っているのは、シンイチさんで、ダイさんではなかった。

ダイさんはもうグラウンドにいなかった。いや、そもそもクリニックにいなかった。

リュウジさんが安定するのを見届けてから、ダイさんはクリニックを辞めて、新しいキャリアのために沖縄を出る決断をした。

そう、リュウジさんがクジラと戦っていたあの時期、じつはダイさんも自分の人生について葛藤していたのだ。ダイさんの心の中では事件が起きていたのだ。

いや違う。事件はずっとその前から起きていた。「おれが辞めるまでは辞めるなよ」とあの夜にダイさんは言っていたではないか。いつ辞めるかをダイさんはずっと考えていたのだ。

結局、ダイさんは決断した。デイケアを出て、新しいところで人生を始めることを決断した。そして、一度決断すると、まるでホームランボールのように、軽やかにどこかに消えた。

ちょうど一週間前の送別会の夜、僕は無謀にもダイさんに相撲を挑んだ。宴はおひらきになり、いつもの居酒屋を出たあと、駐車場で僕はダイさんに挑戦状をたたきつけた。酔っぱらっていたのだ。

「ハッケヨーイ！　ノコッタ！」

へべれけのタカエス部長が行司で、掛け声をあげる。

僕は思い切りダイさんにぶつかる。四つに組む。ゴリラのような体をつかむ。ゴリラもまた僕のひょろい体をつかむ。苦しい。

すると、突如すさまじい怒りが湧き上がってくる。自分でも驚く。自分でもよくわからないのだけど、心の深いところから感情が猛然と湧き上がってくる。

「殺してやる」

僕は全身の筋肉細胞をフルに駆動する。思い切りダイさんを投げようとする。アスファルトに叩きつけてやろうと、渾身の力で体をねじる。筋肉が酸素を消費する。脳に血が駆け巡る。僕の中のクジラが叫ぶ。「このデブ、ぶっ殺す」

だけど、ダイさんは動かない。ピクリともしない。ゴリラは強い。そして、ゴリラは軽々と僕をつまみ上げ、駐車場に投げつける。僕は全身を打ちつける。あばら骨にひびが入る。

「東畑さーん、よわーい、キャハ！」ユウカさんが笑う。

「いってーなー」僕は横に転がったまま言う。「ダイさん、超強いっすね」

ダイさんはアルコールで火照った体で平然と立っている。そして、聞こえないくらい小さな声でつぶやく。

「ごめんな」

「はい？」

ダイさんはもう一度言う。

「ごめんな。いつまでもここにいるわけにはいかないからな」

「うっす」わかってはいるのだ。

僕は寂しかった。そして心細かった。ダイさんのいないデイケアなんて、考えられなかったからだ。ダイさんはデイケアのすべてを掌握していて、大黒柱だった。そのダイさん抜きで、デイケアができるとは思えなかった。だから、そこから去ろうとするダイさんに怒った。それは僕にとっても事件だったのだ。

もちろん、ダイさんは去っていき、ダイさんのいないデイケアはやってきた。

だけど、それは思っていたのとは違って、前と「変わらない」デイケアだった。デイケアは変わらない。デイケアは冷たい社会だ。そこには何があっても、変わらないであり続けようとする力が働いている。だから、僕は痛むわき腹という後遺症を抱えて、今日もノックを受けている。

「ダイさん、もう東京に行ったんですかね」リュウジさんが言う。「何か知ってますか？」

「全然知らないなぁ」

ダイさんからはその後、何の連絡もなかった。だから、どこかその辺で草野球をやっているんじゃないか、そんな気持ちになる。

「もしかしたら、なんだかんだでまだ沖縄に潜伏しているのかも」

「いいですね、それ」

悲しい気持ちだったから、僕らは一緒に笑う。

「借金でもあったのかなぁ」リュウジさんはつぶやく。

「もういっちょ、いくぞー！」とシンイチさんがバットを振る。

強いショートバウンドがやってくる。リュウジさんの足は素早く動く。

いつもより一歩深く踏み込む。グローブを前に突き出す。向こうで猫があくびをしている。

「パシシ！」と音がして、ボールはミットの深いところに収まる。超カッコいいじゃん。

また下手に戻るかもしれないけど、野球がうまくなるときだってある。

「ナイスキャッチ！」僕は声を出す。

リュウジさんは「ヒュー！」と口笛を吹いた。

第7章

治療者と患者
金曜日は内輪ネタで笑う

金曜日は疲れている——朝の通勤のこと

金曜日は足取りが重い。

僕は徒歩通勤だったから、イヤホンで音楽を聴きながら出勤するのが日課だった。この日のBGMはジャスティン・ビーバー。那覇も冬に入ろうとしていたので、冷たい風が吹きつけてくる。ポケットに手を突っ込んで、小禄の坂をノシノシ歩く。

アップテンポなダンスミュージックでテンションを上げようと思ったのだけど、ビーバーの甘い歌声をこうるさく感じるくらいには疲れている。だから、iPodを操作して、音楽を切り替える。ケツメイシの「三十路ボンバイエ」。だけどもちろん、「今日も仕事だ、ボンバイエ」とはならない。長い坂道が心を削る。しんどいよぉ、休みたいよぉ。


金曜日は疲れている。

月曜から木曜まで毎日一〇時間、ひたすら人と関わっているのだ。出勤した瞬間から帰る寸前までデイケアのメンバーさんと過ごし、その合間に結構な数のカウンセリングをやって、そして休憩時間のはずの昼休みは野球の練習。疲れないほうがおかしい。

加えて、最近はタカエス部長がフィーバーしていた。故郷である宮古島の同級生が那覇市国場《こくば》に「テンリュー」という怪しい居酒屋をオープンしたせいだ。

夕方になると、テンリューのオーナーから「今日はどうなの？」と営業メールが来る。部長はうれしそうに「ハッサ！　今日も行かんといけんさ！」とあわてたふりをする。そして、「シンイチ、トンちゃん、今晩はどうね？」とニヤニヤしながら誘ってくる。

六〇歳を超えると、クラブの綺麗なママさんから連絡が来るよりも、少々薄汚れた元同級生から連絡が来るほうがうれしいらしい。そして、若い部下を引き連れて馴染みの飲み屋に顔を出すとなれば、マライア・キャリーに満漢全席を食べさせてもらうのに匹敵する最強のぜいたくなのだそうだ。

だから、僕らはしょっちゅうテンリューに連れていかれて、強烈な二日酔いを引き起こすポイズン系泡盛をかっくらうことになった。そのせいで、ますます体力が削られていたのだ。

それでも、出勤する。中学生だったら、体温計をゴシゴシやりながら「熱が出ちゃったー」とわめいて、家でワイドショーでも見ているところだけど、僕はもう家庭を抱えた三十路ボンバイエだったのでやむなく出勤する。重たい体をひきずって、小禄の坂を上り切る。

坂の上のトンネルを抜ける。そこまでくればクリニックまではもうすぐなのだけど、そのまま仕事に突入する気合いが出てこない。だから、高架下の広場でタバコを吸う。座って、ぼーっとする。

そこに、同じく徒歩出勤のシンイチさんがイヤホンでラジオを聴きながらやってくる。

「おはよう、トンちゃん」さわやかに挨拶。そして、気遣ってくれる。「よお、疲れてるな」

「超疲れてます」と僕は答える。

「だからよ。金曜日さー」ダルビッシュ風イケメンスマイルが励ます。「もうちょっとがんばろうな」

シンイチさんはタフだ。きのうもテンリューでしこたまポイズン泡盛を飲んだというのに、その影響を微塵も感じさせない。そして、仕事が始まれば黙々と働く。ダイさんが去ったあと、さまざまな仕事がシンイチさんに降りかかったというのに、弱音一つ吐くことがなかったし、体育館でスポーツをしたあとには、皆がへばっているなか、体を鍛えるためにランニングまでしていた。本当にタフなのだ。

「シンイチさんは全然疲れてなさそうじゃないですか?」

「疲れてるさー、金曜日だからよ」春風のように笑う。そして言う。「ほら行こうぜ」

シンイチさんにそう言われてしまったらしょうがない。重い腰を上げる。出勤ボンバイエだ。

二人でクリニックまでたどり着くと、ちょうどユウジロウさんが送迎バスから降りてくるところだった。

六〇歳になったばかりで統合失調症のユウジロウさんは、月の住人だ。ユウジロウさんの体は地球でデイケアに通っているのだけど、心は月世界を生きている。だから、ユウジロウさんが車から降りてくると、那覇郊外の平凡な風景は突如月面になってしまう。

ユウジロウさんは頭を前後にカクカクと振りながら歩く。ニワトリみたいに歩く。そして、前後に頭を動かすたびに、顔が千変万化する。ひょっとこみたいになったり、大口を開けてシーサーのようになったり。ふしぎの人なのだ。

ユウジロウさんは朝から絶好調のニワトリ歩きでクリニックの入り口に向かっていく。

「おはようございます」と僕は挨拶する。

すると、ユウジロウさんは目をカッと見開いて、大声を出す。月の世界が花開く。

「オハヨー、ございません! だってば!」

「アギジャビヨ！」シンイチさんは笑う。「ユウジロウさん、金曜日は絶好調さー」

小さなケアが行き交う──午前のこと

ユウジロウさんはデイケア室に入ると、「オハヨー、ございません！」と言って、一二〇点の笑顔でみんなに手を振る。

「おはよう、ユウちゃん」「お！　今日も元気だね」「おはようございます」

メンバーのユリさんとタマキさん、そして医療事務ガールのユウカさんから挨拶が返ってくる。

「ヒヒヒ」ユウジロウさんはゴキゲンになる。「だから、オハヨーございません！　だってば」

そう言って、ユウジロウさんはいつもの椅子に座る。そして、テーブルに置かれている紙ナプキンを丁寧に折り畳んでは広げ、そしてまた折り畳む。いつもの作業を始める。きっと月の世界でそういう仕事を任されているのだと思う。

だけど、この日は集中力が続かない。すぐに月の作業療法は中断されてしまう。ユウジロウさんはナプキンをびりびりに破って、それを自分の椅子のまわりにばらまく。切れ切れになったナプキンが雪のように舞う。

「ハッサ！　ユウジロウさんよー」キッチンでお茶をつくっていたシンイチさんに発見される。「ダメですよ、もったいないじゃないですかー」

「今日は学校です！　よいではありませんか！」ユウジロウさんは甲高く叫び、立ち上がる。デイケア室をニワトリ歩きでぐるぐる回る。月の住民とのトークが始まる。「言い出しっぺじゃありませんってば」と怒ったり、「エッチー！」とニタニタ笑ったり、「荒城の月」を熱唱したりする。ときおり「このパンおいしいね」と地球に戻ってくるけど、すぐに「ウヒヒ」と笑ってニワトリ歩き。

ユウジロウさんも金曜日は疲れている。だから、すぐに地球を離れて、月に行ってしまう。地球から月まで、光なら一・三秒で着いてしまうのだけど、ユウジロウさんの瞬間移動はそれよりも早い。でも、体だけは地球に残っているから、そのギャップに僕らはつい笑ってしまう。

ユウジロウさんは本格的に月の住人との仁義なき戦いを始める。

「ふざけていたらいけません！」「あんたがバッカ！　ですってば！」「コロコロ殺しません！」と天井を見て叫ぶ。幻聴と口喧嘩をしているらしいのだけど、そういうときのユウジロウさんは鬼の形相だ。眼球が外に突き出て、口が大きくすぼむ。人相がすっかり変わる。

そうなると、おせっかいなジュンコさんがすかさず立ち上がる。

「ユウちゃん、ツノが出てるよ」

ジュンコさんは向精神薬の副作用なのか、歩行が安定しない。フラフラとよろめきながら、ユウジロウさんのところまでやってくる。

そして、怒鳴りあいを始めたユウジロウさんに、「怒っちゃだめだよ、みんなびっくりするよ」と優しく伝える。

でも、ユウジロウさんはトサカを立てる。

「あんたが怒ってるんだってば」月の住人と地球の住人が混同されている。ジュンコさんに怒りが向かう。「アッカンベー」

ジュンコさんの顔が引きつる。ここから二人の仁義なき戦いが始まってしまうこともあるのだが、今日のジュンコさんはなんとかこらえる。

「怒ってないよ、優しいよ」キッチンから紙ナプキンを取ってきて、渡してあげる。「これでお利口に遊ぶのよ」

「やったー！」ユウジロウさんは急遽《きゅうきょ》地球に戻ってくる。ゴキゲンになって、鼻歌を歌いながらナプキンを折り畳む。そして、開く。月の仕事に戻る。

ジュンコさんは笑う。「いい子ね」

デイケアのありふれた光景だ。

そう、メンバーさんがメンバーさんをケアしている。デイケアでは小さなケアが行き交っている。

デイケアは一見、何も起きていない空間だ。動きがなく、澱んでいる。人々はそこに、ただ、いる、だけ。そう見える。

だけど、デイケアに住み着いて、目が慣れてくると、違ったありようが見えてくる。森と同じだ。森は初見では静かな木々の集合体にしか過ぎないけれど、長く住んでいると昆虫や小動物たちの生態系であることが見えてくる。小さな生き物たちがうごめく様子が見えてくる。

だから、バードウォッチングのように目を凝らして見てみよう。「動かざることデイケアのごとし」のその細部で、小さなケアがうごめいている。メンバーさんたちが小さく動くと、そのとき誰かへとケアが贈られている。

たとえば、ユウジロウさんのケアをしたジュンコさんがふらつくと、ユリさんが「危ないよ」と気遣い、椅子を引いてあげる。ユリさんは口渇のせいで水を飲みすぎるので、タマキさんが「飲みすぎさ、倒れるよ」と注意してあげる。そのタマキさんはヤスオさんが買ってきたコーラを分けてもらう。ヤスオさんはトモカさんにシャツの裾がめくれているのを直してもらう。そして、トモカさんもまた、リュウジさんに話を聴いてもらう。エトセトラエトセトラ。

目が慣れてくると、デイケアではケアがあふれ返っていることがわかる。ケアはぐるぐる回っている。そうなのだ。メンバーさんはデイケアでただケアを受けているだけではない。彼らは互いにケアしあっている。ケアをしあうために、デイケアにやってくる。さらに、言っちゃうならば、ケアしあえるようになると、デイケアにいられるようになる。

どういうことだろうか?

社会心理学者のリースマンが「援助者療法原理 Helper Therapy Principle」という理論を語っている。簡単に言ってしまうと、誰かを助けることが、自分の助けになるということだ。

それは僕らの日常ではありふれたものだ。たとえば電車でお年寄りに席を譲ると、良いことしたなぁと思って、座っているより元気になれる。人に勉強を教えると自分のほうが勉強になる。後輩におごってあげると、なんとなくいい気持ちになる。ここには「win-win」の世界が広がっている。

僕らは人に何かをしてあげることで、与えた以上のものを受け取ることができる。

こういうメカニズムをフル活用しているのが、自助グループだ。実際リースマンはアルコホリック・アノニマスのような自助グループを念頭に置いて援助者療法原理について語っている。そこでは、先に回復したアルコール依存症者が、あとからやってくる依存症者を助ける。そうすることで、自分自身が回復しつづける。

なぜそのようなことが起こるのか？

リースマンはいくつかの説明を挙げている。たとえば、人にものを教えることで、自分自身がよりよくそのことについて理解できること。あるいは、人の役に立っていることで自己イメージが良くなること。そして、そうすることで集団のなかでの自分の居場所ができること、などなど。

たしかにそうかもしれない。自分がケアされるだけの存在ではなく、ケアする存在でもあることで、人はその場にいられるようになる。それはそうだ。

だけど、これだけだとちょっと、一人ひとりが全体のためにがんばろうぜってニュアンスがあって、体育会系の部活みたいだ。本当にそうなのか？　実際のところ、ジュンコさんがユウジロウさんのお世話をしているとき、あるいはトモカさんがヤスオさんの服の裾を直しているとき、彼女たちは「みんなのために」というノリでそれをやっていたわけではない。「つい、やってあげてしまっていた」というほうが実情に近い。

いったい何が起きているのだろうか？

もう少しじっくり見てみよう。すると、もっとふしぎなことが見えてくる。

というのも、ケアすることによって、自分がケアされるとするならば、逆に誰かにケアされることが、その誰かをケアすることになるからだ。お年寄りは席を譲られることで人を元気にしているし、勉強を教えてもらっている劣等生は、じつは優等生の家庭教師でもある。ここで起きているのはふしぎなあべこべだ。

デイケアウォッチングを続けよう。

飴をもらう——午後のこと

ケアの行き交いはメンバーさんの世界だけに閉じられているわけではない。つまり、メンバーさんのケアは、メンバーさんにのみ贈られるわけではない。スタッフもまた、ケアの渦にずっぽりと巻き込まれている。そう、僕もまたその渦にはまり込んでいる。

当然のことではあるが、スタッフはメンバーさんのケアをする。僕は足の悪いタマキさんのためにゆっくり歩く。あるいはヌシと将棋をして、負けてあげたりもした。あのぶっきらぼうのヒガミサですら、ユウジロウさんが散らかしたナプキンを片付けるし、ふらつくジュンコさんの腕をとって一緒に歩く。

それはスタッフだから当たり前だ。ケアするのがスタッフの仕事なのだ。

だけど、じつは、ケアするのと同じくらいに、スタッフはメンバーさんからケアされる。金曜日は特にケアされる。

「先生、顔色悪いね、大丈夫？」午前のカウンセリングが終わって、昼休みにデイケア室でぼーっと昼食をとっていると、ジュンコさんが話しかけてくる。

彼女はデイケアでもかなり低機能なほうだったと思う。最初はそうでもなかったけれど、デイケアに馴染んでからは、逆にそういうところがはっきり見えるようになった。歩けばふらつく。座っていられず徘徊する。ふだんはぽかーんとしていて、疎通性もよくはなかった。たぶん、若干の知的障害もあったのだと思う。ジュンコさんはケアを必要とする小さきものだった。

だけど同時に、彼女はケアする人だった。すでに第2章で紹介したように、最初デイケアに座っていられなかったころから、彼女はみんなのお手伝いをして回っていた。今では彼女はデイケアに馴染み、慣れ親しんではいたけれども、人のお世話をするところは変わらなかった。困っている人を見かけると放っておけなかったのか、ただ座っていられなかったのか、たぶんその両方だと思うけど、とにかくいろいろな人に絡んでいって、おせっかいをして回った。そしてその相手はメンバーさんに限らない。スタッフもまたジュンコさんのケアの対象だった。

だから、僕が疲れたそぶりを見せてしまうと、すかさずジュンコさんに捕まってしまう。

「大丈夫？　疲れてるさー」

「疲れてます」たしかに疲れているので、そう答える。だけど、ジュンコさんに心配されているのがどうも居心地が悪くて、カウンセラーの悪い癖で、質問返しをしてしまう。「ジュンコさんは疲れてないんですか？」

「疲れてるよ、金曜日だからね」そう言って、ジュンコさんはポケットから、のど飴を取り出す。

「これ、あげようね。元気出るからね」

べつに喉は痛くない。だけど、受け取る。メンバーさんから物をもらうとき、なんだか変な感じがして一瞬躊躇するけど、やはりもらう。

「ありがとうございます」袋を破って、飴を口に放り込む。舐める。こういうときは味がよくわからない。でも、言う。「おいしいです」

ジュンコさんはうれしそうに笑う。ニコーっと笑顔が広がる。そしてふたたび真顔になる。

「まだ、いっぱいあるからね、言ってよ」ジュンコさんは自分こそよろめいているのに、心配そうに僕をのぞき込む。「肩揉もうか？」

さすがにそれは断る。「大丈夫です、ありがとうございます」

「そう？　長生きするんだよ」

なんだかおじいちゃんになった気持ちがする。


デイケアで僕はケアされる。森を観察するようにデイケアを見つめてみると、僕がずっとケアされていることがわかる。

体調が悪いんじゃないかと心配され、飴をもらう。バドミントンでミスをしたら、ペアであるリュウジさんがカバーしてくれる。しかも「東畑さん、ドンマイだぜ」と励まされる。カラオケでデュエットすれば、音痴な僕を歌姫のユリさんがリードしてくれる。ヤスオさんは拾ったタバコをくれる。

僕はすべてをありがたく受け取る。いやウソだ。ありがた迷惑なことも多い。でも、受け取る。というか、ケアを受け取るのも仕事なのだ。

それどころか、そもそもきちんとメンバーさんからケアしてもらえないようでは仕事にならない。

昼休みに野球に行くときには、重たいクーラーボックスを運ばなくちゃ

金曜日は内輪ネタで笑う

いけないのだけど、とても一人じゃ運べない。だから、タマキさんが手伝ってくれる。食事をつくるのだって、トモカさんにみじん切りをやってもらわないと僕一人じゃできない。カラオケ大会で司会をやっているとき、僕のつまらないジョークをメンバーさんが無理やり笑ってくれるからなんとか場が持つ。

そうなのだ。綺麗ごとでもなんでもなくて、本当にデイケアではメンバーさんにケアしてもらわらないと仕事にならない。一日が全然回らない。メンバーさんが手伝ってくれるから、なんとかデイケアは成り立っている。出勤したら、朝から晩までケアされるのがデイケアスタッフの仕事だ。

デイケアで働きはじめたときに、いちばん戸惑うのがここだ。「おれは治療者なんだ」と気負っているから、「何かしなくては！」と意気込んでしまうんだけど、実際のところ本当の仕事は「やってもらう」ことなのだ。だから、「専門家でございます！」という武装を解除して、メンバーさんの親切をキャッチし、身を委ねられるようになると、スタッフになれる。デイケアに普通にいられるようになる。

よく考えると、これは家庭でもそうだし、普通の職場でもそうだ。全部自分でやろうとしないで、人にやってもらう。お互いにそういうふうにしていると、「いる」が可能になる。「いる」とはお世話をしてもらうことに慣れることなのだ。

なんてことを考えていたのだけど、我に返ってふと顔を上げると、ジュンコさんがタカエス部長の肩を揉んでいる。部長は揉まれているうちにうたた寝しはじめる。ジュンコさんと目が合う。ジュンコさんはニヤっと笑って、禿げ頭をぺしぺしと叩く。すると、近くで見ていたトモカさんがうれしそうに「ツ・ル・ツ・ル」と口パクで言ってくる。いつかどこかで見た風景だ。笑ってしまう。まるでお正月のおじいちゃんではないか。管理職になるとケアのされ方もエグゼクティブな感じになる。

傷ついた治療者

ケアされることで、ケアする。デイケアスタッフの仕事はふしぎだ。

世の中の仕事は、お金を受け取って、商品やサービスを渡すというやり方で成り立っている。僕は一〇八円を渡して、コンビニの店員からミンティアを受け取る。あなたは本屋さんに二一六〇円を渡して『居るのはつらいよ』を受け取る。

お金を支払って、何かを受け取る。一方から他方にお金が流れ、反対方向に商品やサービスが流れる。マルクスの『資本論』を読むまでもなく、そういう「交換」の原理によって僕らの生きている世界は成り立っている。

だけど、デイケアは違う。デイケアではメンバーさんからスタッフへとお金が流れ、ついでに同じ方向へとケアも流れる。わざわざお金を支払って、メンバーさんはケアを提供している。ふしぎではないか。

だって、マクドナルドの店員さんがお客さんにポテトを包んでもらうなんてことはありえない。銀行員が顧客からお金儲けの手段を教えてもらっていたら、なんだかとてもきな臭い。お金を支払う側がお金をもらう側をケアすると、途端に怪しい雰囲気になる。ほら、宗教の教祖様とか、ホストクラブとか、アイドルって、そんな感じではないか。

そう、教祖様とか、ホストクラブとか、アイドルとか、デイケアスタッフとか、これらはすべてケアされることで心をケアする仕事なのだ。心を使って、心に触れて、心に良きものをもたらす仕事では、ケアしてもらうことでケアをしているというふしぎなことが起きる。サービスと貨幣の交換という世間一般の常識とは違ったことが起こるのだ。

なぜそんなことが起こるのか。ケアすることとケアされることって、いったいどういうふうにつながっているのだろうか。

そういうことについて、真正面から考えてきたのが、ユング心理学の「傷ついた治療者」理論だ。じつは、セラピーのなかでも、ケアすることとケアされることがあべこべになることがよく起こる。そして、それは密室に二人きりの空間で行われているから、まるで顕微鏡を覗くようにして、二人のあいだで生じていることを観察することが可能になる。すると、傷つきと癒しがあべこべになっているところが、よく見えてくる。サミュエルズという、ユング派の分析家の本に載せられている次頁の図を見てほしい。

この図の、〈意識〉の並びのところには、左に治療者（分析家、ヒーラー）が、右に患者（傷負い人）が並べられている。セラピーを外から見れば、そのように見える。そこには癒す人である治療者と、傷ついた人である患者がいる。常識的な見方だ。

だけど、セラピーが深まっていくなかで、無意識、つまり心の深層ではあべこべなことが起こりはじめる。治療者の中の傷ついた部分が活性化して、患者の中の癒す部分が活性化しはじめる。外から

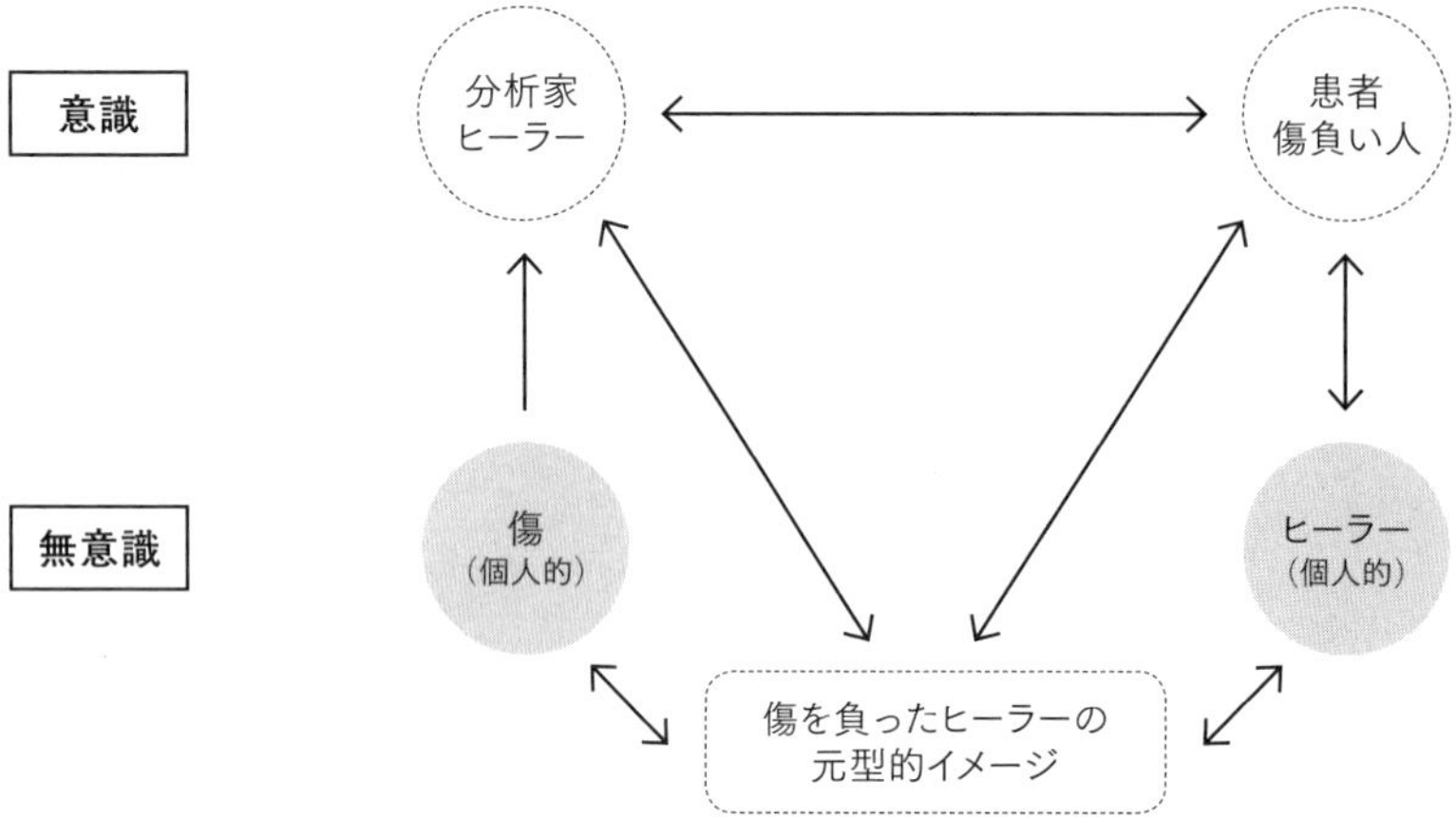

アンドリュー・サミュエルズ『ユングとポスト・ユンギアン』村本詔司・村本邦子訳、創元社、1990年、326頁より一部改変。

見えるものとは違うあべこべが、心の奥のほうで動きはじめる。

たとえば、患者のトラウマに触れるなかで、治療者自身の過去に抱えていた傷つきが疼《うず》く。患者の弱さが、治療者の同じように弱くて柔らかいところを震わせる。あるいはより直接的に、患者の怒りがぶつけられて、治療者を傷つけることだってある。セラピーでは、見えないところで、治療者の傷つきが動いている。

逆もまたしかり。セラピーが進むなかで、患者が治療者のことを気遣いはじめる。治療者の体調が悪くないかと心配したり、何か役に立ちたいと思って情報を教えてくれたり、実際にプレゼントをくれることもある。そういうとき、患者の内側で癒す部分が働きはじめている。

このとき、治療者の傷ついた部分は、患者の癒す部分によってケアされる。図にあるように、「意識」のうえでの治療者と患者が、「無意識」ではあべこべになってしまうのだ。

すると、こういうことになる。癒す人が傷つき、傷ついた人が癒し、癒すことで癒され、癒されることで癒す。セラピーではいろいろなことがあべこべになり、絡まり合ってしまう。だけど、確かなこともある。それは傷つきと癒しが別々に分離したものではなく、オモテとウラのように硬く結びついたものであることだ。その治療者と患者双方で生じている心の動きの混合物のことを「傷ついた治療者」と呼ぶ。

このとき、絡まり合った糸をつないでいるのは、「投影」と呼ばれる心の働きだ。投影とは、自分の心の中にあるものを、外界の誰かへと投げ込むことを言う。ほら、ものすごく嫌いな人って、よく考えると自分の嫌な部分を体現したりしていますよね。そうやって、自分の中のものを他者に見出すのが投影だ。

ユング派分析家のグッゲンビュール＝クレイグは、「傷ついた治療者」における投影の絡まり合いを次のように表現している。

ある人が病気になった場合、「治療者―患者」元型が布置されることになり、病者は自分の外にいる治療者を求めることになるが、同時に、彼自身の中にいる治療者も活性化されることになる。病気の人の中にある、心の中の治療者を、私たちはしばしば「治療的要因」とも呼んだりする。それは患者自身の中にいる医者なのであり、患者の外の世界に現われる医者と同じくらいよく病気を治すのである。治療的要因というのは、私たち自身の中に存在している医者で、内的治療者が働きはじめなければ、傷も病気も直っていくことはできないのである。（グッゲンビュール＝クレイグ『心理療法の光と影』二一八頁）

そうなのだ。患者は自分の癒す部分を治療者に投影し、それに癒されることで自分を癒す。あるいは治療者は自分の傷ついた部分を患者に投影して、癒すことで癒される。そしてそれは反転もする。患者もまた自分の傷つきを投影することで、治療者に傷ついた部分を見出し、それを癒すことを通して、自分の傷を癒す。あるいは、治療者もまた自分の癒す部分を投影したことで癒すようになった患者に癒されることで、自分の傷を癒す。

グニャグニャ、グルグルしているけど、傷と癒しはここでは完全に混ざり合っている。ケアすることでケアされる。ケアされることでケアする。それらは複雑に絡まり合った投影によって可能になるというのが「傷ついた治療者」という考え方なのだ。

それはじつはありふれている。医者を主人公にした映画とかテレビドラマを見てほしい。だいたいのところ、主人公は自分自身が傷を抱えていて、患者を治療することで自分自身が癒されていく。たとえば、パッチ・アダムス。ピエロの格好をして、患者を笑わせる医療を実践した精神科医だ。彼はもともと自殺企図のあるうつ病患者だったのだけど、精神科病院に入院しているときにほかの患者を笑わせ元気づけたことが回復のきっかけになる。だからパッチは医学部に入り直し、精神科医になって、患者を笑わせ、癒す。そして、そのことで自分もまた癒され続ける。

あるいは手塚治虫のブラックジャックを思い浮かべてもいいかもしれない。

ブラックジャックは幼いころに爆弾によって体をバラバラにされた。それをある名医が縫い合わせて、助けてくれた。すると成長して医者になったブラックジャックは天才的な外科技術を駆使して、人のことを切り刻み、そして縫い合わせる。

投影が起きている。パッチはうつになったかつての自分を目の前の患者に見出す。そして自分が笑いに救われたようにして、患者を笑わせることで癒す。ブラックジャックは自分の中の傷を、患者に投影する。傷つき、バラバラになったかつての自分を見出す。そして、それを縫い合わせることで、癒す。自分が癒されたように人を癒すことで、自分を癒し続ける。

医者だけじゃない。心理士だけでもない。世の中の多くの治療者が「傷ついた治療者」の物語を生きている。マッサージ師も、シャーマンも、看護師も、ケースワーカーも、あるいは教祖様も、そういう物語を生きている人ってとっても多い。

アイドルだって、歌番組とかで、たまに言うじゃないか。「自分がつらい思いをしたんで、同じように苦しんでいる人に勇気を与えたいです！」って。彼女は傷ついた治療者アイドルなのだ。

心は本当にふしぎだ。投影によって、僕があなたになって、あなたが僕になる。能動的にやっているつもりで、受動的に受け取っていて、受動的に受け取っているつもりが、能動的に手渡している。主体の場所が入れ替わり、能動と受動がぐるぐると回転する。

だから、デイケアではケアがぐるぐる回っている。ケアしたり、されたりしている……と結論づけたくなるのだけど、本当にそういうことなのか？

ここまで書いておいて、僕は口ごもってしまう。

というのも、たしかに密室に二人きりでなされるセラピーでは、「傷ついた治療者」が二人を結びつけるということが起きているというのは納得できるのだが、それは本当にみんなで暮らしているデイケアでも当てはまるのだろうか。

ここには肝心なものが抜けてはいないか。そう、デイケアが「コミュニティ」であることが抜けてはいないか？

結論を焦るのはやめよう。もう少し見てみよう。長い金曜日の終わりまで見てみよう。

内輪ネタで笑う――夕方のこと

デイケアではケアされることが仕事になる。ケアされることで、メンバーさんをケアすることになるからだ。そういうことをここまで執拗に書き連ねてきた。

だから、僕はデイケアでケアされる。なので、仕事に行くと元気が出る。仕事大好き！　仕事最高！　仕事に行きたくてたまらない！

というわけではもちろんない。全然ない。実際に金曜日は疲れている。

デイケアで僕がケアされるのは、あくまで仕事だ。クーラーボックスを一緒に運んでもらうなど、実際に助かることも多いけど、そうじゃないケアもいっぱい受け取る。ジュンコさんから受け取った飴のように、ケアされることが「重たく」感じることも実際にある。

なぜかというと、もうおわかりのように、僕は、飴だけではなく、投影も受け取っていたからだ。デイケアでスタッフはさまざまな投影を引き受ける。メンバーさんの心の一部を投げ入れられる。デイケアで働き、ケアされるとは、誰かの心の一部になるということだ。そういうことを感情労働とか

金曜日は内輪ネタで笑う

ケア労働とか依存労働とかと呼ぶことができるのかもしれないけど、呼び名はどうだっていい。なんなら「投影労働」と言ったっていい。投影を引き受ける労働だ。

とにかくそれは労働だったから、疲れている。誰かの心の一部になるのだから、僕の心だって疲弊する。金曜日は疲れている。特にこの金曜日はそうだった。

それでも金曜日もちゃんと終わる。終わらない金曜日はない。

夕方、その日最後のカウンセリングを終える。手短に記録を書くと、一週間の仕事はすべて終わりだ。カルテをしまい、カウンセリング室を簡単に片付ける。白衣を脱ぐ。

二階の更衣室に行って、着替え、荷物をまとめる。帰りの準備を済ませる。

金曜日は終わろうとしている。

僕の一週間はデイケアに始まり、デイケアに終わるから（その合間にカウンセリングをしている）、最後にデイケアに戻る。

メンバーさんたちが帰りの準備をしている一階のデイケア室に戻る。

金曜日の終わりに階段を降りると、そこは月世界だった。

「ごくろうさま、じゃございません！」

ユウジロウさんが絶好調になっていたのだ。

デイケア室が騒然としている。みんな唖然として、ユウジロウさんを見ている。

「お疲れ様じゃ、ございません！」と連呼して、ニワトリ歩きで月面をぐるぐると歩き回る。

「ユウジロウさん、落ち着いてよ」とジュンコさんが言うけれど、ユウジロウさんは止まらない。
「昨日の今日じゃ、ございません！」

ジュンコさんはいつものようにナプキンを渡そうとするが、ユウジロウさんはそれを振り払う。

疲れがピークに達したのか、週末の別れがつらいのか、次から次へと月の住民とはしゃいだり、喧嘩したりする。「惚れたはれた、じゃございません！」「何もかも、じゃございません！」「もんどりうっては、おりません！」

そして、ユウジロウさんはデイケア室の中央に仁王立ちして、天井をにらみつける。腕を大きく広げて、何かを待ち構える。月でも落ちてくるのだろうか。

一瞬、間が空いて、部屋が静まった瞬間、「はい！　はい！　はい！　はい！」と大きな声でリズムを取って、手拍子を叩く。歌う。そして野球拳みたいに踊る。

「カモメのユウジロウさん
ずぶぬれユウジロウさん
白い帽子　白いシャツ　白い服
波でちゃぷちゃぷ　お洗濯、
じゃございません！」

すると、デイケアは笑う。みんな笑う。鬼が笑ったかと思うくらいに、爆発的に笑う。そうやってみんなが笑っているのを見たユウジロウさんも「ヒヒヒ」と笑う。それがまた楽しくって、みんな笑う。

「ハッサ、最高だな、ユウジロウさんよー」いつもクールなシンイチさんまで腹を抱えて笑ってる。

「お腹痛いさ」

僕も笑う。お腹がよじれるくらい、心から笑う。ユウジロウさんはうれしくなったのか、さらに部屋をニワトリ歩きで動き回る。歌う。踊る。

「ございません！　じゃ、ございません！　で、ございます！」

うまく伝えたいと思って書いてみたのだけど、やっぱりこの笑いは伝わらない。デイケアには笑いがあふれていたけど、それはこうやって文章にしても絶対に伝わらない。直接喋っても伝わらないし、映像にしたって伝わらない。この笑いはそのデイケアにいた人にしか伝わらないと思う。

なぜなら、その笑いは僕らを癒すための笑いだったからだ。それはユウジロウさんがみんなの金曜日の疲れをケアするための笑いだった。本質的な意味で内輪ネタなのだ。だから、僕らはお腹を抱えて笑った。演技なんかじゃなくて、本気で笑った。労働していた感情は月までぶっ飛んでいった。

「デイケアは仕事だ、投影労働なのだ」と言っておきながら、

そして本当にそれはそうでもあるのだけど、それでもデイケアにいると、こうやって素でケアされてしまうことがある。当たり前だ。「治療者と患者」だとか、専門家なのだとか、気負ってはいるけど、実際のところ、そこにはあるのはコミュニティだったからだ。

デイケアはコミュニティだ。しかも、究極のコミュニティだ。というのも、それは「いる」ために「いる」ことを目指すコミュニティであり、コミュニティであるためにコミュニティであろうとするコミュニティだからだ。

デイケアにはミッションがない。たとえば、新商品を開発してマーケティングをするわけではないし、世の中を良くする教えを流布するわけでもない。未来ある若者に教育を行うわけでもない。いや、いちおう厚生労働省からは「精神疾患を有するものの社会生活機能の回復を目的として個々の患者に応じたプログラムに従ってグループごとに治療する」というミッションを与えられてはいるのだけど、そういうリハビリ概念を突き抜けてしまいがちなのが居場所型デイケアだ。

江戸時代の村とかだって、「子子孫孫、この田畑を守るのでござる」というミッションがありそうなものだけど、デイケアはそういうプロジェクトとは無縁だ。「いる」ために「いる」。まるで活動しない演劇部部員が集まる放課後みたいなのだ。

だから、そこにはピュアなコミュニティが姿を現す。メンバーさんは「いる」ために「いる」。スタッフもメンバーさんが「いる」ために「いる」。僕らは同じコミュニティに「いる」ことでつながっている。というより、つながっているから「いる」ことができる。ここにも出口のないトートロジーがある。

ケアはそういうなかで生じていた。思い返してほしい、カモメのユウジロウさんが歌われるとき、べつにユウジロウさんは意志をもって、能動的に「ケアするぞ」と思っていたわけではない。ジュンコさんが飴をくれるときも、タマキさんがクーラーボックスを運んでくれるときも、トモカさんがヤスオさんの裾を直しているときも同じだ。それらは、なんとなく生じていたものだ。目の前にそういう必要があるから、つい体が動いてなされているものだ。

そうなのだ、この章では「援助者療法原理」とか「傷ついた治療者」とかそういう理論を参照して、「ケアすること」と「ケアされること」、ケアする人とされる人、ケアする部分とされる部分をいったん分離したうえで、それがいかに分かちがたく絡み合っているのかを考えてきた。だけど、僕らがデイケアウォッチングで観察してきたのは、じつはそれ以前のことだったのではないか。つまり、個々人の「する／される」以前に、デイケアというコミュニティに必要性が生じて、それに対応するために自然とケアが生じていたのではないか。主体はコミュニティだったのではないか。

ユウジロウさんのケアがそうだった。金曜日は疲れている。僕も疲れているし、ヤスオさんも、ユリさんも、ユウジロウさんも疲れている。デイケア自体が疲れている。みんな、体が重たい。だから、ユウジロウさんは重力の軽い月の世界に飛んでいき、僕たちを巻き添えにする。月の世界が、僕らを笑わせて、重力をつかの間解放してくれる。

足が痛いから右手でそこを押さえる。背中が痒いから左手がそこを掻く。そのとき、右手と左手がケアする部分で、足と背中がケアされる部分、なわけがない。「する／される」を超えて、体そのものにケアが生じているのだ。傷にかさぶたができるとき、血液中の血小板が癒す部分で、破れた皮膚が癒される部分なわけではない。そう、全身に癒しが生じている。それが実相だ。

同じことがデイケアでも生じていた。ユウジロウさんがケアする人で、笑っている僕らがケアされる人なのではない。ケアが生じているのだ。

メンバーになるって、そういうことだ。「メンバー」とはもともとラテン語の「menberum」を語源としていて、それは「体の一部」とか「手足」という意味を持つ。メンバーであるとはコミュニティの一部になることなのだ。一方的にサービスを受けている人はメンバーになれない。そういう人は「ユーザー」と呼ばれる。そうではない。メンバーとは内側に入って、コミュニティの一部になった人だ。メンバーになるとは、背中を掻く右手になることであり、右手に掻かれる背中になることなのだ。

ユウジロウさんはデイケアでは最も小さきものだった。みんなに助けてもらわないと、うまく生きていけない人だった。だけど、それでもユウジロウさんは一番の人気者だった。みんなユウジロウさんのことが好きだった。それはユウジロウさんがまぎれもなくメンバーだったからだ。彼は背中でもあり、右手でもあり、眼球でもあった。だから、デイケアに疲れが生じるとき、ユウジロウさんは僕らを月の世界に連れていった。すると、ケアが生じた。

こういう感じのことを、哲学者の國分功一郎氏は能動態でも受動態でもない「中動態」と呼んでいる。

僕らの日常は「する」と「される」、能動と受動をはっきりさせることで成り立っている。学級会なんかが特にそうだ。「誰がやったんですか？」「なぜやったのですか？」と責任が問われ、意志が確認される。「私がですね、私の意志でですね、給食のヨーグルトを余分に食べました。能動態でございました、間違いございません」と問題の所在をはっきりさせるのが、僕らの生きている世界であり、そのために能動態と受動態の区別は大切だ。

だけど、國分氏は太古の文法では能動態と受動態以外に、「中動態」という態があったことを明らかにしている。

言われてみると、そうだ。能動態でも受動態でも語りきれない動詞が存在する。「する」でもなく、「される」でもなく、なんとなく生じてしまうという事態が存在する。

たとえば、國分氏は「生まれる」とか「死ぬ」とか「座っている」とか「耐え忍ぶ」とか「心が動揺する」とか「気にかける」とかを挙げている。それらはいずれも、意志を超えて、「なんとなく」生じてしまうものだ。だって、「今から、死にますね」とか「じゃあ、生まれますね」とか、そんな言葉遣いは成立しない。それは能動でも受動でもない。

だから、國分氏は中動態について、次のように語っている。

中動態は主語がその座となるような過程を表しているのであって、主語はその過程の内部にある。それゆえに、動詞は主語に作用するのであるし、主語の利害関心が問題になるときにこの態が用いられるのである。（國分功一郎『中動態の世界』九二頁）

こういうことだ。能動態は自分の外側にあるものに作用を加える。「ソフトボールを投げる」といったら、僕の力はボールに加わる。僕が何かに働きかける。それが能動態だ。

だけど中動態では、作用は僕の内側で働く。「生まれる」と言ったら、作用の元も作用の対象も僕自身だ。内側で生じて、内側で作用する。それが中動態だ。

この章で「ケアする／される」という能動態／受動態で語ってきたことは、中動態で語られるべきだったのだ。

デイケアにケアが生じて、それがデイケアに作用する。

疲れているデイケアに笑いが生じる。それは完全な内輪ネタだから、外部に働きかけるのではなく、内側に働きかける。デイケアは笑う。ケアが生じる。

そうなのだ。重要なのは「内輪ネタ」なのだ。それはコミュニティの内部で生じて、コミュニティの内側で作用する。内輪ネタは中動態だ。良きコミュニティには内輪ネタが存在する。誰しもが人を笑わせることができて、誰しもが笑えて、そして外部にはまったく波及していかないのが内輪ネタだ。

メンバーとは内輪ネタが発生し、内輪ネタで笑ってしまう人のことなのだ。ユウジロウさんはたしかにメンバーだった。古株で、名物で、そして愛されたメンバーだった。そして、僕もスタッフであるけど、それ以前にメンバーだった。内輪ネタをいくつか持っていて、内輪ネタで笑ってしまうメンバーだった。

金曜日は笑う。内輪ネタで笑う。金曜日にケアが生じるために、金曜日そのものが笑う。そのためにユウジロウさんがニワトリ歩きで舞い踊る。

舞台裏の疲れた中年――帰り道のこと

そうしているうちに、金曜日は幕を閉じる。

帰りの時間になる。送迎バスで送られていく人もいれば、家族がお迎えにやってくる人もいる。メンバーさんはそれぞれの週末に向かっていく。ユウジロウさんは送迎バスに乗り込む。

「お世話に、なりませんでした！」デイケア室を出る前にお辞儀をする。そして手を振る。「みんな、バイバイ！」

最後にもう一度、僕らを笑わせる。


僕らスタッフも週末に向かう。

タカエス部長は今日もテンリューに向かう。自分がメンバーでいられるコミュニティに馳せ参じる。そこでタカエス部長はケアして、ケアされる。

僕とシンイチさんは今日は誘われなかったから、二人で歩いて帰る。近くのスーパーでオリオンビールの五〇〇ミリリットル缶を買う。この前はシンイチさんが奢ってくれたから、今日は僕がお金を出す。

「ごちそうさん」シンイチさんがプシュっとビールを開ける。「乾杯」

「お疲れっす」カチンと缶をぶつける。勤労の後のビールはうまい。

ビールを飲みながら、トンネルをくぐり、小禄の坂を下る。ゆっくり歩く。

「今週はデージ疲れたなぁ」シンイチさんがめずらしく弱音を吐く。

「めっちゃ運動しましたしね」今週もいっぱい運動した。全身筋肉痛だ。

「そうだな、疲れたさー」

僕らはしばらく無言で歩く。ビールを飲みながら歩く。夕日が柔らかく僕らを包み込む。ビールがオレンジ色に輝いているような気がする。ケアが生じている。だけど突然、シンイチさんが口を開く。

「なあ、トンちゃんよ。最近、午後になると、体がデージ重くなるさ」

「でもいつも、シンイチさんは午後になると走ってるじゃないですか？」

「なんかよ、体が重いから、走ってるわけさ」


あのシンイチさんが疲れている。

不意を突かれる。ムキムキ細マッチョで、イケメンで、優しくて、タフなシンイチさんの裏から、突如疲れて傷ついた中年が顔を覗かす。シンイチさんに何かが起きている。その事実がひどく不吉に感じられる。

夕焼けビールの気持ちいい世界から、急に現実に引き戻される。僕らを取り囲んでいる苦しい現実を突きつけられる。僕らはこのころ、本当に多くのものを失い続けていたからだ。


ダイさんがデイケアを去ってからしばらくのあいだに、多くの人がデイケアから去っていった。ダイさんによって保たれていた何かが失われると、デイケアを守る基本的な何かが掘り崩された。それが時間をかけて、少しずつ明らかになっていった。

まずオツボネ看護師のケイコ課長が辞めた。それはダイさんが辞めたことに負けず劣らず、衝撃的だった。ケイコさんは良くも悪くも女性スタッフたちの中心にいた人物だったからだ。そして、ケイコさんに続いて、昔からいた女性看護師たちが全員辞めた。

スタッフだけじゃない。メンバーさんのなかにも去っていく人がいた。きっとデイケアの何かが変わってしまったのだろう。もうデイケアにいられなくなった人たちがいた。

ヌシもそうだった。ヌシは少しずつデイケアから足が遠のいた。何かがあったというわけではなく、見えにくいところで少しずつ腐食していくように起きたことだった。そして、気づけば、転院していた。まるでタバコの煙が少しずつ薄くなっていくように、ヌシはほとんど誰にも気づかれないままに消えた。もう喫煙室にはヌシがいなかった。ぽっかり穴が空いたようで僕は寂しかった。

そんななか、シンイチさんは弱音を吐くことなく、たんたんと仕事を続けていた。ダイさんとケイコさんが抜けた穴を一人で埋めたのだ。シンイチさんはデイケアを立て直そうとしていた。そして、それは本当に自然な振る舞いだった。まるで昔からそういう仕事を全部やっていたかのように、シンイチさんは涼しげに仕事をこなしていた。すると、新しい日常が形づくられたように見えた。そのことに僕は支えられていた。大丈夫、シンイチさんは平気なのだから、きっと大丈夫。そう思って、毎日仕事をしていた。

だからこそ、胸が痛んだ。シンイチさんも疲れているのだ。シンイチさんだって、平気ではなかったのだ。

シンイチさんだけじゃない。タカエス部長だって、よく考えたらそうだ。気楽なそぶりで毎日楽しそうに仕事をしていたけど、あれだけテンリューに通いつめているのは、本当は疲れていたからなのではないか。

そして、僕も本当はそうなのだ。ここのところ、本当に疲れていた。運動のしすぎとか、投影労働のせいとか、それだけじゃなかった。僕らの心は何かに蝕まれていて、そして蝕まれていることを見て見ぬふりしていた。だから、僕にはただただ疲れの感覚だけが残されていた。

悪しきものが広がりはじめていた。押し止めることができない何かがあった。だけど、皆、それを見ないようにしていた。

だから、僕は話を変える。今はこのことを考えたくない。なにせ、金曜日の夕方なのだ。ビールを飲んで、嫌なことは忘れていたい。

「今日は、笑いましたね」ユウジロウさんの話をする。

シンイチさんはカラカラと笑う。「天才だったな、まだお腹痛いさ」

ケアが生じる。疲れた中年はイケメンに戻る。

「金曜日のユウジロウさんは最強だよなぁ、疲れてるんだはずよ」シンイチさんはうれしそうに言う。

「デイケア、おもしろいなぁ」僕は言う。本当にそう思った。

「そうよ、最高さ」

シンイチさんはビールをグビグビと飲み干す。僕のビールはまだ残っている。冬がすぐそこまでやってきていたから、ビールの缶が冷たい。そうやって、落ちていく夕焼けに向かって、僕らは歩く。

坂を下る。なんだかんだあっても、金曜日はちゃんと終わる。

「じゃあ、お疲れな。しっかり休めよ。また月曜日な」

シンイチさんは最後までケアしてくれる。

「お疲れさんでした。また来週」

シンイチさんと別れ、僕は家路を急ぐ。

日が暮れていく。僕らはそれぞれの週末をそれぞれのコミュニティで過ごす。そこでケアが生じる。

すると、またたく間に月曜日になる。

月曜日の報せ

多少疲れの取れた月曜の朝、出勤早々「ちょっと話がある」とタカエス部長につかまる。詰所に連れていかれる。いつも不真面目な部長がなぜかこの日は深刻な顔をしている。詰所のドアをしっかり閉めて、小さな声で話す。

「さっき、電話があってよ、ユウジロウさんさ、土曜日に亡くなったって」

ユウジロウさんは突然亡くなった。自死ではない。だけど、誰も予期していない突然死だった。

朝のミーティングで、タカエス部長がそのことをみんなに伝える。すぐに情緒不安定なジュンコさんは泣き出す。ヤスオさんはぽかんとしている。タマキさんは神妙に手を合わせる。いろいろな反応がある。だけどユウジロウさんが亡くなったことはきちんと皆に伝わる。

ミーティングの終わりに、僕らはユウジロウさんのことを思いながら黙禱する。流れている有線の音楽を切る。デイケアから音が消える。しばしのあいだ、目を瞑る。それぞれがユウジロウさんのことを思い出す。

デイケアから人が去っていくことは稀ではない。新規のメンバーさんが馴染めずに去っていくことはよくあるし、古株のメンバーさんだって小さなバランスが崩れるだけでデイケアに通えなくなり、入院したり、他の施設に移ったりする。スタッフだって、入れ替わる。

だから、スタッフもメンバーも、人がいなくなることには慣れている。人生の一時期、同じ船に乗り合わせている。そういう感覚で僕らはいる。

だから、誰かが去っていっても、「元気かねぇ」くらいの話はするけれども、比較的すぐに新しい日常に慣れる。去っていった人は、また違うコミュニティで、ケアしたりされたりしているはずなのだ。だから、僕らは僕らで、新しい日常を生きる。懸命に生きる。

だけど、メンバーさんが亡くなったときは別だ。それはデイケアを直撃する。ユウジロウさんのように馴染みで古株のメンバーさんが亡くなると、コミュニティは深い痛手を負う。そして、その衝撃が時間をかけて収まった後でも、僕らはいつまでもその人の話をしてしまう。

ふとした瞬間にユウジロウさんの話になるのだ。ナプキンを手に取ると「そういえばよ、ユウジロウさんが散らかしてたさ」と誰かが話し出す。ユウジロウさんのことが語られる。それをユウジロウさんのことを知らない新しいメンバーさんやスタッフがふしぎそうな顔で聞いている。

ふしぎなことだと思う。

去っていった人についてはほとんど話にならないのに、亡くなった人についてはさかんに物語られる。記憶がデイケアで生き続ける。

それはユウジロウさんがその後もメンバーのままだからだと思う。僕らのコミュニティの一部であり続けているからだと思う。デイケアを去り、他のコミュニティのメンバーになった人と違って、メンバーのまま亡くなったユウジロウさんは、その後もメンバーであり続ける。

僕らはユウジロウさんのことを思い出す。思い出し続ける。思い出されることの多くは、ユウジロウさんに笑わせてもらったときのことだ。それはきっと、ユウジロウさんにケアされたことを思い出すからだと思う。

さらに言わせてもらうならば、ユウジロウさんを思い出すことそのものによって、僕らはケアされ続ける。月から受け取り続ける。だって、一緒に過ごした記憶そのものに、得がたい懐かしさがあるからだ。

それだけではない。そうやってユウジロウさんのことを思い出すことによって、僕らは今もユウジロウさんをケアし続けている。思い出すとは「気にかける」ことであり、それは英語にするならば「care about」だからだ。そう、ケアアバウトユウジロウさんなのだ。

僕らはユウジロウさんを思い出し続ける。すると、ケアが生じ続ける。だから、今もこうやって、僕は彼のことを思い出して、書いている。

ユウジロウさんのニワトリ歩きの思い出話になると、僕らは思わず笑ってしまう。するると、思い出のなかのユウジロウさんが「ヒヒヒ」と笑う。

第 8 章

人と構造
二人の辞め方

最小限の最終回

それは、いつまでも終わらないように見える夏の、それでも終わりかけている夏の朝のことだった。沖縄にいると、毎年、このまま秋も冬も飲みこんで、永遠に夏が続くのではないかと思うのだけど、夏はやはり終わる。どこからか体温よりも少しだけ冷たい風が吹いてくると、その風が堅牢に見えた夏を切れ切れにしてしまう。夏はほどけるように終わっていく。それはまさに、そういう朝のミーティングのことだった。

「みなさーん、ラジオ体操やりますよー」

いつものようにタカエス部長が声をかけると、ヒガミサが有線のチャンネルを切り替える。ラジオ体操第一が流れはじめる。デイケアで働きはじめてから、一〇〇〇回近く繰り返してきたこの奇妙な体操を、今日も同じように繰り返す。僕は将来認知症になったとしても、この曲が流れたら、くねくねと体を動かしちゃうに違いない。

ラジオ体操が終わると、いつものようにメンバーさんが司会で一日の説明をする。午前の活動はストレッチ体操で、昼ごはんは部長の得意料理「ソーミンチャンプルー」。つまり、ソウメンの炒め物。そして午後は卓球。ありふれた一日だ。

説明を終えると、司会はタカエス部長にバトンタッチ。今後の予定や注意事項についてアナウンスがある。カラオケ大会が近いから各自歌う曲を決めておくことと、来週からは気温が下がるので、一枚羽織れるものを持ってくるように、と部長は伝える。するとすかさず、トモカさんがツッコミを入れる。

「タカエスさんも、帽子かぶってきたほうがいいんじゃない？」トモカさんは笑いをこらえきれない。

「頭が寒そうだよ、かわいそうさー」

みんなドカンと笑う。タカエス部長も笑いながら、頭部を確かめるように触る。「あれ？　ない？　どこに落としたんだ。みなさん、見つけたら、ちゃんと僕に返してください」

すると、トモカさんは床からちぢれた髪の毛を一本拾って、「はい、落とし物ですよ」と渡す。

「そうそう、あったあった。よかった。拾ってくれて、ありがとうよ」部長はその髪の毛を受け取り、自分のツルツルの頭部の上に置く。「アギジャビヨ！　これはおれのじゃないよ！」

そして、ペロッと舌を出す。「なんてことするんですか！　あなたは！」とおどける。


ミーティングでのお約束のギャグだ。季節は変わっていくみたいだけど、去年の同じ季節がやってくるだけだ。デイケアは変わらない。同じ内輪ネタが何度でも笑えるように、デイケアはぐるぐると同じところを回る。

連絡事項を伝え終わると、そのまま朝の活動になる。今日はストレッチ体操だ。だけど、タカエス部長がもう少し話をする。

「それとみなさん、今日は僕から報告があります」

いつものようにニコニコと笑いながら、軽い調子で話を続ける。

「今日で僕は退職します。今までありがとうございました。世話になったな」部長は頭を下げる。そして、また笑顔で言う。「ということで、ストレッチ、やろうか」

タカエス部長はいつものように朝の活動を進めようとする。それに乗って、ヤスオさんなんかはうっかりストレッチを始めようと立ち上がるが、さすがに多くのメンバーさんが驚きのあまり動けない。突然すぎて、どうしていいかわからないのだ。

そのなかで、トモカさんが声を上げる。「え？　タカエスさん、辞めちゃうの？　冗談でしょ？」

悲鳴に近い声色にデイケア室は緊迫する。部長も表情が曇り、そして引き締まる。

「冗談でこんなこと言わないよ」部長はしっかりとトモカさんのほうを見る。「本当さ。今日で、終わりだよ」

「突然そんなこと言われたら、びっくりするよ。もっと早く教えてよ」トモカさんは食い下がる。

「そうだよな。びっくりするよな。でもな、これがいちばんいいかなって思ったんだよ」

タカエス部長は多くを語らない。そして、トモカさんもそれ以上、何も言えない。

「じゃあ、やろうか」部長はそう言って、ストレッチ体操を始める。メンバーさんたちは、流れに飲まれて、バラバラと立ち上がる。そして、「イッチニサンシ」とくぐもった声を出し、手首を回す。アキレス腱を伸ばす。

「イッチニサンシ」

タカエス部長はデイケアを辞めることを、退職するその日まで、メンバーさんには伝えなかった。そして、その日の朝になってから退職することをサラリと伝えて、そのままその日をいつも通りに過ごした。

いつものように地元のスーパーに買い物に行き、いつものソーミンチャンプルーをつくる。昼休みになると、デイケア室でうたた寝をする。今までに何千回と繰り返されてきた一日を、同じように繰り返す。

いつもと変わらずに「いる」こと。そうすることで、タカエス部長はメンバーさんが別れを別れと感じないようにしようとした。最終回を最小限にして、別れの成分を極力消去しようとしたのだ。別れに弱いメンバーさんたちのために、部長はそうした。

だけど、最小限の最終回も別れには違いないから敏感にそれを感じ取ったメンバーさんが別れの挨拶にやってくる。トモカさんもその一人だった。昼休み、うたた寝するタカエス部長の肩をたたいて言う。

「タカエスさん、今までありがとね」

「アゲ！　びっくりした！」部長は跳ね起きる。そして、満面の笑顔で言う。「こちらこそありがとう。元気にやれよ」

「タカエスさん、これからどうするの？」トモカさんは尋ねる。「どこかでデイケアをやるんでしょ？　私もそっちに移ろうかなって考えてるんだけど」

「ワッターはもうオジイなんだよ、畑でもやるさー」少しおどける。「あんたもなんか始めて、かあちゃんを安心させてやってよ。まだ若いんだから」

「そうだね」トモカさんは言葉を飲み込む。寂しさを抑えて代わりに言う。「本当にありがとね、タカエスさん」

トモカさんは無理に笑う。

だけど、午後に異変が起こる。トモカさんは何度もトイレに行く。吐いてしまったと訴える。顔色が悪く、見るからにしんどそうだ。トモカさんは母親に電話をする。迎えに来てもらうように頼む。

結局、早退することになる。トモカさんはタカエス部長との別れを前にして、「いる」ができなくなる。

「タカエスさん、ごめんね。なんか体調悪くてさ。元気でね。またどこかで会おうね」

トモカさんは顔をしかめて、苦しそうに言う。

「おお、お大事にな」タカエス部長は応える。

トモカさんは去っていく。タカエス部長に去られる前に、自分が去っていく。僕らはその姿を見送る。

「ああ見えて、弱いんだよな」タカエス部長は母親に連れられて帰っていくトモカさんの背中を見送りながら、ぽつりと言った。「だから、おれたちはそこに合わせなきゃいけないさ」

精神看護の老翁は風のようにデイケアを去りぬ

タカエス部長は突然辞めることにした。

理由はいろいろあったのだけど、何か決定的なことがあったわけではない。いや、最後のダメ押しになった出来事はあったのだけど、以前にも同じようなことが何度かあったわけだから、決してその出来事がスペシャルに問題であったというわけじゃない。それは複合的で、総合的な問題だった。

僕らは本質的に変化を厭う生き物だから、嫌なことがあっても、つらいことがあっても、我慢しつづける。耐えがたきを耐え、忍びがたきを忍ぶ。そういうふうにできている。でも、そうやって過ごしているうちに、コップには一滴一滴水が静かに溜まっていく。そして、水がいっぱいになっても、表面張力が働くから、コップは容量以上の水を抱え続ける。

だけど、あるときに、最後の一滴がコップに落ちる。すると、水があふれる。こぼれ出す。そのとき、突然「もうこれ以上いられない」と気がつく。仕事を辞めるにせよ、学校をやめるにせよ、離婚するにせよ、人がどこかから去るときってそういうものだと思う。タカエス部長もまた、最後の一滴が落ちたとき、退職を決めた。

決断すると早かった。労働基準法に則って一か月後の日付をもって退職することにし、辞表を提出した。加えて、タカエス部長はたまっていた年休を消化することにしたから、実質辞めると決めてから二週間でデイケアを去ることになった。そして、自分がデイケアを去ることを、最後までメンバーさんには伝えなかった。


これまでも再三語ってきたように、デイケアには別れはつきものだ。メンバーさんのなかにはデイケアのことを「学校」と呼ぶ人がときどきいたけど、たしかに似たところがある。そこでは複数の人たちの日常があるから、出会いがあり、育まれる関係性がある。そして、当然別れもある。だけど、学校と違って、デイケアでの別れは見えにくいものになりがちだ。

学校では別れはセレモニー化される。転校する人がいればお別れ会があり、先生のための離任式があり、そして何より卒業式がある。そういう機会に、別れはきちんと可視化され、別れゆくことが味わわれる。そして、それが記憶に残り、心の糧になる。少なくとも、そういう別れのための装置が学校には備えつけられている。

だけど、デイケアでの別れはひっそりとなされがちだ。メンバーさんはある日突然デイケアにやってこなくなったり、少しずつデイケアに来る日が少なくなっていって、気づけば転院している。別れはしっかり味わわれず、見えないところで進行しやすい。あるいは就労することで卒業していく場合でも、いつでも戻ってこれるように送別会はしないし、メンバーさんも完全にデイケアをやめてしまうのではなく、ときどきデイケアに顔を出す。つながりは保存されるし、切断される場合にも極力マイルドな形をとり、ときには隠蔽される。

なぜか？　なぜデイケアでは別れは見えにくくされるのか？

別れがつらいからだ。

別れは寂しい。区切りがついて、ほっとすることもあるし、せいせいすることだってあるけれども、同時にやはり寂しい。お別れによって、当たり前のように続いてきたものが途切れる。失われる。大切にしていたものが奪われる。だから、別れはつらい。本当につらい。それゆえに、別れは人の心を激しく動揺させる。

なぜあれほどに、学校では別れがセレモニー化されるのか。それは激しい動揺を包み込むためだ。つまらなくて冗長に思える校長先生の話は儀式の一部なのだ。だからこそ動揺する心を包み込むことができる。

お葬式だってそうだ。「ギャーテーギャーテー」という意味のわからない呪文は、意味がわからないからこそ、心を守ることができる。お坊さんが心に響く名言しか喋らなかったら、こちらの頭がおかしくなってしまうに違いない。

だけど、そういうセレモニー化された別れでも、受け取るのがつらい人たちがいる。そういう脆弱性を抱えた人たちがいる。だから、デイケアでは別れは不可視化されがちだ。トモカさんがそうであったように、別れによって日常が大きく揺るがされてしまうからだ。

精神看護一筋四〇年のタカエス部長にはそのあたりのことがよくわかっていた。統合失調症者の心の脆弱さをよく知っていた。だから、退職することを当日まで一言も言わなかった。そして、別れを告げるやいなや、去った。姿を消した。

去っていく人が目の前にいることほどつらいことはない。あるいは自分を裏切った人が視界に入っていることほどつらいことはない。そこには愛情と憎しみの両方が存在してしまう。心理学ではそういう状態を「アンビバレンス」と言う。正反対の気持ちが目の前の人に向くことだ。とても大切な人が、去っていく。すると、感情は複雑になる。タカエス部長を愛しているけど、憎んでいる。憎んでいるけど、愛している。そこには葛藤が生じるし、心が引き裂かれる。それが心を動揺させて、日常を掘り崩してしまう。心に脆弱さを抱えているならばなおさらだ。

そういうとき、一見非情なようにも見えるけど、じつは距離が役に立つ。手も目も届かないところに離れることで、感情の生々しさから距離をとることができるからだ。

「現実」は基本的には心の栄養だ。現実から切り離されるときに、僕らの心は空転し、やせ衰えたり、肥大化したりしてしまう。だから、現実と触れ合っていることは、心の健康のためにはとても重要なものだ。だけど、現実にはときどき栄養がありすぎる。消化しきれず、お腹を壊してしまう。そういうとき、現実をちょっと遠ざけておくことは、助けになる。

そういうやり方を、カウンセリングの世界では、「蓋をする」方法と言ったりする。カウンセリングというと、心の蓋を開けて、中身をじっくり見つめる方法だと思われがちだけど、いつもいつもそうなわけではない。蓋を開けることで、難しいことが起きてしまうクライエントもいるから、そういうときには日常を守るために、意図的にそっと蓋を閉じる。「今は考えないようにしましょう」とか「それはちょっと置いておこう」とか伝えることがある。あるいは特定の話題をあえて取り上げないということをする。

「古事記」に出てくるイザナギ・イザナミ神話はまさに「蓋をする」物語だ。

火の神カグツチを出産することで、母神イザナミは陰部に重症の火傷を負って絶命する。父神イザナギはそんな彼女を追いかけて、黄泉の国へと下っていく。そう、イザナギは蓋を開けて、傷ついたイザナミに会いにいく。そして、一緒に元いた世界に戻ろうと説得する。イザナミは同意する。そのとき、イザナミは条件を出す。「帰るための準備をするから、こっちを見ないでおくれ」と。イザナミを愛するイザナギはもちろん約束する。

だけど、物語のなかで「見ないでおくれ」と言われたら、必ず見てしまう。チェーホフが、小説のなかで鉄砲が登場したら必ず一度は発砲されると書いていたけど、同じように「見るな」と言われたら見てしまう。そうじゃないと物語は前に進まない。精神分析家の北山修は、そうやって覗き見ることを禁じることを「見るなの禁止」と呼んでいる。その禁止は破られるためにある。

だから、イザナギは見てしまう。蓋を開けてしまう。すると、そこには腐乱した死体となった醜いイザナミがいた。

「吾にはじみせつ（私に恥をかかせたな）」

イザナミは傷ついて叫ぶ。恥ずかしい姿を見られたことに傷つき、裏切られたことに傷つく。だから、イザナミは激怒した。人が本当に怒るのは傷ついたときだ。そういうとき、人は何もかもを破壊せずにはいられない。大事な人を破壊し、そうすることで自分自身をも破壊する。

だから、イザナギは逃げる。すたこらさっさと逃げる。いや、そんなお気楽なものではない。命を懸けて逃走する。全身全霊で逃げる。この神話的逃走のことを「マジックフライト」と言ったりもする。とにかく、坂を駆け上り、黄泉の国から逃げる。そして、生者たちの世界まで逃げ切ったら、通路を大きな岩で塞ぐ。蓋をする。

すると、ようやくイザナギとイザナミは言葉を交わし合うことができる。距離がとれたことで、激情は生々しさを抑えられるからだ。本当のところ、イザナミは傷ついたままだったと思う。殺してやりたかったと思う。でも、あきらめることができる。もしかしたら、あとからあのとき殺さないでよかったと思ったかもしれない。

これは別れがいかに難しいかをめぐる物語だ。そして、蓋を開けることの難しさと、蓋をすることによる暫定的な解決の物語だ。

タカエス部長は蓋をした。イザナギのように逃走した。そして、そこには精神看護歴四〇年の知恵と技術があったから、イザナギよりもずっと巧妙に逃走した。別れを感じさせないように、別れを感じたときにはすでに遠くに離れていられるように、逃走した。まるで部長の頭部から別れを告げることもないまま去っていく頭髪のように。気づけばいなくなっていたあの愛おしい頭髪のように。精神看護の老翁は風のようにデイケアを去りぬ。

部長は最終回を最小限に抑えた。そうやって、最終回であることを薄め、できたら隠蔽してしまうことで、メンバーさんを傷つけないようにしたのだ。そして、また自分自身も傷つかないようにしたのだと思う。それはこの過酷な仕事を生き残ってきたベテランの知だった。僕らの仕事にはそういう側面がたしかにある。

とはいえ、たとえ、最小限に制御したとしても、別れ自体はそこに厳然と存在している。だって、タカエス部長はいなくなるのだ。その現実は変えようもない。多くのメンバーさんはタカエス部長の配慮に助けられて、それを見て見ぬふりすることができた。

だけど、トモカさんはやり過ごすことができなかった。それは彼女の心が閉ざされていなかったからだ、と思う。トモカさんは統合失調症と診断されていたけれど、他のメンバーさんに比べて、心の多くの領域が損傷されずに保全されていた。だから、トモカさんは最小限であっても別れに強く反応し、寂しくなった。生きている心は別れを感知して、痛みを感じる。当然、つらくなる。

別れは人の心を揺らす。一見安定しているように見える心も、別れによって乱されてしまう。実際、トモカさんが安定を取り戻して、ふたたびデイケアに通えるようになるのにはしばらく時間がかかった。別れのつらさは時間が癒すしかない。

二人の辞め方

タカエス部長が神話的逃走を図ったその夜、僕らはいつもの激安居酒屋ルパンで送別会を行った。

シンイチさんやヒガミサ、そしてデイケアに残った職員たちでタカエス部長を見送った。

タカエス部長は泡盛の名品「琉球王朝」の水割りを人差し指でグルグルとかき混ぜ、ツルピカのおでこに箸の袋を張り付けた。僕らはこの日もいつもと同じ内輪ネタに笑った。

だけど、やっぱり送別会は送別会だった。それはセレモニーなのだ。僕らは寂しかった。別れはつらかった。また会えるのはわかっていたけど、もしかしたらもう会えないかもしれなかった。何より、来週のデイケアに部長はいない。カラオケ大会で部長は歌わない。

お開きになったあと、僕と部長は、運転代行がやってくるのを駐車場で待っていた。夜の風が冷たかったので、部長の愛車フリードの中で待つ。芳香剤とアルコールとそしてタカエス部長の体臭が入り混じる。ぐでんぐでんになった部長が、どんよりとした目をしてつぶやく。

「トンちゃん、ごめんな」

「はい」

「これ以上はな、いられなかったなぁ」

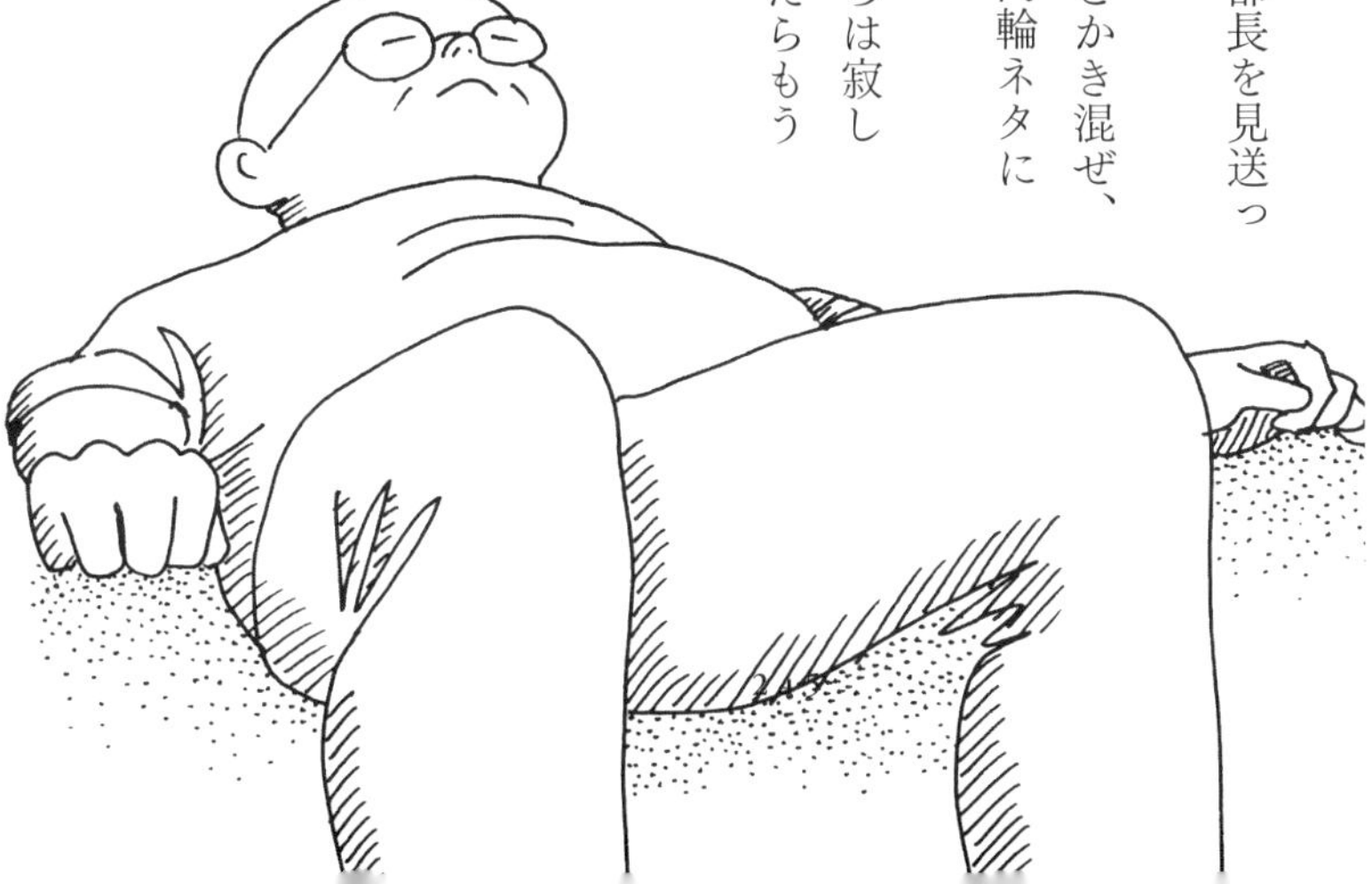

「わかってます」わかってはいるのだ。だから伝える。「お疲れ様でした。本当にお世話になりました」

残された僕らは寂しかった。だけど、そのときは、まだ別れのセレモニーをきちんとするくらいの力は僕らに残されていた。

デイケアは変わらない

さすがだった。本当に驚いた。部長の退職後、デイケアは何も変わらなかったからだ。同じラジオ体操をして、同じように食事をして、そしてバレーなり、ドライブなりのいつもの活動をする日々。何も変わらなかった。デイケアの大黒柱がいなくなっても、メンバーさんは変わらずに日々を過ごした。トモカさんもしばらくしたら戻ってきた。

タカエス部長は「仕事をしていないように見せかけて、じつは仕事をしているキャラ」と思っていたけど、本当にまったく仕事をしていなかったのではないか。エア大黒柱だったのではないか。いや、そもそも最初からタカエス部長なんて人はいなかったのではないか。そういう疑念があふれ返るくらい、タカエス部長が辞めた影響はなかった。見事な辞め方だった。

人は変わっても構造は変わらない。部長が運転していたワゴンを僕が運転して、部長がつくっていたソーミンチャンプルーを医療事務ガールズがつくった。そして、部長が担っていた「デイケアの重し」の役割はシンイチさんが担った。すると、デイケアはつつがなく、ふたたびぐるぐると回りはじめる。

二人の辞め方

デイケアって構造さえあればいいのではないかと思ってしまう。場所があって、誰でもいいから人がいて、ケアを提供してくれるなら、それでいい。誰かが果たしていた役割を他の人が果たす。そうすると、構造は維持される。

デイケアにおいて構造は根源的だ。週五日開いていたデイケアが週四日になればおそらく激変だし、朝の集合時間が二時間変更されたら、メンバーさんに与える影響は甚大だ（サマータイムとかしたら、おかしくなると思う）。構造がメンバーさんを支えている。

だから、スタッフが誰か辞めたら、その人が担っていた役割をそのまま引き継ぐことが大切だ。ダイさんの代わりにシンイチさんがノッカーを務めたように、構造を損なうことなく、代理の人がそこに当てこまれる必要がある。それがうまくいくと、デイケアは落ち着きを取り戻す。最初からタカエス部長なんて人はいなかったかのように、ごく自然な日常が戻ってくる。デイケアという構造は維持される。タカエス部長の「さよなら」を排した別れは、そうやってデイケアを守ったのだ。

僕らは日常に戻った。たしかにやることは増えていた。シンイチさんはありとあらゆる業務をやっていたし、医療事務ガールズは看護師がやっていた業務の一部を代わりにやっていたので、本当に忙しそうだった。僕もまた、デイケアにいる時間が増えた。

だけど、デイケアにはたぶん魔法がかかっているのだと思う。それが呪いなのか祝福なのかはわからないけれども、デイケアにいると、ありとあらゆることに慣れてしまう。どんなにいびつなことになっていても、違和感はすぐに消え失せ、それが日常のように感じられるのだ。だから、僕らはすぐに新しい状況に慣れた。新しい仕事に慣れ、本当はほころんでいたとしても、デイケアの時間がなん

とかかんとかぐるぐると回っていくことに慣れた。

するとこれがそのまま永遠に続いていくような気持ちになる。同じ毎日が続いていくからだ。そうしていると、あっという間に時間が過ぎ去っていく。月日は過ぎゆく。時間はぐるぐると回る。

朝のミーティングをして、午前にカウンセリングをして、昼休みは野球をして、火曜日と水曜日の午後はデイケアでスポーツをし、他の曜日はカウンセリングをする。空いた時間はデイケアで過ごす。もう一〇〇〇回聞いたヤスオさんの若いころの話を聴いて、一〇〇〇回目のツッコミを入れる。そして、夜はビールを飲みながらシンイチさんと帰る。眠ると朝が来て、ミーティングをして、カウンセリングをする。デイケアで一〇〇一回目のヤスオさんの若いころの話を聴いて、一〇〇一回目の笑いに興じる。昼休みに野球をして、そして午後一番のカウンセリングが終わったので、一〇〇二回目のヤスオさんの話を聞こうとしてデイケア室にいこうとすると、シンイチさんが詰所でノートパソコンをのぞき込んでいた。

「よお、トンちゃん、おれが今何してると思う?」シンイチさんが僕を呼び止める。

「わかんないっす。なんかおもしろいことありました?」

「見てごらん、ほら」

シンイチさんがパソコンの画面をこっちに向け、カラカラと笑う。

「転職活動さ」

僕は突然のことに言葉を失う。たしかにパソコンには「看護師募集、各種手当あり」と表示されている。

「マジ？」

「おう、マジよ」シンイチさんは悲しそうに言った。

マジに決まってる。わかってる。シンイチさんはよく冗談を言うけど、本当のことしか言わない。タフで辛抱強いから、もう完全に事実になったことしか言わない。愚痴をこぼしたりもしないし、適当なことも、うかつなことも言わない。シンイチさんが転職活動をしていると言ったなら、それはマジなのだ。

最後の一滴が落ちて、コップから水があふれたのだ。だから、いろいろな言葉を飲み込む。一人でデイケアを支えてくれたシンイチさんに負担をかけたくなかったから、浮かんでくる言葉を全部横に押しのける。そして言う。

「お疲れ様でした」

「ごめんな」

「ごめんじゃないです」

本当にそう思う。ごめんではない。それぞれがそれぞれ自分の人生を生きている。コップの水があふれたならば、もうそこには「いられない」。それはみんなおんなじだ。タイミングの問題でしかない。僕が先に辞める可能性もあったのだ。そして、何より、僕はずっとシンイチさんに支えられてきたのだから、まったくごめんではない。だからもう一度言う。
「お疲れ様でした、ありがとうございました」

敗北しつづける

タカエス部長が辞めたときにその年の夏が終わり、秋が始まったとするならば、その秋が終わろうとするときに、シンイチさんもデイケアを辞めることになった。

だけど、シンイチさんはタカエス部長とは違う辞め方をした。イザナギのように逃げ切るのではなく、現実から目をそらさないで踏みとどまろうとした。蓋をするのではなく、別れのつらさと正面から向き合おうとした。最大限の最終回をやろうとしたのだ。

シンイチさんは、退職を二か月後に設定し、自分が辞めることを早くからメンバーさんたちに伝えた。二か月。シンイチさんは別れの時間を生きることにした。

シンイチさんと僕は年も近かったし、家も近かったから、よく飲みに行って、よく話をした。特に、ハゲ、デブ、ガリ、チビが、ガリとチビだけになってしまってからは、本当によく飲んだ。たぶん、二人とも寂しかったのだと思う。激安居酒屋ルパンの屋外の席で、ひんやりした風を感じながら、「塩だれキュウリ」だけを頼んで、ビールの水割りみたいなビールを飲んだ。

シンイチさんはバイクいじり、僕はポストモダン哲学が趣味だったから、話題はおのずと精神医療の話になる（あと、甲子園沖縄代表の話）。僕らは同じ臨床を共有していたので、病気とか、健康とか、治療の話をすると盛り上がった。もちろん、そこには精神看護と臨床心理学という背景の違いがあって、いろいろな食い違いがあった。だけど、あまりにいっぱい話をしたから、その違いはだんだんとよくわからなくなって、最後には両方がゴチャゴチャに入り混じった言葉が生まれていた（多職種連携とかチーム医療って本当はそういうものではないか？）。

そうして出てくる結論はいつも同じだった。

「なんくるないさ、様子を見よう」

不安になりすぎずあわてずに、ふだんの関わりを続け、何が起こるかしっかり見てみよう。観察と検討を続けよう。だいたいそういうふうな話になった。心はとてもふしぎなものなのだから、何が起こるかわからない。それを引き受けるのが僕らの仕事だ、となったのだ。

だから、シンイチさんが自分の辞め方を決めたとき、僕にはその意図がよくわかった。僕らはタカエス部長よりも、治療に対して野心的だった。デイケアのぐるぐると回る円環的時間を保つだけではなく、そこに少しでも何かを付け加えたいと思っていた。

「辞めるまでによ、できることしたいさ」ビールを飲みながらシンイチさんは言った。「ずっとここにいるといい人もいるけどよ、やっぱりもっと力がある人もいるさ。そういう人とさ、おれが辞めた後どうするかについて、きちんと話をしたくてさ」

最終回があることは現実なのだから、現実から目を背けずに、そこで何が起きるか、じっくり見てみよう。それが僕らの臨床論だったのだ。

退職することを告げた日から、シンイチさんはそれまでに増して、忙しくなった。日々の業務があり、引継ぎがあり、そして一人ひとりのメンバーさんと話をするようになった。自分が辞めることを伝え、そしてそれぞれのメンバーさんとこれからについて話をした。最初デイケアにやってきたときはどうだったか、それから数年のあいだにどうなってきたか、今の生活はどうなのか、これからどうしていきたいか、そのためにどうするか。正面から話をした。

きちんと話ができるメンバーさんもいたし、そうじゃないメンバーさんもいた。後者のほうが多かった。別れという現実があまりに心を揺らしてしまうから、そっと目を閉じてしまうのだ。それはそうだ。この別れはシンイチさんとの別れだけを意味していたわけではなかった。それは、ダイさんから始まった「デイケアの終わりの始まり」の「終わりの終わり」だった。だって、デイケアの日常は、実際のところ三人の看護師によって成り立っていたのだから。

だから、シンイチさんが示した最大限の最終回に対して、メンバーさんたちは自分で自分の蓋をしようとした。そうやって、そのつらい現実をなんとかやり過ごそうとしたのだ。

それでもシンイチさんはめげなかった。時間はあった。そのために、二か月とったのだ。シンイチさんは何度も話をしていた。シンイチさんもそれが「終わりの終わり」であることを強く感じていたのだと思う。

その中心にいたのがトモカさんだった。そこには長い歴史がある。

二〇代で統合失調症を発症して、長く家にひきこもっていた彼女が、こうしてデイケアに通えるようになったのには、シンイチさんとの出会いがあった。三〇代の後半になって、初めてデイケアにやってきたトモカさんは、当初はデイケアの片隅にある和室の、そのまた片隅でタオルケットにくるまって眠っているだけで、ほかのメンバーさんとも、スタッフともまったく交流を持とうとしなかった。それどころか、人と一緒にいるのがつらくて、気づけばデイケアから脱走して、家に帰ってしまうということも繰り返された。

シンイチさんはそんなトモカさんを家まで迎えに行った。そして、一緒に散歩をした。人といることがつらくてたまらない彼女と、辛抱強く多くの時間を過ごしたのだ。そうするなかで、シンイチさんは彼女にバドミントンを教えることを始めた。ただ「いる」のがつらいときに、何か「する」ことがあるのは役に立つ。

毎日空いた時間に二人はバドミントンの練習をするようになった。すると、そこにほかの人たちも参加するようになり、トモカさんはバドミントンを通じて、他のメンバーさんやスタッフとも交流できるようになった。彼女が三か月に一度のバドミントン大会で活躍するようになったころには、トモカさんはデイケアに普通にいられるようになった。それが四年前だ。

だけど、シンイチさんはトモカさんがもう少し前に進めると

思っていた。居場所の次に進めると思っていた。「働く」ことも可能だと考えていた。ほかの統合失調症のメンバーさんが自分を閉ざすことで心を守っているのに比べて、彼女にはたしかに現実に触れながら生きている部分があったからだ。だけど、トモカさんは四年間動かなかった。デイケアで同じ日々を過ごし、四〇代の後半に差し掛かろうとしていた。そのあいだに父親は亡くなり、母も老いた。時間だけは容赦なく前に進んでいた。そして、シンイチさんもトモカさんを置いて、前に進もうとしていた。

だから、辞めるまでの二か月で、シンイチさんとトモカさんは何度も話し合いを重ねた。シンイチさんがいなくなった後、どうしていくのか。もう一歩前に進めるのではないか。そのためにはどうしたらいいのか。そして、そもそものことについてトモカさんはどう思うのか。そういうことを二人は話していた。

だけど、結局、シンイチさんは敗北しつづけた。

話し合いを重ねていたメンバーさんには調子を崩す人が少なくなかった。最大限の最終回とは、「これまで通り」を崩すことであり、そうやって止まった時間を動かそうとする試みだったから、当然メンバーさんは動揺する。体調を崩したり、生活リズムが崩れたり、さまざまなことが起こった。

「ああ見えて、みんな弱いから」

タカエス部長はそう言っていた。

最終回は、その弱さを揺さぶる。

そして、トモカさんもふたたび揺さぶられた。トモカさんは不穏になった。落ち着かず、表情も硬かった。そして、過活動気味になった。いろいろな考えが浮かび、そしてそれが彼女を興奮させているようだった。この時期、僕は彼女から何度か相談を受けた。

「ねえ、先生」トモカさんは真剣な表情で僕に言う。「私、薬剤師になれないかなって最近思ってるんだけど、どうやったらなれるかな？」

僕はスマホで薬剤師のなり方を調べる。大学に六年間通い、そしてそれから国家試験を受けないといけないことが書かれている。それをそのまま伝える。

「資格を取るのには、大学にいく必要がありますね。しかも、六年通わないといけない」

「え？　大変なんだね」現実の壁が目の前に立ちふさがる。冷や水をかけられたトモカさんは一瞬、胸を痛めたような表情をする。だけど、すぐに立ち直る。「でも、なれるよね？　夢は叶うって言うもんね」

トモカさんの気持ちはよくわかった。彼女は不安だったのだ。シンイチさんとの別れに直面して、トモカさんの心は深く傷ついていた。だから、彼女は非現実的な考えに心を奪われた。薬剤師になれば、シンイチさんと同じ職場で仕事ができるかもしれない。そういうファンタジーで、自分の心を守ろうとしたのだと思う。

だけど、空想が心を守る力は存外脆い。それは一瞬心を楽にしてくれるのだけど、現実はすぐにそういうファンタジーを掘り崩してしまう。僕が何も言わなくても、現実自体が少しずつ心の中に染み込んでくる。薬剤師になるのがとてつもなくハードルが高い現実も、シンイチさんが去っていく現実も、空想によって完全に遮断することはできない。それはするするとどこかから忍び込んでくる。だから、トモカさんは体調を崩しがちになった。そして、デイケアを休むようになった。

「なんか最近、体調が悪くてね。足が痛くなったり、お腹が痛くなったりするさー。ちゃんと、デイケアにも行きたいんだけど」

そう言うときの、トモカさんはとても弱々しかった。


もう一度言おう。シンイチさんは敗北した。最大限の最終回を行い、別れを生きようと決めたシンイチさんは敗北した。

メンバーさんは別れに耐えられなかった。戸惑い、動揺し、そして最後は否認した。彼らは終わりの時間を、いつもの毎日として粛々と生きた。いや、懸命に生きたのだと思う。別れのもたらす動揺を抑えようとして、デイケアのぐるぐると回る日常にしがみついたのだと思う。体調を崩したり、デイケアに来なくなった人も多かった。

だから、シンイチさんが退職する日は寂しかった。

「最後は絶対お見送りに行くからよ」と言っていたトモカさんも、その日は休んだ。

シンイチさんは誰よりも慕われたスタッフだったけど、いやだったからこそ、最後はとても寂しかった。彼を慕っていた人ほど、その日にデイケアに来れなかった。トモカさんに至っては、最後の二週間はデイケアに姿を見せなかった。


じつはそれは僕も同じだった。僕もその日、デイケアにいなかった。

シンイチさんの退職日、僕は東京にいた。ある財団に応募していた研究プログラムが採択され、新

宿の高級ホテルで行われた授賞式に参加していたのだ。

それはもちろん、偶然に日が重なってしまったということだったのだけど、本当は行かなくても研究費自体はもらえることになっていたから、やっぱり僕もシンイチさんの最終回に耐えられなかったのだと思う。シンイチさんがデイケアからいなくなるという事実に直面するのがつらかったのだ。沖縄の小さくて寂しいデイケアで別れに直面するのではなく、都心の大きくてきらびやかなホテルで、夢を見ていたかったのだと思う。トモカさんの気持ちがよくわかる。

最終回のその日、シンイチさんはいつものように勤務を終えて、冷たい雨が降るなか、いつものように歩いて家に帰った。あとから、そう聞いた。僕が送別会を開くべきだったのだけど、僕は東京にいた。ヒガミサたち医療事務ガールズにもその余力がなかった。僕らはこの一年、送別会ばかりをしていたから本当に疲れ果てていたのだ。僕らは別れのセレモニーをすることができなくなっていた。

シンイチさんは敗北した。それはとても寂しい最終回だった。メンバーさんも、残されたスタッフも寂しかったし、何よりシンイチさんもみじめな思いだったと思う。最大限の最終回は傷つきをもたらした。残された人だけではなく、去る人にも傷つきをもたらした。でも、別れとはそういうものなのだと思う。

代わりに笛を吹く

人は代わっても、構造は変わらない。シンイチさんがいなくなっても、もちろんデイケアは続く。誰かがいなくなれば、その変わりを残された誰かが務める。デイケアという構造は、変わらずにメンバーさんを抱え続ける。ぐるぐると日常を回し続ける。

最終回の動揺は、少しずつ収まっていく。時間が経つと、いろいろなことが過去になって、デイケアは元に戻りはじめる。魔法が効きはじめる。調子を崩していたメンバーさんたちも、気がつけば復帰して、日常が戻ってくる。僕も新しい役割に慣れはじめる。その冬、気づくと僕は笛を吹くようになっていた。

バレーボールの笛だ。体育館で試合をするためには審判が必要で、審判は笛を吹かないといけない。その笛を吹くのは、シンイチさんの役割だった。だけど、いない人が笛を吹くわけにはいかないから、代わりの誰かが必要だった。

笛を吹けばゲームが始まる。以前と違って、名手のタカエス部長もいないし、以前は主力だった何人かのメンバーさんも転院していなくなっていたけど、それでもゲームは始まる。サーブを打つ前に笛を吹く、点数が入るたびに、笛が響く。そして、一五点入れば「ピーーピッ！」っと長めに笛が吹かれて、ゲームは終わる。どちらかが勝って、どちらかが負ける。プレイヤーは変わっても、ゲームは進む。そのために、僕が笛を吹く。

ふしぎなことなのだけど、笛を吹きながら、自分がどこかでシンイチさんの真似をしていることに気がついた。シンイチさんのように鋭く音を鳴らし、クールに勝敗を告げる。それだけじゃない。日々のデイケアのなかで、僕はタカエス部長的になっている。バスを運転し、サービスエリアで「ちゃんとトイレに行ってくださいね」と伝える。あるいはずっと前に辞めてしまったダイさん的になっている。昼休みの練習、僕はダイさんのようにノックを放ち、ダイさんならかけたであろう言葉をエラーしたメンバーさんにかける。「もういっちょ！」

辞めた人は跡形もなく消えてしまうわけではない。彼らの痕跡は見えにくいところに残る。最終回は奪うだけではないのだ。

「喪《も》の作業」という考え方がある。大切な人やものを失ってしまったときに、僕らの心で作動するメカニズムのことだ。

僕らの人生は失うことの連続だ。今だってそうだ。時間は失われ、未来が失われていく。僕らは失い続けながら、生きている。そしてときどき、僕らは手ひどく失ってしまう。たとえば、大切な人を亡くす。恋人に裏切られる。夢が破れる。信頼していた同僚が退職する。

そういうときに、僕らの心は痛手を受ける。そして、その痛みから自分を守るために、無感覚になったり、喪失そのものを否認したりする。多くのメンバーさんがシンイチさんとの別れをなかったことにしようとしたのは、まさにそれだ。あるいは、その痛みが激しすぎるときには、僕らは逆にものすごくテンションを上げてみたりもする。トモカさんが薬剤師になろうとしたり、僕が授賞パーティに行ったりしたのは、そういう心の防御システムのなせる業《わざ》だ。こういうやり方を、「躁的防衛」と呼ぶ。躁状態になることで、喪失の痛みを吹っ飛ばすという方法だ。心はいろいろなやり方で、自分を守る。本当に精巧にできているのだ。

だけど、それでも、喪失の痛みは徐々に僕らに忍び寄ってくる。防御システムはいつまでも続かなくて、いずれ喪失を認めなくてはいけなくなる。そのとき、僕らの心は苦しくなる。失ってしまったものをもう一度手に入れたいと願い、そしてそれが叶わないことに絶望する。抑うつ的になる。喪失を認めることで、僕らは落ち込んでしまう。それは暗くて、つらくて、孤独な時間だ。みじめな気持ちでいっぱいになる時間だ。

こういったことが心の中で繰り返されるなかで、心に徐々に変化が起きてくる。そのプロセスを精神分析家の松木邦裕は美しく描いている。

こうして失った対象を思い起こしては恋い焦がれ、その上で、もう一度つながりを作ることはないし、できないという断念の深い悲しみと無力感を味わうことを繰り返します。この深く切ない過程において、私たちはその対象を失ったことを認めるのですが、それと同時に喪失した対象のよい何か──たとえばよい思い出となる言葉や親しいふれあい──が私たちのこころにはっきりと刻まれており、それが私たちと内なるつながりを持って確実に存在していることを感じます。このことは、どんどん深く沈んでいく気持ちが底をついたような感覚をともなって体験されます。それは取りも直さず、その対象がみずからのこころに確かなある位置を占めたよい存在として引き続き居てくれるとの感覚でもあります。そして、こころの中で語りかけ語りかけられるという暖かな交流ができるのです。（松木邦裕『抑うつの精神分析的アプローチ』一九頁）

喪失はつらく、苦しい。大切なものが奪われ、二度と帰ってはこない。その事実に打ちのめされる。だけど、そういう悲しみや痛みをしっかりと心に置いておくと、失った当のものが心の中で再生していく。混乱した気持ちの果てで、喪失したその人が心の中でしかと存在していることを感じる。良き記憶が生き残る。感謝の念が生まれる。

たしかに、最終回に僕らは奪われる。今まで当たり前にいた人が、いなくなる。現実が「不在」を突きつける。だから、最終回は寂しくて、つらい。

だけど、最終回は同時に与えもする。失われたものをしっかりと悲しみ、つらい思いをかみしめたその果てに、不在となったその人が心の中に再建される。そして、その人がいない現実での新しい自分が再建される。きちんと取り組まれた最終回が、僕らの心に新しい何かをもたらす。それが僕に笛を吹かせる。

同じことがトモカさんの心にも起きていた。彼女はしばらくデイケアを休み、何事もなかったかのように復帰したのだけど、そのときには以前の彼女ではなかった。外からは見えにくかったのだけど、彼女はつらい最終回を経て少し変わったようだった。

仕事を始めることにしたのだ。しかも、それは薬剤師ではなく、小さな作業所でサータアンダギーを土産物用袋に詰める仕事だった。四年間踏み出せなかった一歩だった。

シンイチさんがいなくなってからしばらくして、彼女は作業所に行きはじめた。それは静かな動きだった。おおっぴらに宣言するわけでもなく、気負うわけでもなく、彼女は働きはじめた。もちろん大変だったと思う。不安だったと思う。だけど、トモカさんはそれをやった。現実を生きようとした。そして、それを成し遂げた。仕事を続けることができた。

トモカさんは、ときどきデイケアに立ち寄った。作業所からの帰り道、あるいは作業所が休みの日に、デイケアにやってきて、いつものマグカップでお茶を飲んだ。そして、昔なじみのメンバーさんと近況報告をした。

そういうときに、彼女は僕にこっそりと打ち明けた。

「ねえ、先生、じつはね」彼女は少し照れていた。「私、シンイチさんのこと、好きだったんだよ」

「え！　そうだったんですか？」僕は驚く。いや、がんばって驚いたふりをする。もちろん、知っていた。トモカさんが数えきれないくらいシンイチさんに告白していたことはデイケアの誰もが知っていた。自分を変えてくれた恩人なのだ。当然、そういう気持ちになる。そしてシンイチさんは、毎回紳士的なイケメンスマイルでお礼を言っていた。「ありがとうございます、トモカさん」と。

「そうなの。だから、シンイチさんが辞めたとき、私寂しかったよ。でも、もういないもんね。だから、何か新しいことをしてみようと思ったの。看護師になりたいなと思ったけど、まずはやれることをやらないとね」

彼女ははにかみながら、そう言った。

僕はとてもうれしかった。シンイチさんは敗北したわけではなかったからだ。最大限の最終回は、トモカさんに「シンイチさんがいない」という現実を贈った。それは動揺と痛みをもたらしたのだけど、トモカさんはそれをしっかり受け取った。喪失を否認するでもなく、躁的に防衛するのでもなく、喪失を悲しみ、そして苦しんだ。そうすることで、彼女は現実にしかと触れた。そして、シンイチさんから受け取ったものを、心の中に保全した。だから、薬剤師でもなく、(シンイチさんと同じ) 看護師でもなく、作業所という現実を見据えることができた。それがトモカさんの人生に新しいものを付け加えた。

繰り返す。シンイチさんは敗北したわけではなかったのだ。シンイチさんが存在したこと、シンイチさんが渡したもの、そしてシンイチさんとの別れは消去されたわけではなかった。それは残された人たちの心にたしかに残った。

最終回は寂しくてつらい。でも、最終回の後にも人生は続く。そこでゆっくりとシンイチさんの存在が、いや「不在」がトモカさんの心に働きかける。「いない」ことが、栄養になる。何かをもたらす。最大限の最終回とは、そういうものなのだ。

だから、デイケアは構造だけではない。そこにはたしかに人がいて、人と人との関係がある。構造は人によって生きたものとなる。デイケアでは、たしかに人が生きている。

こうして、最大限の最終回はフィナーレを迎えた。ハゲ、デブ、ガリが支えていたデイケアは「終わりの終わり」にまでたどり着いた。

ハエバルくんがいたころにはあったコミュニティは、一年ちょっとであっという間に切れ切れになってしまった。僕にはもう誰一人として先輩がいなかった。僕は四年目にして、最も長く在籍している職員になっていたのだ。

だけど、この物語はまだ終わらない。

終わりの終わりを迎えてもなお、日常は続く。日常は恐ろしいほどに、しぶとい。

それでも、日常は続くのだ。円はぐるぐると回り続けることを、やめない。

だから、僕は自分であと始末をつけないといけない。

そして、そのために、何が起きたのか、そしてなぜこのようなことが起きたのかを解き明かさないといけない。

「もののけ姫」の主人公アシタカも言っていたではないか。

「わたしは自分でここへ来た。自分の足でここを出ていく」

幕間口上、ふたたび　ケアとセラピーについての覚書

ハングリーチキンが伏線をついばむ

ちょいと失礼いたします。お邪魔させていただきますよ。

読者諸賢の左手様におかれましては、きっと残りのページがあと少しであることにお気づきであるかと存じますが（もうだいぶ薄いですよね）、ここで幕間口上のお時間でございます。

いやあ、すいません。物語も佳境なのにね、水を差すようですいません。僕だってね、このまま怒濤の如く、クライマックスに雪崩れこんでいきたいんですよ。辻村深月氏の小説みたく、次から次へと伏線を回収して、謎解きに興じたいところなんです。

だけどね、悲しいかな、というかお恥ずかしいことなんですけど、自分で張っておきながら、何が伏線で、何が伏線じゃないのか、いまいちわからなくなってしまったんです。情けない限りです。

『ヘンゼルとグレーテル』で、道がわかるようにパンくずを落としながら森を歩く場面がありますけど、その後ろから「コケケケケ！」と餓死寸前のニワトリが追いかけてくるようなものです。そいつが片っ端からパンくずをついばんじゃうせいで、物語の出口に向かうための印のはずの伏線が見失われたんです。

ほら、この本的には、僕はもう絶体絶命じゃないですか？　先輩たちはみんな辞めちゃって、一人取り残されちゃって。デイケアは「終わりの終

わり」のその後の世界に突入しているんです。最悪なんですよ。マジで。

これが『ふしぎの国のアリス』だったら、そろそろ目を覚ますところなんですよ。トランプの女王様に首をはねられる直前でね、ぱっと目を覚まして、あぁ、夢でよかったわぁ、みたいにね。超都合いいですよね、アリスって。ああいうやり方でね、人生の苦境を回避してるようじゃロクな大人にならないです、アリスは。断言できます。

僕だって、シンイチさんが辞めたあたりで、目を覚まして終わりにしちゃいたかったですよ。はっと目が覚めたら、ハカセ号もらってるくらいのところにまで巻き戻ってね、全部夢だったのね、よかったぁ、みたいにね、なったらいいけど、でも、そうもいかないわけじゃないですか。これはまぎれもなくリアルな世界での出来事だったんで、なんとか自分の人生の後始末をつけなきゃいけないわけですよ。自分で望んで沖縄まで行ったわけですから。家族まで巻き込んじゃって。

だからね、そういったもろもろの厄介ごとを収束に向かわせないといけないんです。「夢でした！　フヒー！」っていうやり方じゃなくてね。謎を解き、事態を見通して、生き延びて、そしてそこから出ていかないといけない。

なのに、そのための伏線を餓死寸前のニワトリ（ハングリーチキンです）に食べられてしまったんで、自分でもどうしていいかわからなくなっちゃって、本っ当に困っていたんですよ。ここまで快調にこの本を書いてきたのにね、この二週間くらいはすっかり停滞しちゃってました。もうすっかり嫌になっちゃってた。いっそのこと、途中でやめちゃって、シュールな終わり方にしちゃえばいいんじゃないかなとかって思ってたんですけど、それじゃあ小娘アリスと一緒じゃんって思い直して、三日くらいうんうん呻きながらいろいろと本気出して考えたら、思い出しました。

そうなんですよ。最終章に至ってね、きちんと謎解きが成立するためには、それまでに「ケアとセラピー」についてまとめておかなきゃいけなかったんですよ。そのために、最初のほうは伏線を張ってたんです。

というのもね、この本はね、タカエス部長とかシンイチさんとかみたいにいろいろな登場人物が出てくるわけですけど、本当の主役はね、ケアとセラピーなんですよ。もしかしたら、みなさま方からするとね、この本の体裁は物語とかエッセイに見えるかもしれないけど、僕はね、これをガクジュツ書のつもりで書いてます。問いを立てて、それを解き明かしてるんですよ。僕にとっては、これはあくまで「臨床心理学」っていうガクモンなんですよ。

だから、主役はケアとセラピーという二つの概念です。ケアとは何か、セラピーとは何か。この二つはどういう関係にあるのか。白い巨塔の財前五郎と里見脩二みたいなもんです。清少納言と紫式部とか、悟空とベジータでもいいし、タッキー&翼だってそうかもしれない。とにかくこの本では、ケアとセラピーというライバル関係にある二人が、喧嘩したり、手を結んだり、勝ったり負けたりを繰り広げていたわけです。そして、そのダブル主演の向こう側に真犯人が潜んでいる。

僕はね、セラピーの専門家になりたくて、人生をかけて沖縄まで行ったのに、結局ひどい目にあったわけです。五〜六年は現場で修練を積んで、一人前の心理療法家になろうと思ってたのに、わずか四年で、もうこれ以上「いられない」状態になっちゃったわけです。だって、デイケアには先輩が誰もいなくなって、僕がいちばん古株のスタッフになっちゃったんですから。明らかにロクでもないことが起きてるんです。おかしいでしょ？　普通そんなに人は辞めないですよ。この物語の裏側では一貫して悪しき力が働いていたんです。そして、その元凶というか正体というか真犯人を明らかにするために、ケアとセラピーという二人の主人公の力を借りなければいけないんです。そう、ケアとセラピーというレンズを通すと、真犯人が見えてくる。

だから、最終章でカタルシスあふれる鮮やかな謎解きをするためには、ケアとセラピーがどんなやつらだったかを書いとかないといけない。ほら、推理小説で、ルビーを盗んだのは誰なのか、ってハラハラドキドキして読んでいって、最後になって「え？ こんなやついたっけ？」っていうキャラが犯人だったら、「なんじゃそりゃ」ってガッカリするじゃないですか。ふざけんな、金返せよ！って思うじゃないですか。それと同じですよ。「まさかこいつじゃないだろ、でもけっこう怪しいしなぁ、とはいえアリバイあるもんなぁ」ってやつが何人かいて、彼らには隠れたドラマがあって、そして思わぬ人物が犯人じゃないとミステリーっておもしろくないんですよ。だから、最重要関係者のケアとセラピーの素性とか事情をそこ明らかにしておかなきゃいけない。

最初はそうするつもりだったんですよ。この本を書きはじめたときはね、いちおうそういうことも考えてたの。それでこの本の各章のタイトルは「素人と専門家」とか「円と線」とか、そういう二つのものの対置にしてきたんですよ。「ケアとセラピー」という対比を繰り返し繰り返し語っていって、「あぁ、ケアとセラピーってそんなやつなのね」って思わせといて、それでなんかケアっていいやつじゃんって読者の皆さんが感じはじめたくらいのときに、最後にどんでん返しでこいつらの裏側に真の黒幕がいるんだぜ！ って言ってやろうと思ってたのに、ハングリーチキンのせいですっかり忘れちゃったんですよ。怖いですよ、本って書いてるうちに、なんかテンション変わってきちゃって、何書こうとしてたか忘れちゃうんだもん。

じゃあ、今から前に戻って書き直せばいいでしょ、って言われちゃうかもしれないけど、今さらそれもしんどいですよ。勘弁してつかぁさい。前の章に戻って、伏線を張り直すって、超面倒くさいんです。でも、かといって、このまま最終章に行けないし、どうしようってね、ここのところ悩んでたんだけど、いい手を思いついたんですよ。そう、幕間口上です。前にも一回使ったけど、こいつを使って、シャラっと「ケアとセラピー」について書いておけば、今からでも謎解きに間に合うんじゃないかと思ったわけです。いいじゃん、それ！　最高じゃんってね。

「コケケケケ！」

あ、ヤバい！　あいつが追ってきてる。大変。また伏線食われちゃったら、もう取り返しがつかないから、急ぎ足でケアとセラピーについて説明しちゃいますね。そして、その勢いで、最終章に突入しようじゃありませんか。

ケアとセラピーの白い巨塔

ケアは浪速大学第一内科の助教授で患者思いで、かつ誠実な研究者でもある。セラピーは同じく浪速大学第一外科の助教授で野心家だが、凄腕の外科医。二人は学内政治に翻弄されながら、自分の理想を貫こうとする、ということでは全然ない。「ケアとセラピー」は教授選挙とか全然関係なくて、人が他者と関わるときの二つのあり方のことです。

しつこいようだけど、復習しておくとですね、僕は大学院でセラピーの訓練を受けて、その専門家になろうとしていたわけです。密室に二人きりで、ほかでは言えない話をして、心の深い部分に触れていく。そうやって自分について考えていくことを助けるのが「セラピー」。

だけど、なぜか僕は沖縄でデイケアに出会いました。それは広い部屋でみんなと一緒に日々を過ごすものです。深い話をするというよりも、一緒に料理をつくり、野球をする。そうすることで日常を可能にしていく。それはセラピーとはだいぶ違うものだったから、僕はふしぎの国に迷い込んだと思ったわけです。このような人との関わり方を、この本では「ケア」と呼んでいます。

だから、「ケアとセラピー」とは、白い巨塔を舞台にした二人の医師のことではなく、この二つの人との関わり方のことです。僕はデイケアで働き、そして外来でカウンセリングをやりながら、その両者を行き来しました。そして、この二つの違いについて、ずっと考えてきたわけです。そして気づけば、デイケアのなかにもケアとセラピーの両方があるし、カウンセリングのなかにもケアとセラピーの両方があることがわかってきました。

　だってほら、前章で書いた、タカエス部長の辞め方とシンイチさんの辞め方って、同じデイケアでの出来事なのだけど、二つの違った原理に突き動かされているものだったでしょ？　それをね、ここでまとめておきたいんですよ。

ケアとは何か

　タカエス部長の辞め方はケア的です。いや、なにもね、「ケアっていうのは別れをきちんと告げずに立ち去ることなんだぜ」って言いたいわけじゃないです。そんなわけない。別れをきちんと告げることがケアになる場合だってもちろんあります。それはケースバイケースです（これが臨床の極意ですね、ケースバイケース）。

　そういう具体的な行動の話じゃなくって、ここでのポイントはタカエス部長が「傷つけない」を重視していたことにあります。部長が最小限の最終回を行ったのは、統合失調症のメンバーさんたちが別れに弱いことに配慮して、彼らを傷つけないためでした。

> ケアとは傷つけないことである。

　こう言うとね、自分でも「なんだか消極的な定義だよなぁ」と思っちゃって、弱気になっちゃうんだけど、精神科医の加藤寛氏が最相葉月氏と対談した『心のケア』っていう本でもそう書いてるし、やっぱりそうだと思うんですよ。だってね、傷つけないって大変なんですよ。人ってものすごく傷つきやすいんだから。

　雪だるまを思い浮かべてみてください。雪だるまってね、放っておくとどんどん溶けていって、崩壊してしまいますよね？　柔らかい日差しが当たれば鼻がもげるし、雨が降れば形が崩れます。簡単に壊れていってしまうわけです。だから、雪だるまを傷つけないためには、冷気を送り続けてあげないといけないし、雨除けをつくってあげないといけない。雪だるまをケアするってそういうことです。

人間も同じですよ。僕らも放っておかれると、傷つきます。職場で言葉をかけてもらえないと「みんな、おれのこと嫌いなんだろうか」と疑心暗鬼になるし、お腹が空いたときに食事が出てこないとつらくなります。赤ちゃんだったら、放置されたら、本当に死んじゃいます。

そう、僕らはさまざまなニーズを抱えていて、それが満たされないと傷ついてしまうんです。だから、「傷つけない」というのは「ニーズを満たす」ということを意味しています。上野千鶴子氏はデイリーによる次のようなケアの定義を紹介しています。

依存的な存在である成人または子どもの身体的かつ情緒的な要求を、それが担われ、遂行される規範的・経済的・社会的枠組のもとにおいて、満たすことに関わる行為と関係。（上野千鶴子『ケアの社会学』四二頁）

この文章はなかなか優れた定義です。ケアというものが「ニーズを満たす」ものであること、そしてそれは別の言葉を使えば「依存を引き受ける」ことであることが、示されていますから。ほら、僕らは人に頼ったり、迷惑をかけたりしながら、生きているじゃないですか？　僕らはさまざまなニーズを抱えていて、さまざまな依存をしなくてはいけない存在で、それがうまくいかないと傷ついてしまう。

そして、傷つけないって、本当に難しいんです。だって、ニーズって多種多様ですから。雪だるまだってね、溶けていくのを防いでほしいっていうニーズがあればね、冷気を当ててあげるのがケアになるけど、仮にこいつが生意気なことに「もう少し溶けてスリムにならないとつらい」と思ってたら、ドライヤーを当ててあげないといけないわけですよ。

同じようにね、泣いている人がいたとして、声をかけてあげるのがケアになる場合もあるし、そっとしておいてあげるのがケアになる場合もある。「話しかけないで一緒にいて！」というニーズがあるのに、「君は悪くない！」と何度も伝えたら、傷ついてしまうだろうし、「私は悪くないの！　そう言って！」というニーズがあるのに、何も言わずに黙っていたら「バカにしてるんでしょ？」って思われて傷つけてしまう。

だから、ケアとはそのときどきのニーズに応えることで、相手を傷つけないことです。そうやって、彼らの依存を引き受けることがケアです。ですから、ケアとは基本的に個体が変わるのではなく、環境が変わることです。雪だるまくん、君はそのままでいい。僕が君のために氷を探してくるよ。

デイケアで生じていたのは、そういうことです。そこには傷つきやすい人たちがたくさんいて、彼らは多くのニーズを抱えていました。だから、それらを一つずつ満たす必要がありました。そうじゃないとメンバーさんは傷ついてしまって、そしてデイケアにいられなくなってしまうからです。そう、「いる」とは十分にケアされていることによって初めて成立するものなのです。ケアは安全とか、生存とか、生活を根底で支えるものなのです。

ケアとは傷つけないことである。

いいですかね。さあ、伏線を食べられないように、前に進みましょう。

セラピーとは何か

お次はセラピーです。

これを理解するのには、シンイチさんの辞め方を思い出してみるのが有益です。

シンイチさんの辞め方は、部長とは全然違いました。タカエス部長が傷つけないことを目指したとすると、シンイチさんは別れによって生じる傷つきと向き合うことを試みました。二か月という長い時間を取って、別れゆく人とのあいだにあるゴチャゴチャした気持ちに取り組もうとしたわけです。

セラピーとは傷つきに向き合うことである。

そう、セラピーでは痛いところを触ります。痛みを取り除くのではなく、苦痛を緩和するのでもなく、その苦痛をつくり出している当の部分を変化させるために、その痛いところに触ります。歯医者でいえば、虫歯をガリガリやることですね。

だから、何度も書いてきたように、世間一般のカウンセリングのイメージは「優しいカウンセラーがうんうんと話を聴いてくれる」というものかもしれませんが、じつはそれはちょっと違います。そういうときもあるかもしれないけれど、それはどちらかというとケアの要素が強いものです。セラピー的な要素が強くなると、生じている問題を明確化し、そうなってしまっているメカニズムに介入し、そこを変化させていくことに取り組むことになります。だから、カウンセラーって実際にはけっこう厳しいところもあります。

だからね、さっきの雪だるまに対してもね、僕は言ってやりますよ。

「君さ、庭にいるから溶けちゃうわけじゃん。でもさ、うちには業務用冷蔵庫があるのも知ってるよね？　それでもここにいたいの？」ってね。

雪だるまも切ないんですよ。「おら、子どもたちに見てほしいんだ」

「わかるよ、気持ちはね。でも、そのうち春になるしさ」

「おら、子どもたちにずっと見ててほしいんだ」

だいぶ問題が明確ですよね。本当はね、雪だるま氏は自分が溶けゆく運命であることと子どもたちを楽しませ続けたい気持ちとで葛藤しているんです。その葛藤をね、きちんと悩む。それがセラピーです。つらいけどね、でも雪だるま氏の今後のためには必要な作業だと思うんです。僕もずっと氷を運んであげることはできないわけですから。

雪だるま氏のせいで若干訳がわからなくなりかけましたけど、人間の場合も同じです。誰かに「大丈夫」と言ってもらえないと安心できない人に対して「大丈夫だよ」と言ってあげるのではなく、「大丈夫」と言われないと不安になったり、落ち込んでしまったり、傷ついてしまったりする自分と向き合うのがセラピーです。傷つけないのではなく、そこにある傷つきに触れるんです。そうやって、「自分で大丈夫と思えること」を目指すんですね。

以上からおわかりだと思うのですが、セラピーでは「ニーズを満たすこと」ではなく、その「ニーズを変更すること」が目指されます。

これはけっこう大事なことですよ。世の中のビジネスの大半は、ニーズを満たすことに全力を注いでいるんだけど、ある種のニーズはね、満たされることで、逆に生きづらくなってしまうということがあるわけです。「ずっと一緒にいてほしい」って言われて、二時間一緒にいたら、もっといてほしくなって、二三時間一緒にいてあげることになります。だけど、それでも、残りの一時間一緒にいないと、その人は寂しくなってしまうわけですよ。だって、一緒にいればいるほど、いない時間には自分のことを迷惑に思ってるに違いないって、恐ろしくなってしまうわけですから。

だから、その恐ろしさや傷つきに向き合うことで、「一緒にいてほしい」というニーズが、「一緒にいなくても、自分のことを悪く思っていないとわかる」に変更されると、人は生きやすくなります。そうすると、一時間一緒にいてくれることの貴重さを感じることができるようになります。本当は目の前にあったケアの良さを受け取ることができるようになります。そう、セラピーによって、ケアが機能するようになるということもあるわけです。

ここには、抜きがたく「自立」の思想があります。ケアが依存を原理としているとするなら（依存と自立の関係もいろいろあるのだけど、ここではシンプルに話を進めておきましょう）、セラピーは自立を原理としています。自分の問題を自分で引き受ける。痛みや傷つきを受け止める。そうすることでより自由になる。人として成熟する。だから、ケアでは変化するのは環境でしたが、セラピーでは個人が変化していくことが目指されます。

こういうふうに言うと、「セラピー、いいじゃん」って見えるかもしれませんけど、繰り返して言っておくと、セラピーにはつらいところがあります。ニーズが満たされず、傷つきに向き合うわけですから、しんどいんです。だから、安易にセラピーをやってはいけない。ケアが必要な人には、まずケアを提供しないといけません。そうでないと、セラピーを受けて、「傷ついただけだった」となってしまいます。まずはケア。それからセラピーです。実際、ケアすることで、ご本人に十分な変化が訪れることだって本当に多いわけです。だけど、先ほど言ったように、セラピーによってケアが可能になることもある。このあたりは複雑なんだけど、ハングリーチキンに追いつかれたら困るから、とりあえず前に進みましょう。

ケアとセラピーは「成分」である

以上の話と、今までこの本で取り上げた対比を加えて、次頁のように表にしてみました。ケアとセラピーはこんな対照的なやつらなんです。

ケアは傷つけない。ニーズを満たし、支え、依存を引き受ける。そうすることで、安全を確保し、生存を可能にする。平衡を取り戻し、日常を支える。

セラピーは傷つきに向き合う。ニーズの変更のために、介入し、自立を目指す。すると、人は非日常のなかで葛藤し、そして成長する。

もしかしたらね、ここまでの話に異論がある人もいるかもしれません。「おれは毎日ケアをやってるけどね、そこでは成長もあるし、葛藤もあるからね」。そういう抗議の声が聞こえてきます。

　二分法ってね、本当に罪つくりなものです。世界をズババッと二分してしまえる快感があるんだけど、そのせいでこぼれ落ちるものもあるし、例外だって多いから、微妙な気持ちにさせられるんですね。

　でもね、ちょっと誤解があるかもしれません。というか、僕があえて二人はライバルみたいに書いたからしょうがないんだけど、それはあくまで比喩です。だって、「ケアとセラピー」は仕事の種類のことではないからです。つまり、デイケア室でなされているのがケアで、カウンセリング室にあるのがセラピーというわけではないんです。もちろん、僕自身はカウンセリングを学んだあとに、デイケアに出会って、「ケアとセラピー」ということを考えるようになりましたから、実際にデイケア室にケアが色濃く存在していたことは間違いではないんだけど、先ほども言った通り、そこにはセラピー的なものもたしかに存在していました。

　「ケアとセラピー」は、コーラと醤油ではないん

ケア	セラピー
傷つけない	傷に向き合う
ニーズを満たす	ニーズの変化
やってあげる	やらせる
支える	介入する
開放	閉鎖
水平	垂直
構造	人
蓋をする	蓋を取る
依存	自立
生活	人生
安全	成長
生存	意味
平衡	葛藤
平和	事件
素人	専門家
日常	非日常
ケ	ハレ
地	図
空間	時間
円	線
風景	物語
中動態	能動態

です。それは違った容器に入った、違った液体ではありません。そうじゃなくて、「ケアとセラピー」は糖分と塩分と表現したほうが実情に近い。ほら、スイカに塩を振りかけると旨いし、すき焼きには砂糖をぶち込むじゃないですか。

そう、「ケアとセラピー」は成分のようなものです。人が人に関わるとき、誰かを援助しようとするとき、それはつねに両方あります。だから、見てきたように、デイケアにもケアとセラピーの両方があります。たぶん、居場所型デイケアにケアの成分が多くて、それよりは通過型デイケアのほうがセラピーの成分が多いでしょう。でも、そこには両方ある。それは成分だから、両者は入り混じって、存在しているわけです。あとは配分の問題です。

同じようにカウンセリングにも両方があるし、マッサージにも、自助グループにも、シャーマニズムにも、オープンダイアローグにも、両方あるでしょう。医療にだって、学校現場にだって、職場の新人教育にだって両方ある。それだけじゃない。家庭もそうだし、友人関係もそうです。子育てなんか、いちばんそうですよね。明らかに仮病を使っているわが子に対して、休ませてあげるか、行かせたほうがいいか、迷うわけです。依存を引き受けるか、自立を促すか、そういう問いは僕らの人間関係に満ちあふれています。

繰り返します。ケアとセラピーは人間関係の二つの成分です。傷つけないか、傷つきと向き合うか。依存か自立か。ニーズを満たすか、ニーズを変更するか。人とつきあって、そういう葛藤を生きて、その都度その都度、判断することだと思うわけです。だって、人間関係って、いつだって実際のところはよくわからないじゃないですか。だから、臨床の極意とは「ケースバイケース」をちゃんと生きることなんです。

そういう意味ではね、この二分法は敵と味方を分けるためにあるわけではないんです。そう、二分法は世界を二つに分けて、そのあいだに高い壁を築くためにあるのではなく、曖昧模糊とした世界の見通しを、少しでも良いものにするためにある。

ふー、よかった。いちおう、ケアとセラピーについてこれでまとめられました。いいですか、二人はこんなやつらだったんです。そして、こいつらがここまでデイケアで奮闘していたわけだけど、最終章ではその裏側にいた黒幕を明るみに出したいと思います。

僕らを損なってきた悪しき力がいったい何であったのか。それがケアとセラピーの二人といかに関わっていたのか。

「コケケケケ!」

もう恐れることなんてありません。大量に伏線パンくずをまき散らしてやりましたから。もう道を見失うことはない。これ以上、邪魔してくるようなら、この迷惑なニワトリなんて、から揚げにして食っちまいますよ。

さあさあ、読者のみなさま、謎解きの時間です。真犯人を捕まえる大捕り物を始めましょう。行っちゃいましょう。ふしぎの国のデイケアの、その最奥の地へ。

最終章

アジールとアサイラム
居るのはつらいよ

幽霊のためのアジール

どんな場所にでも隠れ家はある。学校にも、職場にも、あるいは監獄のように隅から隅まで見通されてしまうようなところでだって、よく探せば隠れていられる場所がある。たとえば、屋上だったり、地下室だったり、倉庫だったり。あるいは本棚と本棚の隙間や農場の木々の陰のような、ささやかなものでもいい。人目につかずにいられる場所が、探せばどこかしら見つかる。

そういう場所をうまく見つけられると、僕らはつらいときでも「いる」ことができるようになる。クラスに「いる」のがつらければ、屋上に続く階段の踊り場に避難したらいいし、職場でしんどくなったら、喫煙所に逃げ込む。そうやって、みんなから見られない場所に駆け込めば、一瞬気が緩まる。隠れ家は僕らの「いる」を支える。

デイケアにもそういう場所があった。半地下の卓球室がそれだ。卓球はたまにしかしなかったから、その部屋は基本的にいつもガランとしていた。壁はガラス張りになっていたので、本当は部屋の中は外から丸見えなのだけど、電気を消しておくと薄暗いので、なんとなく隠れていられる感じになる。隠れ家で重要なのは、物理的な視覚遮断性より、「なんとなく見えづらい」という雰囲気なのだ。

だから、卓球室は調子の悪いメンバーさんがひっそりと身を寄せる場所だった。デイケアの凪の時間、つまり何かと何かの合間の時間、ただ「いる」だけの時間、なんとなく「いられない」感じがしたメンバーさんが、卓球室に避難してくる。そして、奥のソファに腰かけてぼんやりしたり、うたた寝したり、あるいは部屋の隅の壁に体を預けたりしていた。うす暗い卓球室にはもやがかかっていて、その不透明さが「いる」を守っていた。

年が明けると、僕もまた卓球室に逃げ込むようになった。昼休みのことだ。

それまでは、昼休みはソフトボール練習の時間だった。ダイさんが始め、シンイチさんが引き継いできたソフトボール。二人がいなくなってからも、僕が一人でキャッチボールやノックを担当していた。だけどそのころには、ソフトボールをやるメンバーさんも、転院したり、デイケアから足が遠のいたりして、だいぶ減っていたから、ノックをしていても寂しかった。だからなのか、シンイチさんが去って二か月もすると、だんだん息切れしてきて、毎日練習することが億劫になっていた。

そういうときに、ヤスオさんから「今日、休んじゃおうよ？」と悪魔的に誘われた。ヤスオさんは昔から、ソフトボールの時間になると、「暑いね。休みたいな。寝とこうかな」と練習をサボろうとするので、ダイさんやシンイチさんに叱られていたのだけど、僕はその甘い誘惑に乗った。「ナイスアイディア、今日だけ休んじゃいましょうか」。

堕落への道は道路族の国会議員を輩出している田舎町の国道のようだ。広くてたいへんよく整備されているので、気づけば一二〇キロくらい出ている。伝統のソフトボールはあっという間に週一回するかしないかにまで激減した。ひどく疲れていたのだ。体が重たかったし、しんどかったから、休める時間は休みたかった。

だから、練習をサボって空いたその時間、僕は卓球室に逃げ込んで、メンバーさんと一緒にソファで昼寝をするようになった。

「くごおおぉぉきゅ」とタマキさんは無呼吸症候群のクマのように壮絶ないびきをかいていて、ユりさんはすやすやと眠っていた。ヤスオさんがときどき「プーイっ」と屁をこいた。

僕はメンバーさんたちに囲まれて眠った。タマキさんとヤスオさんに挟まれて、いびきと屁に満たされながら、目を閉じた。そこにいると落ち着けた。僕にはカウンセリング室があったから、休み時間に一人になろうと思えばなれたのだけど、それよりも卓球室でメンバーさんと一緒にいるほうが気楽だった。カウンセリング室に一人でいると、隠れ家にいるというよりも、独房にいるような感覚があった。自分がまったく一人になってしまったように感じてしまうからだ。生きているか死んでいるかわからなくなる。

僕は幽霊になっていた。

年末に辞表を出したからだ。


最後の一滴が落ちて、コップから水がこぼれた。

その最後の一滴が僕にとっては譲れない一線を越えるものだったことは間違いない。それは僕だけではなく、他のスタッフにも大きな影響を与えるものだったし、「これ以上ここにはいられない」とその瞬間に思った。とはいえ、シンイチさんが辞めた時点で、僕は表面張力をフルに使って、かろうじて自分を保っていた状態だったから、退職するのは時間の問題だったというのもまた事実だ。結局のところ、僕にとっての「終わりの終わり」はもうとっくのとうに過ぎ去っていたのだ。

だから、最後の一滴が落ちた地点で、僕は早急に今後のことを大学院時代の恩師に相談した。自分の窮状を訴え、転職の相談をした。もう自分では転職活動ができる気がしなかったからだ。自力でなんとかしようとした結果が今回の苦境だったわけだし、以前にあれだけ苦労した就活事情を考えても、

居るのはつらいよ

ここから同じことを繰り返して、どうにかなるとは思えなかった。僕は自分に絶望していた。

だから、恩師に頼った。そして、恩師はそれに応えてくれた。コネクションを使って、ある大きな病院での心理士の仕事を紹介してくれた。給料は安かったけど、なんとか家族で暮らしていけないこともないし、何より臨床を続けられる仕事だったから、僕は本当にありがたく感じた。最初から、こうやって人の言うことを聞いておけば今みたいなことにならなかったのに、と自分を恥じた。

いずれにせよ、転職のめどが立った僕は辞表を出した。カウンセリングの患者のことを考えて、辞めるまでの期間は三か月とった。長くカウンセリングを続けてきた患者さんが多かったので、最大限の最終回を行い、きちんと別れのテーマに取り組むことが、カウンセラーとしての責任だと思ったからだ。

だけど、そうしたことで、僕は幽霊になった。僕はまだ職場に「いる」。だけど、職場のいろいろなことは僕を抜きにして進んでいく。あの「最後の一滴」をめぐって難しい状況が生じていたわけだが、僕は三か月後には「いない」のだから、そこに発言権はなかった。何より、僕自身もそこには関わりたくなかった。それだけじゃない。シンイチさんたちがデイケアを去った後に、新しいスタッフが複数入ってきていたのだけど、僕は彼らとほとんど関わろうとしなかった。誰かと仲良くなり別れることに疲れ果てていたからだ。

だから、僕は「いる」けど「いない」。居場所がない。すると、存在が不透明になり、足が透けてくる。幽霊になる。

居るのはつらいよ。

そんな状況だったので、昼休みになると、卓球室に避難するようになった。薄暗い卓球室でメンバーさんたちと一緒にいると、心安らいだ。僕は自分が退職することをメンバーさんたちにも伝えてはいたけれど、彼らは以前と何も変わらずに僕を放置してくれた。こういうとき、外からよく見えず、放置されているその空間はありがたい。それが「いる」を支えてくれる。

こういう隠れ家のような場所のことを、「アジール」という。聞きなれない言葉かもしれないが、リゾートホテルとかバーの店名とかで、たまに見かける。ほら、「アジール箱根」とか「アジールRoppongi」とか、そういう感じ。

アジールとはシンプルに言ってしまうと「避難所」のことだ。逃げ込む場所のことだ。でも、それだとあまりにぼんやりしているので、もう少しだけ厳密に定義すると、歴史学者の夏目琢史氏にしたがって、「犯罪者がひとたびその中に入り込むと、それ以上その罪を責めることができなくなる空間」(『アジールの日本史』二二頁)となる。

その語源であるギリシャ語の「asylos」が「不可侵の、接触不可能な、神々の保護のもとにあって安全な、十分に安全な」という意味であったように、アジールに逃げ込めば、罪人は庇護され、安全を確保することができるのだ。

そういう場所が大昔からいろいろな所に存在していた。たとえば、ヘンスラーという法学者によれば、神殿とか、寺院とか、族長の家とか、聖なる森とか、罪人がそういうところに逃げ込むと、追いかけてくる人はそれ以上追跡することができない。場所だけではない。たとえば、王様の体に触れたり、聖なるアイテムに触ったりすると、その人は「不可侵」になり、捕まって罰を受けることがない。

これらは「聖なる」場所であるところに特徴がある。ようは神仏のご加護なのだ。アジールは俗世とは違う力が働いている場所なので、俗世の罪を一時棚上げしてもらえる。

おもしろいのは、そういう神仏の力が失われた現代にあっても、アジールが消えることがなかったことだ。「いる」ためには、責められず、傷つけられず、気を緩ますことのできる場所が必要だから、僕らは今もアジールを持っているし、つくり続けている。

たとえば、子どものころの仲間だけの秘密基地、大学生のころにひっそりとやっていた勉強会、職場の外でやっている朝活サークル。あるいはデイケアだって、もともとアジールだった。デイケアを始めた一人であるビエラは、精神科病院から退院した患者が地域で暮らすための手助けとして、「ソーシャルクラブ」を設立した。そこは街なかの普通のアパートの一室で、病院の外での生活を厳しく感じる患者たちが避難してくる場所だったのだ。

そういう場所には、神仏はいなくても、ふだんとは違うルールが働いているので、いつもとはちょっと違う自分になれる。だから、現代の罪人がそこに逃げ込む。

現代の罪人とは、文字通り法律に違反した人ではなく、集団の規範から外れてしまって、なんとなく生きづらくなってしまった人のことだ。実際、僕らはときどき罪人になるではないか。クラスで浮いてしまったり、職場のお荷物になってしまったり、仲間うちで陰口を叩かれたりする。そういうとき、僕らは後ろ指をさされている気がしてしまう。自分を悪い人のように感じる。

そういう人が現代でもアジールに逃げ込む。仕事に疲れ、家庭にもいづらい人が、夜な夜な「アジールRoppongi」に通い、デイケアで辞表を出したことで罪人になってしまった僕は、卓球室というアジールに逃げ込む。

だから、隠れ家はどんな場所にでもある。どんな組織にも罪人はいるし、もっと言えば人はみんなある程度は罪人なのだから、「いる」ために隠れ家を探す。アジールをつくり出す。

卓球室以外にもデイケアにはアジールがあった。事務室だ。そこは医療事務ガールズのアジールだった。

課長になったヒガミサは、医療事務ガールズの人心を完全に掌握し、そして次々と他の職種のスタッフが辞めていく間隙を突いて、事務室に自分の王国を築き上げた。そこはガーリーな楽園だった。クーラーが効いていて、お菓子がそろっていた。スマホを充電できて、化粧グッズがそろっていた。医療事務ガールズは仕事に疲れると、そこに逃げ込んで、スマホをいじりながら、おしゃべりに興じた。イケメンかつ性格が最悪の男について愚痴を言い、そういう男に振り回される自分たちを、おもしろおかしく笑った。ガールズトークに花を咲かせた。

幽霊になった僕も一度そこに呼ばれた。ガールズトークに参加するためではない。そのころ進行していた危機的事態についての対応を考えるためだ。僕の退職のきっかけとなった「最後の一滴」は波紋を引き起こしていて、医療事務ガールズを動揺させていた。ヒガミサも王国の主として苦慮していた。

僕らは対応を話し合った。そういうときに、ヒガミサは僕にポテトチップスをくれた。彼女はお菓子を食べすぎて、この一年で一回り大型になっていたが、そんなことは気にしていないようだった。アジールにいればダイエットのことも忘れることができる。

「トンちゃん、食べる?」ヒガミサは脂ぎった手でポテチを差し出す。

「もらおうか」僕はポテチを受け取って、バリバリと食べる。

「もっといる？」

「もういい」僕は断るが、ヒガミサはポテチをバリバリと食べ続ける。

食べ物を授けるところから話が始まる感じがネイティブアメリカンの大酋長のようだと思うが、アジールを築くにはそれくらいの権能が必要なのだろう。

「で、どうしようか？」ようやくヒガミサが本題を切り出す。

「そう思って、これを持ってきた」僕はヒガミサにあるものを渡す。

ヒガミサは袋を開けて、そのブツを確認して、笑う。「マジで？」

「マジよ」マジに決まってる。「自分の身は自分で守らないと」

「たしかに」ヒガミサはそれをポケットに入れる。「ありがとう」

「生き抜かなくてはならぬ」


その冬は本当にサバイバルだった。いろいろなことが起きて、動揺が広がった。だから、僕は卓球室に入りびたり、ヒガミサは事務室をますます強固な砦にした。僕らはアジールを必要としていた。それくらい、「最後の一滴」の起こした波紋は大きかった。

だけど、この本ではその「最後の一滴」の具体的な詳細は明らかにしない。というか、僕らの「いる」を脅かした具体的なことについては一切書かれない。読者の皆さんには申し訳ないのだけど、この本はミステリー小説とか暴露本ではなくて、ガクジュツ書だから、謎解きをするといっても、具体的な事件の実行犯を明らかにすることはしない。

だって、それは実際のところ、僕らの人生にはありふれていて、そしてつまらない話なのだ。生きているとそういう不幸に出会ってしまうことはよくあることで、とりたてて本に書くようなことではない。

そうではなく、より本質的な問題を問わなくてはならない。そう、実行犯となった具体的な人物ではなく、真犯人こそが炙《あぶ》り出されないといけない。この本の真の主人公がケアとセラピーという概念であったように、僕らの「いる」を脅かした悪しき力とは一体いかなるものであったのか？

そして、その真犯人はこのときの僕たちだけじゃなくて、この世の中のありとあらゆる場所の「いる」を脅かしているのではないか？　あなたの「いる」も、この真犯人に脅かされているのではないか？

「プーイっ」とヤスオさんの屁が鳴り、タマキさんのいびきが響く。「くごおおおぉぉきゅ」

幽霊となった僕はアジールでヤスオさんの屁を吸い込む。そのなかで考える。

居るのはつらいよ。

なぜなんだろう？　おれに何が起きたのだろう？

鮮やかなレッド

二〇一四年一月二二日。ぐるぐると回り続けるから、バターのようにとろとろと溶けてしまうデイケアの時間にあって、一月二三日と三月一七日、あるいは一一月五日のあいだにほとんど、というかまったく区別はない。デイケアでは具体的な日付はあまり意味を持たない。だけど、二〇一四年一月二二日のことだけはしっかり覚えている。その日は僕にとって、忘れられない日になった。

この日は朝からひどく体調が悪かった。ゆるい吐き気が続いていて、汚い話だが下痢までしていた。体はひどくけだるくて、熱っぽかった。でも、このころは大なり小なりいつも体調が悪かったから、普通に出勤した。

午前に二件カウンセリングがあった。カウンセリングというのはふしぎで、面接をしている時間は体調の悪さが吹っ飛ぶ。クライエントの世界に没入しているからか、そこにある人間関係にすっかり巻き込まれてしまうからかわからないけど、その瞬間だけいろいろなことを忘れる。デイケアのことも、転職のことも、実行犯のことも、真犯人のことも。

だけど、吹っ飛ばされた苦しいものはもちろん回帰してくる。カウンセリングが終わるたびに、体調は悪化していった。頭痛がして、悪寒もするようになった。喉がひどく渇くので、ポカリを飲みまくるのだけど、気分は悪くなる一方で、ひどく体が重かった。何よりも吐き気が止まらなかった。

例のごとく、昼休みは卓球室で眠ろうとするのだけど、しんどくて眠れない。ますます症状が悪化していく。午後は体育館でバレーだったので、僕も行かなきゃいけないのだけど、とても行けそうにない。だからヒガミサに頼んで、デイケアに待機させてもらうことにする。そんなことは働きはじめてから一度もなかった。だけど、この日はどうしても行けそうになかった。

スタッフもメンバーも体育館に出かけてしまい、デイケアには僕だけが残された。静まり返った卓球室で、僕はもう一度眠ろうとするのだけど、どうしても眠れない。気持ちが悪い。昼食をまったく食べられなかったから、せめてもと思ってポカリを飲む。それでも、喉が異常に乾くから、あっという間に一本飲み干してしまう。すると、余計に気分が悪くなる。吐き気が込み上げくる。限界だ。ここでぶちまけてしまいたいけど、そうもいかない。僕は最後の理性を行使して、階段を駆け登る。口を押さえて、廊下を走る。トイレに駆け込む。

込み上げてくるものを思い切りぶちまける。マーライオンみたいに液体を噴射する。快感ですらある。朝から何も食べていないから、出てくるのはポカリだけだ。胃が痙攣する。口の中にすっぱいものが広がる。胃が空っぽになるまで何度も吐く。すべてが吐きつくされたので、目を開く。

驚愕する。

白い便器が真っ赤に染まっているのだ。

「おおお！」と自分で叫んでしまう。誰もいないクリニックで絶叫する。「なんだこれ！」ホワイトな便器が鮮やかなレッドになっているのが非日常的すぎる。

ちょっと遅れて、自分が血を吐いたことに気がつき、戦慄する。

なんてことだ。血反吐《ちへど》ではないか。漫画とか小説とかに出てくるやつじゃないか。おれの人生で血反吐を吐く日がくるなんて！　なんてことだ。

すると、途端にものすごく弱気になってしまう。あぁ、おれはもう終わりだ。勤務時間中に幽霊になるくらいでやられるようなやわなメンタルじゃねえぞ、と思っていたけど、本当はストレスだったんだ。おれはすっかり、やられていたんだ。胃潰瘍になったのかもしれない。いや、こんな大量の血なんだから、絶対にもっとひどいことになってる。胃がんだ。胃がんに違いない。おれは死ぬんだ。

もうだめだ。デイケアに殺される。

「やばすぎる」

パニックに陥った僕はとっさにポケットからスマホを取り出し、電話をかけた。こういうときに頼れるのは、あの人しかいない。呼び出し音が三回鳴るだけで、電話がつながる。

「おう、トンちゃん、めずらしいな。なんかあったか？」

新しい職場で勤務中のはずのシンイチさんは電話に出てくれる。

「シンイチさん、もうだめです。おれ、死にます。血吐いたんです。死にます。もうだめです。血を吐いたんです」

「トンちゃん、ちょっと落ち着けよ。吐いたのか？」

「吐きました、えーん」僕は混乱してたので、泣いた。

「よお、落ち着け。血は何色か？」

僕はもう一度、鮮血に染まった白い便器を見る。雪の中にバラが咲いているように見える。

「赤です。真っ赤です。めっちゃ綺麗です。えーん。おれ、もう死ぬんすか？」

「死なんよ、トンちゃん」電話の向こうでシンイチさんが笑う。「赤いんだろ？」

「赤いっす。めっちゃ綺麗です」

「じゃあ、大丈夫さ。本当にヤバかったら、黒くなるはずよ。赤いってことは大丈夫」

「そうなんすか、死なないんすか」

「だから、死なんってば。今なら病院やってるから、早く行っといで」

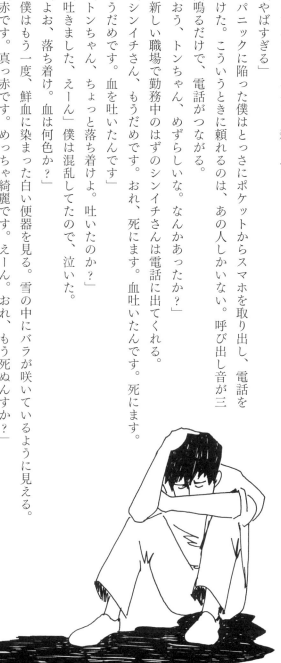

「よかったー、死なずにすんだー」

僕は電話を切って、すぐにヒガミサに電話する。今から病院に行くと伝える。「血吐いたんだよ。レッドだよ。レッドの血。ブラックじゃないから、死なないらしいけど、死ぬかもしれないから病院行ってくるから。あとはお願いよ。言っとくけど、赤だからね、黒じゃなくて。レッドよ。これ超大事だからね」

「赤なのはわかりました、病院行くんですよね」ヒガミサは冷静に答える。「こっちは大丈夫だから、お大事に」

ブラックアサイラム

大きな総合病院のベッドに横たわる僕のまわりでは、慌ただしくお医者さんやナースが走り回っていた。僕の左腕は点滴につながれている。これで病室の窓から、落ちかけの葉っぱでも見えたら、最高にセンチメンタルだったのだが、残念ながら見えるのは無機質な他のベッドだけだった。

言っておくが、がんではない。胃潰瘍でもない。血は黒くない。ただの脱水症状だ。失われた水分を点滴で補充していただけだ。

お医者さんは丁寧に僕の状態を説明してくれた。そもそも何かのウイルスに感染していたところに、ポカリの飲みすぎ状態で急激に吐いたから、その勢いで食道のどこかが切れてしまったのだろうとのことだった。

「ポンプの原理ですよ、ピュッとやると、すごい速さで水が出るでしょ」とわざわざ模型まで使って見せてくれた。「水の勢いで、喉が切れたんです」
なんてことだ。癒しの液体と名乗っているくせに、ポカリがおれを傷つけやがったのだ。だから、血は赤い。食道から出た血だから新鮮なのだ。胃潰瘍とかそういうやつだと、奥のほうにあるので、血は黒くなるとのことだった。
「じゃあ、おれは死なないんですか?」と三〇回くらい聞いたら、お医者さんは呆れたように笑っていた。「大丈夫ですよ、ちょっと点滴打ったら、もう帰れますから」

真面目そうなそのお医者さんは仕事に戻り、ナースたちもせっせと働いている。病院は忙しい。次から次へと患者がやってきて、手際よく治療がなされる。「がんに違いない、もう死んじゃう」と訴える錯乱した心理士を、うまいことあしらって、点滴を打って寝かしておく。

僕はベッドに横たわりながら、考える。おれはいったい何をしているんだろう。人々はこうやって忙しく働いているというのに、おれは喉から真っ赤な血を滴らせて横になっている。

デイケアのことを思う。ちょうど、バレーボールから帰ってくる頃合いだ。今日はどんな試合になったのだろう。新しいスタッフの誰かが笛を吹いてくれたのだろうか。きっと誰かが吹いただろう。それは誰にでもできることなのだ。試合が終わったら、ゆったりお茶を飲んで、軽く休憩したのだろう。そして、誰かがバスを運転して、みんなでデイケアに帰ってくる。今ごろ、夕食の準備を始めているはずだ。

デイケアは僕がいなくてもぐるぐると回り続ける。新しい誰かが僕がいたところに入るから、デイケアは滞りなく回り続ける。

そうなのだ。誰かが辞めても、すぐに次の人がやってくる。シンイチさんが辞めたら、代わりに新しい看護師が来たように、僕が辞表を出せば、僕の代わりに新しい心理士がやってくる。僕自身がそうだったではないか。誰かが辞めたから、その代わりにここにやってきた。

スタッフはいくらでも替えがきく。なぜか？　なぜ次々と人がやめるのに、それでも次々と人がやってくるのか。

答えは僕がいちばんよく知っている。だって、僕もここを選んだのだから。思い出してほしい。僕が就活をしていたときの骨太の方針を。

第一条　カウンセリングがメインの業務
第二条　家族を養えるだけの給料
第三条　地域は選ばない

給料がいいからだ。給料がよかったから、僕はここにやってきた。僕だけではない。ダイさんも、タカエス部長も、シンイチさんも、ヒガミサも、同じだった。みんなそうだ。ありとあらゆる看護師が、ありとあらゆる医療事務ガールズが、給料がよかったから、ここに来た。

そして、給料がいいから、誰かが辞めてもすぐに次の人がやってきた。去る人を追う必要はない。穴が空けば、それを埋めようとする人が、いくらでもいたのだ。

ここに罠があった。思えば、それが過ちだったのだ。

就活をしていたあのとき、僕は「なぜ沖縄のような給料の安い地域なのに、こんなにいい給料なのか」をまったく考えようともしなかった。クールキャラを気取っていた骨太の方針第二条氏も同罪だ。あいつはあのとき、そんなことを何も言わなかった。どいつもこいつも金額に目がくらんで、その意味を深く考えることがなかったのだ。

なんて愚かなんだ！

うまい話にはウラがある。当たり前じゃないか。

僕は現実を見ていなかった。心理士の給料は安い。日本の医療制度においてセラピーがきちんと位置付けられていないから、多くの病院で心理士はお金を稼げる存在にはなっていない。それでも、仕事としては人気があって、なりたい人はいっぱいいるから、給料の相場は下がっていく。だから、大学院を出たてで、大したコネもない僕のような心理士には、家族を養って余裕をもって暮らせるだけの値段がついていなかった。それが現実だった。

でも、僕はそういう現実から目を背けた。相場以上の給料の仕事に疑いを持つことなく、飛びついたのだ。セラピーを生業にして、それで家族を養いたいという欲望に目がくらんでいたからだ。

その結果が、今回の血反吐だった。

高い給料は、人が次から次へと入れ替わっても大丈夫であるための保険として機能していたのだ。それは「いる」ことを保証しない代わりに、支払われていたものだったのだ。

こういうことだ。僕の喉からは赤い血が流れていたわけだけど、同時にそこには黒い血も流れていた。そこには「ブラックなもの」があった。

「ブラックなもの」とは何か。

ブラックなものは僕らの世界に満ちあふれている。たとえば、学業が不可能になるくらい働かせるブラックバイト、長時間の練習や理不尽な指示が飛びかい生徒も教師も追いつめられるブラック部活。そして何より、極端な残業時間、達成不可能なノルマ、たび重なるハラスメントを特徴とするブラック企業。

NPOでこの問題に取り組んできた今野晴貴氏はブラック企業の本質を「大量募集・大量離職」だとしている。すなわち、良い条件で人を集めて、入社したのちには厳しい条件で労働させて、「使い潰す」。そしてふたたび、大量募集をする。

次々と人が入れ替わり、使い捨てされていく。代わりはいくらでもいるから、「いる」がないがしろにされる。ブラックなものは、「いる」を軽視する「いられない」場所に生じる。

なぜか？

なにゆえに「いる」が軽視されるのか？　何がブラックなものをもたらすのか？

このことを考えるうえでヒントを与えてくれるのが、ブラックデイケアだ。ここから、僕らはデイケアの最奥の地へと突入する。

この本ではここまで、基本的にデイケアの良さについて語ってきた。デイケアで行われていることが、いかにメンバーさんの「いる」を支えているのかを語ってきた。

だけど、世の中のすべての営みと同様、デイケアもまたダークサイドを抱えている。そこには暗い側面があり、ブラックなものが潜む余地がある。

「いる」を支えるはずのデイケアにおいて、「いる」が軽視されてしまうことがある。そして、それはデイケアだけではない。ありとあらゆる「いる」を支える仕事や施設に、その闇は潜んでいる。ケアする仕事には、ブラックなものを引き寄せる何かがある。だから、僕は勇気を出してここでそれを取り上げたい。

まず、小林エリコ氏のエッセイ『この地獄を生きるのだ』に描かれているブラックデイケアを取り上げたい。出版社のホームページには以下のように内容が紹介されている。

エロ漫画雑誌の編集者として［…］ブラック企業で働いた結果、心を病んで自殺未遂。仕事を失い、うつ病と診断され、やがて生活保護を受給することに。社会復帰を目指すも、やる気のない生活保護ケースワーカーに消耗し、患者を食い物にするクリニックの巧妙なビジネスに巻き込まれる。

ブラック企業で傷つき病んだ小林エリコ氏は、デイケアに通いはじめる。そこは一見、居心地の良いところだった。食事が提供され（高級和牛の弁当のときもあったし、フランス料理の店に行くこともあった）、年に一度は旅行に連れていってもらえる。小林氏もディズニーランドに連れていってもらい、高級ホテル「ミラコスタ」に宿泊して、豪勢なディナーを堪能する。

まるでユートピアだ。手厚く「いる」を保証しているようにも見える。だけど、おいしい話にはウラがある。

小林氏はクリニックで頻繁に一本三万円の「デポ剤」と呼ばれる注射を打たれていた。それはお尻への筋肉注射だったから、強い痛みを伴うものだ。だけど、一本打つごとに、クリニックには大きなお金が入る。そして、国からの補助があるので、小林氏の負担分はほぼない。

彼女は痛い注射を打たれる代わりに、製薬会社の主催する講演会に招待され、いい宿に泊まり、夜は料亭で食事をする。彼女はそういう日常をぐるぐると回る。そして、その結果次のような結論に至る。


長く通うあいだに、高価なデポ剤をたくさん使うように勧めたり、デイケアをたくさん利用したくなるように食事を豪華にしたりしているのを見て、このクリニックの金回りの良さの謎がわかった気がした。このクリニックは経営がうまいのだろうが、経営のうまさがすなわち患者の満足度の高さにつながるというわけでもない。（小林エリコ『この地獄を生きるのだ』七八－七九頁）

たしかにそのデイケアでは、高級弁当も与えられるし、ディズニーランドにも行ける。気持ちを良くするもの、欲望を満たすものがそこにはたくさん準備されている。にもかかわらず、そこは彼女にとっては、本のタイトル通り「地獄」として経験されている。

小林氏が見抜いているのは、デイケアに「いる」ことが、病院の経営のための道具になっていることだ。彼女がデイケアに「いる」と多額の診療報酬が病院に入る。あるいはデポ剤を打つと大きな収入になる。すると、その「いる」は、いつしか強制されるものとなる。そのとき、「いる」はブラックなものに変質する。

だから、小林氏は「こんなに元気で羨ましい。うちの子にも見せてやりたい」と人から言われて、次のように言う。

クリニックしか行く場所がなくて、ちっとも幸せじゃない。（同書八二頁）

もう一つ、ブラックデイケアの例を挙げたい。新聞報道もなされたEクリニックのことだ。そのデイケアではメンバーの囲い込みが行われ、そのことによって莫大な利益を上げていた。デイケアの専門家である古屋龍太氏はある論文の「闇の舞台としてのデイケア」というおどろおどろしい小見出しの一節で、Eクリニックのデイケアの実態を以下のようにまとめている。少し長いのだけど、その価値があるから引用したい（略語については読みやすいように正式名に変更している）。これはホラーだ。

役所の生活保護窓口にEクリニックの精神科ソーシャルワーカーが嘱託相談員として配置される。ホームレス等の相談者が現れると、生活保護ケースワーカーがクリニック受診を指示し、生活保護受給と引き換えに通院が開始される。クリニック近隣にあるベニア板で仕切られただけの一～二畳程度のシェアハウスと呼ばれる場所に患者を住まわせ、そこから朝晩の送迎付きで毎日デイナイトケアに通わせる。デイナイトケアでは毎日卓球や室内ゲートボール、院内ウォーキング、テーブルゲームや映画鑑賞等の活動が漫然と組まれているが、活動時間は短く休憩時間が多い。患者が「基準外スタッフ」として介護を要する患者の世話や清掃を行っている。
時給一〇〇円換算が労基法違反で訴えられてからは、患者の社会参加訓練活動として無給ボランティアになっている。本人の生活扶助費は、福祉事務所から直接クリニックに現金書留で送金され、クリニックの職員が日々の金銭管理と生活管理等を細かく行っていく。報道による発覚直後は、本人名義

の通帳を作らせて、キャッシュカードと通帳を管理する方式に変更されたが、一日五〇〇円支給等の金銭管理は変わっていない。このため患者は、デイナイトケアに行かないと食事も取れず、薬も飲めず、お金ももらえない。デイナイトケアに通うことで、初めて生きていける構造となっている。通っている患者たちに自発的な目標は無く、日々の生活のためにデイナイトケアに通っている。日中はデイナイトケアからの自由な外出もできず、フロアによってはカギのかかる「閉鎖型デイケア」もある。スタッフは長く仕事を続けるなら鈍感にならざるを得ず、これまでに多くのスタッフが抑うつ的になり離職し、毎年大量の若い精神科ソーシャルワーカーらを採用していた、等々。（古屋龍太「精神科デイケアはどこに向かうのか」『精神医療』第八九号、四―五頁）

送迎とか、やられている活動の種類とか、休憩時間が多いこととか、それらは、すでに見てきたように、居場所型デイケアのありふれたやり方だ。「いる」をサポートしようとするとき、デイケアはおのずとそのようになる。だから、Eクリニックが特段奇異なことをしていたようには思えない。

だけど、こうして古屋氏の記述を眺めると、その「いる」が置かれている全体の文脈のグロテスクさに衝撃を受ける。そこでは「いる」が経済的収益の観点から管理されているからだ。一つひとつを取り出せばケアに見えるものも、じつは「いる」を支えるのではなく、「いる」を強制するものとして機能していることが見える。

そこでは「いる」が「閉じ込め」に変わっている。だから、古屋氏は先の記述を次のように締めくくっている。

これまで人権侵害と告発された精神科病院と生き写しの処遇が、街中のクリニックで行われていた。
（同誌五頁）

ブラックデイケアとは「アサイラム」なのだ。

ふたたび耳慣れない言葉が出てきたかもしれないが、今度はバーの名前とかにはなっていないネガティブな用語だ（と思って検索したら、お洒落なカフェの名前になっていた。どういうところなのだろう）。「アサイラム」とは社会学者のゴッフマンが用いた用語で、「全制的施設」と訳される。というと余計に意味がわからないかもしれないが、ようは収容所とか、刑務所とか、あるいは古い精神科病院のように、そこに「いる」人を画一的に管理する場所のことを言う。

そこに一歩立ち入ると、番号が付けられる。囚人番号とか、カルテ番号とかなんでもいい。本当の名前を奪われて、管理しやすいように数字が与えられる。それまで着ていた衣服から、囚人服とか、入院着のような皆と同じ衣服に着替えさせられる。個人的属性が奪われるのだ。そして、画一的なスケジュールを強制される。そういう場所だ。

アサイラムにあっては「いる」が強制される。刑務所はその典型だ。そこから出ていくことが許されない。そのために、高い塀が築かれ、冷たい牢が当てがわれ、脱走につながる不穏な動きをすぐに察知できるように、隅々まで監視と管理が行きわたる。そうやって、自由が奪われる。「いる」が徹底されると、「いる」はつらくなるのだ。

重要なことは社会学者の有薗真代氏が指摘しているように、「アサイラム」と「アジール」がもともと同一の言葉であることだ。というか、「アジール Asyl」というドイツ語を英語に訳したのが「アサイラム Asylum」であるように、アジールとアサイラムは表裏一体なのだ。

実際、温泉旅館を思い浮かべてみるとそれがよくわかる（ハワイアンセンターでもいい）。温泉旅館は間違いなくアジールだ。俗世で疲れた僕らは、温泉へと避難する。そこでひと時の安らぎを得ようとしてやってくる。そうやってチェックインを済ませると何が起こるかというと、僕らはみんなと同じ浴衣に着替えて、部屋番号を渡される。バーコードの入ったブレスレットを渡されることもある。いずれにせよ、その番号によって、温泉旅館にいるあいだの僕らの会計はすべて済まされる。行われていることも画一的だ。結局のところ、温泉に入り、宴会場で皆と同じものを食べて、飲んで、寝る。温泉旅館は刑務所と同じやり方で運用されている。

アジールとアサイラムでは同じことが行われている。しかし、一方は「いる」を支え、他方は「いる」を強いる。アジールは罪人が逃げ込み庇護される場所で、アサイラムはその罪人を閉じ込めて管理しておく場所だ。

ブラックデイケア問題に戻る。こういうことになる。

精神科病院は過去にアサイラムだった。そこでは苛烈な管理がなされ、人権が侵害された。そのことが批判されたことで、患者さんの退院が奨励され、地域で生きていくことが目指された。だけど、地域で生きるのはつらい。そのときに避難所として出現したのがデイケアだった。デイケアは地域で生きる患者さんの居場所になり、アジールとなった。だけど、それがふたたびアサイラムに頽落《たいらく》してしまうことがある。それがブラックデイケアだ。

誤解のないように断っておくが、僕のいたデイケアが『この地獄を生きるのだ』やEクリニックのようなブラックデイケアであったというわけではない。Eクリニック事件が社会だけではなく、多くのデイケア関係者にも深い衝撃を与えたように、ほとんどのデイケアはアサイラムではない（たぶん）。

しかし、ブラックデイケアが一部の悪質な人間が引き起こす他人事なのかと言うと、そうではない。それはデイケアというものの本質に内在したものだと思う。というのも、実際のところデイケアは、メンバーさんが「いる」ことが収入になる、というビジネスモデルで成り立っているからだ。

先の古屋氏が、デイケアが「外来におけるドル箱として病院経営に寄与してきた」と指摘しているように、デイケアでは一日メンバーさんが「いる」ことで、一人あたり数千円から一万円近い収入が入ることになっている。安定して、デイケアに「いる」メンバーさんが増えれば、病院の経営は安定する。彼らが出ていってしまうと、収益は減じてしまう。

だから、デイケアでの「いる」はつねに二重性を帯びている。一方で「いる」はケアとして支えられるものであるけれど、もう一方では「いる」は経済的収益源でもある。それはデイケアに限らず、さまざまなケアする施設で生じている二重性だと思う。

この二重性の後者が強調されるときに、デイケアはアサイラムになる。アジールは容易にアサイラムへと頽落する。「いる」を支え、庇護する空間は、「いる」を強制し、監視する空間へと変貌する。すると「いる」のがつらい場所になる。ブラックなものの場所になる。「いる」ために「いる」ことは悪夢と化す。デイケアはつねにアサイラムへと頽落する種子を抱えている。


病院のベッドの上で、僕は考えている。

なぜ、僕からブラックな血が流れ出していたのか。ブラックデイケアでのメンバーさんたちの扱いに思いを馳せるなかで気がつく。

相場より高い給料によって僕らが売り渡していたのは、「いる」をケアされる権利だ。どうせ次の人がやってくるのだから、僕ら職員の「いる」を支える必要がない。「いる」が軽視される。

ケアする人がケアされない。そのとき、ブラックなものがあふれ出す。それは僕だけの問題ではないかもしれない。日本中のケアする施設とケアする人に同じことが起きている。給料が安くて「いられない」場所もあるし、給料が高い代わりに「いられない」場所もある。先に挙げたEクリニックもそうだった。そこでは、毎年スタッフが「うつ」になり、大量離職と大量採用が行われていたと記されていた。

ケアする場所はアサイラムの種子を抱えている。ケアされる人の「いる」は脅かされやすく、同時にそこでケアする人の「いる」も軽視されやすい。

なぜだ。なぜだろうか。なぜ双方ともに「いる」が脅かされやすいのか。何が生じているのだろうか？

謎はまだ解けていないけど、そのとき、僕のベッドにやってくる人がいる。

「元気っすか」ヒガミサと医療事務ガールのユウカさんがお見舞いに来てくれる。「荷物持ってきましたよ」

入室したユウカさんは僕の点滴を見て驚く。

「え？　東畑さん、重症なんですか？　キャハ！　うける」

「違うよ、血は赤い。ブラックじゃなかった」

「みんな、呪われてるって言ってましたよ」ヒガミサが呆れたように言う。

心当たりがある。呪われていてもおかしくない。「たしかに、呪われたのかもしれない」

「お大事にね」そしてヒガミサは尋ねる。「明日は来れるの？」

「行けるよ。血は赤いから」

「赤くてよかったさ、じゃあ、また明日」

「ねえ、ヒガミサ」

帰ろうとするヒガミサを呼び止める。「今日は何の日か知ってる？」

「はあ？　知らんさ」

「誕生日なんだよね、おれ。三一歳になった」

「キャー、ハッピーバースデイ！」ユウカさんが言う。

「良い一年になるはずよ」ヒガミサは笑う。「出だしが最高さ」

だから、僕はこの日付を忘れられない。

居るのはつらいよ。

ただ、いる、だけ

呪われたせいなのか、鮮血を見たショックなのかわからないけれども、吐血を機に、心が折れた。

張りつめていた糸が一度緩むと、もう立て直すことはできなかった。

「これはストレスによる胃潰瘍でもなく、死に至るがんでもなく、単純にポカリが噴射して、食道を切っただけだ。おれはこの程度のストレスにやられたりなんかしない」と強がってはいたものの、実際には僕はだいぶ参っていたのだと思う。

「いる」が失われてなお、そこに「いる」。

呪われている以外には、べつに何か攻撃されたわけではなかった。いや、何かあったような気もしないではないけれども、些細なことだったと思うし、何よりこの時期の記憶がほとんどない。すべてが断片的で、切れ切れになっている。「いる」が失われると、いろいろなことをきちんと体験することができなくなる。体も心も半透明になる。

「いる」けど「いない」。「いない」けど「いる」。

脅かすものに囲まれ、庇護してくれるものを失ったデンジャラスな場所で、僕の幽霊化には拍車がかかった。朝起きて出勤する。カウンセリングとデイケアをして、夕方になると帰って眠る。まるで洗濯機に放り込まれたぬいぐるみのように、ぐるぐると回る日常に僕は完全に身を委ねた。渦巻くように流れる水が、僕をぐるぐると回した。

心を閉ざし、平気な顔をして、「ただ、いる、だけ」。あの永遠のように長く感じられたデイケアの凪の時間も、今ではあっという間に過ぎ去っていく時間に変わっていた。存在したかしなかったかわからないうちに消えていく時間だ。退屈する暇もない。自分を麻痺させているからだ。そうやって、時間をやり過ごす。

居るのはつらいよ

だけど、さらなる不幸が僕を襲った。恩師が紹介してくれた病院に二月に面接に行っていたのだが、三月に入ると、そこから不採用の通知が送られてきたのだ。

不穏な予兆はあった。その仕事は任期付きで給料も高いとは言えなかったから、面接者から「今の職場にいるほうがいいんじゃないか？」と言われたのだ。そのとき、僕は正直に事情を打ち明けることができなかった。「居るのはつらいよ」とは言えなかった。

そのとき僕が置かれていた状況はとても複雑だったし、何よりそういう弱みをその場で話すことに抵抗があった。本当に「いる」が脅かされているときって、それをうまく人に話すことができない。つらいときほど、自分のことを恥ずかしく感じてしまうから、自分のことを隠してしまいたくなる。頼れなくなってしまう。

とはいえ、それは青天の霹靂《へきれき》だった。「自分の力で生きていきたい」と思って沖縄に行った僕は、恩師に職を紹介してもらったときに、「人生はやっぱりコネだった。おれはなんて思い上がっていたんだ！」と深く反省し、「これからはコネコネして生きてくんだぜ！」と固い決意を持っていたのだけど、そうは問屋は卸してくれない。残酷な問屋だ。

これで、退職後に失業者になる可能性は一〇〇パーセントだった。もちろん、臨床心理士の少ない沖縄ならば、本気を出せば何かしらの仕事は見つかるかもしれなかったが、僕はもう沖縄からは出たいと思っていた。そして、今さら内地のどこかに書類を出したとしても、面接を受けに行き、そして四月までのあいだに引越しをするなんて非現実的だった。もう三月に入っているのだ。

何より僕にはまったく気力が残されていなかった。完全に心が折れてしまったのだ。それは職場のせいではなかった。幽霊化していたわけだから気持ちがいい状況ではなかったけど、でもそれももう終わりが近かった。それはやり過ごせることだった。

そういう具体的なことではなく、僕は自分の人生そのものに絶望していた。だって、僕が望んだのは、ただただ臨床心理学という学問を嘘偽りなく歩んでいきたいということだけだったからだ。現場で臨床をしながら、研究を続ける。そういうやり方で、生活を成り立たせる。僕が望んだのは、ただそれだけだった。ポルシェが欲しいといったわけではないし、月を手に入れたいと望んだわけじゃない。

だから、僕は臨床をするために沖縄に行って、そして毎朝論文を書いてきた。たしかに僕にも落度はいろいろとあった。僕はうかつだったし、見失っていた現実もあった。不遜なところも多々あったかもしれない。同じような境遇でもずっとうまくやっていける人もいると思う。だけど、そんないろいろな落ち度を含み入れたうえで、それにしたって、ここまで追いつめられなくてはならないのか。僕はこの悲惨な事態のすべての責任を引き受けるほどに、突飛なことを望んだのだろうか。もう一度言う。月をくれって言ったわけじゃない。

僕は任期付きの非正規雇用の職にもあぶれ、失職しようとしている。剝き出しで森へと追放されようとしている。例外状態に追いやられようとしている。

おれは根本的に人生の選択を誤ったのではないか。

僕はそのとき、自分の人生を損なおうとしている臨床心理学という学問そのものに絶望していたし、自分自身に絶望していた。どう考えても、今の延長線上で他の仕事を探して、普通にそれをこなしていくことはできそうになかった。臨床をして、そこから学問をする。それが臨床心理学だ。それはそうなんだけど、もはや、それを素朴に信じて、臨床心理学のための人生を生きようとは思えなかった。

居るのはつらいよ

時間が必要だった。もう一度やり直すためには時間が必要だった。

僕はたぶん、あのとき一度死んだ。あるいは、僕の臨床心理学人生は一度破産した。

再生するために、もう一度臨床心理学に取り組もうと思えるために、僕には考える時間が必要だった。

なぜこうなってしまったのか？　何が悪かったのか？　何を見落としていたのか？

謎を解き明かさないといけない。そして、確かな現実のうえに、自分の人生を立て直さないといけない。もしもう一度臨床心理学をやるとしても、堅牢な地盤のうえで、もう一度始めないといけない。

そのためには、時間が必要だ。

「なんくるないさ、様子を見よう」

そうだ。時間をかけよう。流れゆく時間のなかで、注意深く観察し、考えることを続けよう。僕はデイケアに来て、看護師たちと一緒に働いて、それを学んだのではないか。

時間をかけよう。なんくるないさ。失業保険をもらえばいいだけの話だ。焦ることはない。ゆっくりやろう。死にゃあしないのだ。じっくり時間をかけて、僕を打ち負かしたものの正体を見極め、今後を考えよう。

そうだ。僕は負けたのだ。負けたときは、じたばた身動きすべきじゃない。一度止まるのだ。動かずに、時間をうまく使うのだ。

だから、まずは日常をしっかりと生きねばならぬ。時間を踏みしめなくてはいけない。そこからしか、始まらない。

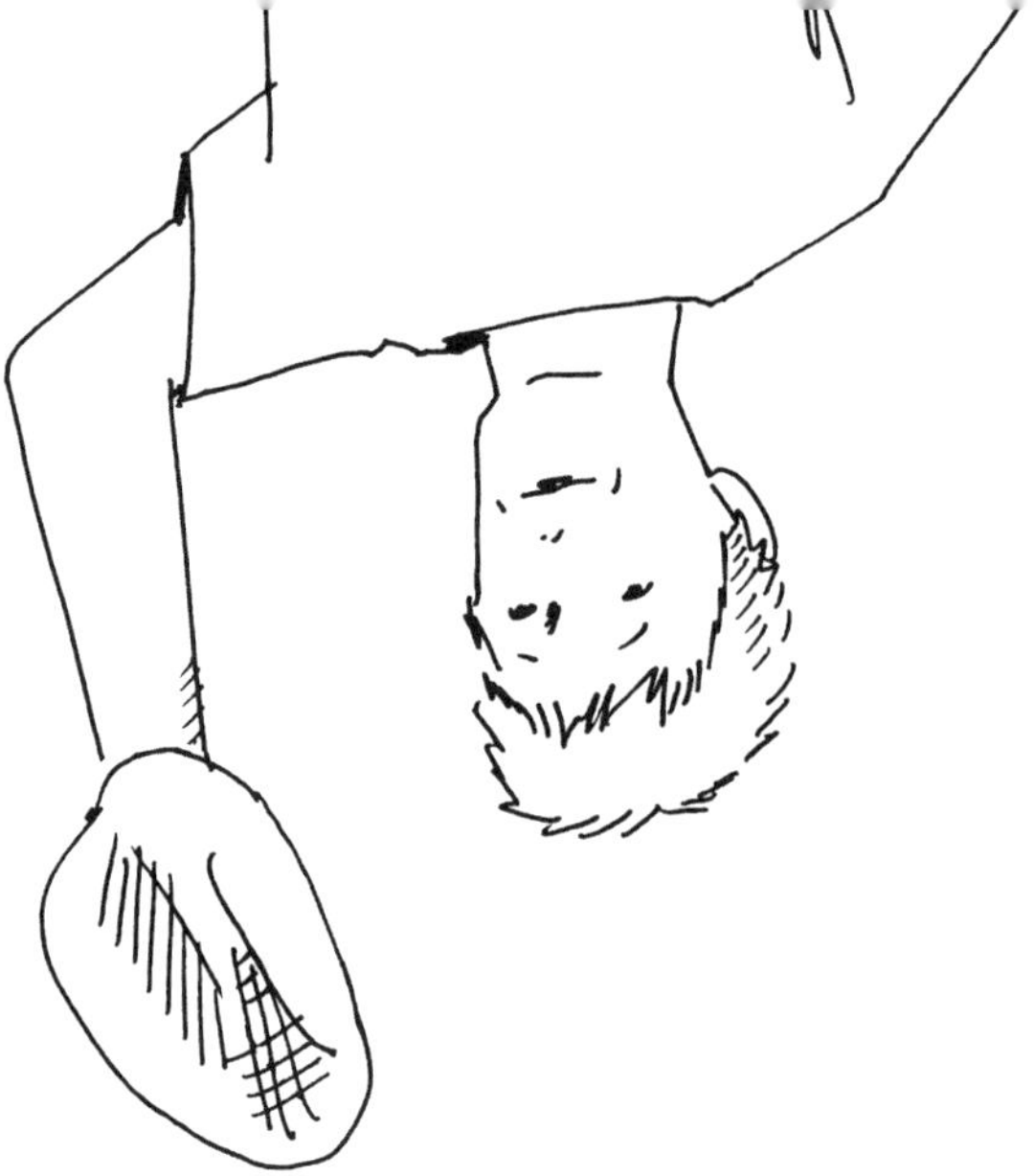

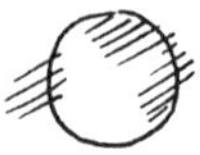

「なんくるないさ、様子を見よう」

僕は土壇場で自分を立て直す。

昼休みのソフトボールを再開する。残された時間は少ない。昼寝なんかしてる場合じゃない。今さら最大限の最終回をしようとは思わない。それはカウンセリングだけで十分だ。デイケアでは最小限の最終回を生きる。だけど、きちんと生きないといけない。幽霊としてではなく、きちんと「いる」人として、日常を生きる。しかと、ぐるぐる回る。

キャッチボールをする。ノックをする。そして、練習が終わったあとに、メンバーさんと三九円のコーラを飲みながら、ユンタクする。つまり、おしゃべりをする。話題はいつも同じだ。

天気の話。ショートバウンドの取り方の話。スポーツ新聞に出ていた今年の巨人軍キャンプの話。

僕らは飽きもせず、同じ話をしつづける。それはもうお決まりになっていたのだけど、それでも何度でも何度でもおしゃべりをする。

そして、ヤスオさんの身の上話に耳を傾ける。僕は入職してからほとんど毎日、ヤスオさんの身の上話を聞いてきた。一〇〇〇回以上、同じ話を聞いた。僕のほうから「若いころどうだったんですか？」と尋ねるときもあったし、ヤスオさんが自分から「身の上話、聞く？　昔、自分、ワルだったよ」と喋り出すときもあった。でも、とにかく身の上話を聞き続ける。ぐるぐると回る日常を、しかと生きる。

ヤスオさんは二人のヤクザに追われていた。一人は巨漢でドスを持っていて、もう一人は小柄でピストルを持っている。その二人組はもう二〇年以上、ヤスオさんのことを付け回していた。彼らはヤスオさんのすぐ傍まで迫っていた。外来で見かけることもあったし、体育館でバレーをしているときに覗かれていることもあった。そういうとき、ヤスオさんは素早く身を隠した。

ヤスオさん曰く「生まれたときからポンコツだったよ」とのことだが、実際にはヤスオさんは県でも有名な進学校を卒業して、首都圏の公立大学に進学していた。いわばエリートだ。だけど、大学在学中にヤクザに追われはじめることになった。

そのころのヤスオさんは「相当なワル」だった。酒を飲み、バクチをやり、そして多くの女性と関係を持った。「めちゃめちゃスケベだったよ、あのころは。ひどかったね」

そのころ、交際していた女性がヤクザの関係者だったことが運のツキだった。ヤスオさんは二人組のヤクザに慰謝料を支払うように求められた。とても払える額じゃなかったので、逃亡した。「すたこらさっさと逃げたんだ。逃げ足早かったよ、あのころは」

だけど、二人組は追いかけてきた。ヤスオさんの家の食器棚に盗聴器を仕掛け、冷蔵庫に監視カメラを設置した。拉致されたり、監禁されたりしそうになるけど、いつも間一髪のところで、ヤスオさんは危険に気がついて、難を逃れた。

そのあと、何がなんだかよくわからないうちに、大学を中退し、沖縄に帰ることになり、入院することになった。いつの間にか「統合失調症」という診断名がついていて、障害者手帳をもらっていた。そしてデイケアに通うようになった。

ヤスオさんがデイケアに来ていちばん驚いたのは、ヤクザとデイケアが「グル」になっていたことだ。タカエス部長も、ダイさんも、シンイチさんも、ヤクザ関係者で、ヤスオさんを監視するために派遣された人だったからだ。だからヤスオさんにとって、ソフトボール練習はいま自分がどういう状態に置かれているかを探る時間だった。二人組のヤクザが、どこまで自分のことをつかんでいるのか、拉致はいつ起きるのか、ソフトボールをしながらヤスオさんは情報収集をしていて、用心を続けていた。そうしているうちに、デイケアにやってきて一〇年が経った。

「昔はワルだったけど、酒も、バクチも、女もこりごり」ヤスオさんは毎日、僕に語る。そしてお決まりのセリフが放たれる。「ヤクザ怖いよ」

「ヤクザ怖いですよ」僕も毎日、その話を聞く。

ヤスオさんはぐるぐる回っている。同じ毎日を生きている。デイケアに行くことになっているから、デイケアにいく。ヤクザの目を気にしながら、一日を過ごす。タバコの吸い殻を拾い、たまにそれを吸う。お昼ごはんを食べる。ソフトボールをする日もあれば、サボる日もある。お茶を飲み、タバコを吸い、そして帰る。年をとらないヤクザ二人組に追いかけられ続ける。

ヤスオさんの日常はそのようにして繰り返される。僕がデイケアに来る前からそうだったし、僕がいなくなったあともきっと同じだろう。円がぐるぐると回り続ける。きっと明日も同じだし、一〇年後も同じようにヤスオさんはここでぐるぐると回っている。

ヤスオさんはそうやって、「ただ、いる、だけ」。

いろいろなものが過ぎ去っていっても、そうやって「ただ、いる、だけ」。

「それでいいのか？」

どこからか声が響く。この四年、僕の内側で響き続けていた声が聞こえる。

「それでいいのか？　ただ、いる、だけ、それでいいのか？　そうやってぐるぐると回り続けている、だけ。それでいいのか？」

僕はいつものように口ごもりながら答える。

「それでいいのだ……たぶん」

「本当にそれでいいのか？」

「わからない。でも、そういうものじゃないのか？」

それでいいのか？

……………。

それでいいのか？

お前だ！ 「ただ、いる、だけ」を認めることができないお前が、おれたちを傷つけ続けてきたんじゃないのか？ お前のところに、真犯人がいるんじゃないのか？

会計の声

ふしぎの国のデイケアは、入り口の門から最奥の地まで、「ただ、いる、だけ」に敷きつめられている。

デイケアの門をくぐったその瞬間から、僕は「ただ、いる、だけ」に困惑していた。何もすることのないデイケア室で、僕はタカエス部長から「とりあえず、座っておいてくれ」と言われて、本当に困った。「ただ、いる、だけ」が仕事になるとは思えなかったからだ。だけど、実際のところ、仕事の本質は「ただ、いる、だけ」にこそあった。なぜなら、ふしぎの国のデイケアは、メンバーさんの「ただ、いる、だけ」を支えるためにあり、その「いる」は誰かと「共にいる」ことで可能になるものであったからだ。幽霊となった僕が「いる」ために、卓球室でメンバーさんと一緒に「いる」ことを必要としたのと同じだ。だから、メンバーさんが「ただ、いる、だけ」のために、僕も「ただ、いる、だけ」。それこそが僕の仕事だった。

だけど実際のところ、「ただ、いる、だけ」って、容易には飲み込みがたいものだ。

「いる」の価値をむげに否定する人は、そりゃいない。人間とは「human being」なんだから、「いるbeing」が僕らの根底にある、なんていうことは、まあ耳タコだ。実際、どんなに優れた仕事をできる人でも、まずは職場にいられなくては話は始まらない。「いる」はとても大事だ。それはそうだ。

みんなそんなことはわかっている。

だけど、「ただ、いる、だけ」には確実に居心地の悪さがある。すぐには飲み込めない何かがそこにはある。「それでいいのか？」という声がそこには付きまとう。その声が僕らを戸惑わせる。

誰だ？「ただ、いる、だけ」の価値を問いただそうとするこの声の主は誰なのか？

会計だ。この声は会計の原理から発せられている。

会計の声は、予算が適切に執行されているのか、そしてその予算のつけ方そのものが合理的であったのかを監査する。コストパフォーマンスの評価を行い、得られたベネフィットを測定し、そのプロジェクトに価値があったのかどうかを経営的に判断する。

そのような会計の声を前にして、「ただ、いる、だけ」はつらい。だって、「ただ、いる、だけ」の「ただ」と「だけ」は、そのような社会的価値を否定するメッセージを原理的に含んでいるからだ。社会復帰するとか、仕事をするとか、何かの役に立つとか、そういうことが難しくても、なお「いる」。それが「ただ、いる、だけ」だ。そういうことを超えて「いる」を肯定しようとする「ただ、いる、だけ」は、効率性とか生産性を求める会計の声とひどく相性が悪い。

そういうものを肯定して初めて、デイケアは可能になる。というのも、少なくないメンバーさんたちが、デイケア以外のどこにも居場所がないからだ。

実際のところヤスオさんは「ただ、いる、だけ」でこの一〇年間を過ごしてきて、これからの一〇年間を過ごしていく。ヤスオさんだけじゃない。多くの人が「ただ、いる、だけ」で、そのままデイケアにとどまり続ける。病院と社会の中間にあり、経由地だったはずのデイケアが、実際には彼らの

「終の棲家」になっているという現実があるのだ。それを否定しはじめると、彼らがデイケアに「いる」のが難しくなる。「ただ、いる、だけ」を肯定して初めて可能になる「いる」が存在する。
それがケアする仕事の根底にあるものだと思う。

だけど、「ただ、いる、だけ」に毎日一人当たり一万円近い社会保障財源が投入されており、それを支えることで自分に給料が支払われているという事実に向き合ったときに、僕らは居心地が悪くなる。会計の声は僕らを居心地悪くさせる。

「それでいいのか？」まるでオペラ歌手のように大きく、よく通る声で、会計係は歌う。会計の声は、ホールの隅々にまで響きわたり、僕らの内面の奥のほうにまで沁みわたる。

僕らの国にはいっぱい借金があるし、これから子どもは減り、高齢者が増えていく。税収は減り、社会保障財源はうなぎのぼりだ。そういう限りある予算のなかで、「ただ、いる、だけ」にお金がつぎ込まれる。それでいいのか？ もっと効率的にならないか？ 生産性を上げられないか？ 会計の声はそう迫ってくる。オペラ歌手のバリトンが響く。

これは理念的な問題ではない。実際、会計の声によって、居場所型デイケアはいま、滅びの道を進んでいる。居場所型デイケアの診療報酬が削減されはじめているのだ。直近の診療報酬の改定で、次のような文言が加筆されている。

精神疾患による一年以上の長期入院歴のある患者を除いて、三年を超えるデイケア利用患者が週三日以上通うときには、四日目から一〇〇分の九〇に減算する。

簡単に言ってしまえば、デイケアに長期間「ただ、いる、だけ」のメンバーさんに対しては、お金を払い渋る、ということだ。デイケアは「ただ、いる、だけ」を続けていく場所ではなく、なにがしかの社会復帰を果たせる機関として機能しなくてはならない、会計の声は明確な方針を示している。

この流れは、先に挙げたブラックデイケアの報道をきっかけにしたものでもある。Eクリニックでは国からお金を引き出すために、「ただ、いる、だけ」が使われた。彼らは患者を囲い込み、そうすることで収入を得ていた。そういう頽落を受けて、居場所型デイケアの縮小は加速した。だから、先の古屋氏は次のように宣言する。

今後デイケアには、より明確な治療・リハビリテーション機能とエビデンスが求められてくる。ネガティブな抱え込みイメージを払拭し、障害福祉サービスとは異なるリハビリテーション機能と治療実績を示せなければ、デイケアももはや生き残れない。（古屋龍太「精神科デイケアはどこに向かうのか」『精神医療』第八九号、九頁）

ここで求められているのはセラピーだ。ケアではなく、セラピーが要請されているのだ。

そう、会計の声はセラピーに味方する。セラピーは変化を引き起こし、何かを手に入れようとするプロジェクトだからだ。たとえば、復職する。学校に登校しはじめる。そういうことによって、生産性が上がる。税収が増える。会計の声からすると、セラピーは何かを手に入れるための投資と捉えられる。

これに対して、会計の声はケアに冷たい。ケアは維持し、保護し、消費する。「いる」はその後、生産に結びつくならば価値を測定しやすいかもしれないけれど、「ただ、いる、だけ」は生産に結びついていかない。だから、それは投資というよりも、経費として位置付けられやすい。

ケアとセラピーは人間関係の二類型であり、本来そこには価値の高低はないはずなのだけど、でも実際のところ、会計の声は圧倒的にセラピーに好意的だ。

あなたの職場もそうではないか？　最先端の計算をするための高価なコンピューターはぽんと購入されるけど、無償で提供されていたコーヒーはいつの間にか自動販売機で購入しなきゃいけなくなっている。投資は積極的になされても、経費は削減されていくのだ。

同じように脳外科手術にはすさまじい値段がつくけれど、手術前の不安を鎮めるための会話や、手術後の体のお世話の報酬は低い。復職支援のためのリワークデイケアは拡大しても、居場所型デイケアは縮小していく。

何が言いたいかというと、超シンプルなことだ。

セラピーにはお金がつきやすく、ケアにはお金がつきにくい。これだ。

会計の声が持ち込む市場のロジックは、セラピーに好意的で、ケアの分は圧倒的に悪い。

変化をもたらし、効果があり、価値を生み出すことを、会計の声は求める。

正論ではある。限りある財源なのだから、効率よく使用されるべきだ。成果のあるものに予算は投入されるべきだ。そのためにデイケアは透明化されるべきだし、その費用対効果はきちんと測定されるべきだ。そういう公明正大で確信に満ちた会計の声に、僕らは反論することが難しい。

「ただ、いる、だけ」の社会的価値を僕らは語りづらい。終の棲家になったデイケアが社会にもたらす経済的価値をどう語っていいのかわからない。ケアの価値を経済学の用語で語るのが難しい。

いや、そういうことを語ろうとする試みは多く現れている。医療経済学者とか厚生経済学者とか、そういう人たちがこの難しい問いにチャレンジしている。そこでは曖昧模糊とした「ただ、いる、だけ」を定義して、その価値を言語化する試みがなされている。

だけど、そうやって、「ただ、いる、だけ」を会計係にもわかる市場の言葉に翻訳すると、次に起こるのは「それをより効率的に運用すべきだ」というさらなる圧力だ。「それでいいのか？」会計の声はより大きくなる。

このとき起きているのは倒錯的な事態だ。お店に並ぶはずのないものに、値段をつけようとする行為だからだ。

このことをブルジェールという哲学者は、次のように表現している。

「ケア」についてのイデオロギーのコンテクストを検討すれば、「ケア」の実践は、その倫理的特性が考慮されず、経済的収益性、管理経営の基準に従属させられていることがわかる。「ケア」のネオリベラリズムによる管理においては、「ケア」が身体の問題、親密性の領域の問題であることが無視されてしまう。（ブルジェール『ケアの倫理』八〇頁）

難しい言葉遣いだが、たとえば、家の掃除は時給二〇〇〇円、皿洗いは時給一五〇〇円。そういうふうに主婦が家で行っているケアが金銭で提示されることを、ブルジェールはおかしいと言っているのだ。そこにどんな高い値段がついたとしても、おかしい。なぜなら、ケアという親密な「依存」を原理としている営みは、「自立」した個人の集合体である「市場」の外側にあるはずだからだ。

おかしいのだ。サッカー場の外の公園で一日絵を描いていた人が、「お前、今日、一点もゴール決めてないよな」と言われるようなものだ。サッカーをしていない絵描きが、サッカーの論理で評価されている。

あるいはギリシア神話に出てくるミダス王のようなものだ。黄金を愛するミダス王は、自分の触るものをすべて黄金に変えてくれと願い、叶えられた。すると、彼が触れた食べ物は黄金に変わり、愛する娘を抱こうとすると黄金になってしまった。これは悲劇だ。食べ物には美味しさを求めるべきであり、娘には愛情を求めるべきであり、金の含有量を求めてはいけないのだ。

絵描きの価値を、ゴールを決めた数で判断してはならない。ミダス王は黄金が欲しくて娘に触れてはいけない。同じように、「ただ、いる、だけ」の市場価値を求めてはいけない。

でも、現実は残酷だ。この構造が、今の僕らにとっては根源的なものだからだ。僕らはもはや市場抜きには生きていけない。社会はあまりにも複雑化しているし、かつ僕たち自身が、自立した個人が自由に交換を行うことの魅力を手放すことができない。だから、市場の外に僕らは出ることができない。なんだかんだいろいろな事情があって、高い理想や理念があったとしても「それでちゃんと食えるのか？」と会計の声が響いたら、ぐうの音も出ないのが僕らの世の中だ。

「それでいいのか？」の声に僕らは抗うことができないということだ。いや、それ以上に市場を生きる僕ら自身が「それでいいのか？」と問うてしまうのだ。

このとき、「ただ、いる、だけ」は変質する。

そこにこそ、真犯人が姿を現す。

終わりまで、あと少しだ。

エビデンスと効率性の光

真犯人は僕の中にいる。

伏線を張っていたではないか。ここまでの話を思い出してほしい。あるいは第1章だけでも見直してほしい。

僕自身がセラピーを高く評価して、ケアを軽く見ていたのだ。会計の声を深く内面化していたのだ。僕もケアではなく、セラピーをしたいと思って、沖縄までやってきた。そして、「ただ、いる、だけ」の前で戸惑い、送迎バスの運転席で絶望した。「それでいいのか？」というケアの市場価値を尋ねる声は、結局のところ僕自身の声だったのだ。

僕たち自身がいつもいつも会計の声を発している。僕らは日々、労働者や経営者としては生産性と効率性を追求し、消費者としてはコストパフォーマンスを計算している。みんなそうなのだ。

ストラザーンという人類学者は、そのような世界の在り方を「会計監査文化 audit culture」と呼んでいる。それは、ありとあらゆるものに会計係の監査が向けられる世界だ。大学も、病院も、中学校も、会社も、コミュニティセンターも、幼稚園も、ありとあらゆるところに会計の透明性が求められる。

あなたのいる場所もそうではないか？　ボールペン一本買うのに理由が必要で、書類を作成しないといけない。コーヒーを常備するのにもエビデンスが求められ、より安いインスタントコーヒーではだめな理由を示さないといけない。ＰＤＣＡサイクルとか、ポートフォリオとか、よくわからないカタカナ語は、つねに「それでいいのか？」と問いかけてくる。

そして、それが居場所にまで侵入する。薄暗くて、よく見えないから居場所だったところにまで、どれだけの成果が出たのか、支払った分だけの結果は出ているのか、より効率的な運用法はないのか、説明責任を果たしてください、書類を提出してください、と会計の声が響きはじめる。居場所にエビデンスと効率が求められる。透明な光が差し込む。

エビデンスと効率性の光。会計監査のための透明な光。

その光がアジールをアサイラムへと頽落させる。

哲学者フーコーはアサイラムの典型が「パノプティコン＝一望監視施設」であると見抜いた。つまり、中央に塔があり、そのまわりを独房が取り囲んでいるような建物のことだ。すると、各独房にいる囚人は、つねに自分が見られていることを意識せざるを得ない。アサイラムとはすべてが透明で可視的な場所のことなのだ。

不透明で見えづらいアジールは、会計の声に応えると、透明ですべてが見られるアサイラムへと変貌する。

仲間内で始めた勉強会は当初アジールなのだけど、それが学会になると、そこは透明になり、アサイラムになる。地域のゲートボール仲間の会に、区役所から予算がつくと、規約ができ、監査報告がなされ、アサイラムになる。

アジールは、予算がつくとアサイラムになる。

会計はアジールを殺す。その光は、アジールの薄暗さを隈なく照らして、アサイラムにしてしまう。

逃げ込んだ罪人を庇護するアジールに、効率性とエビデンスが求められるとき、そこは罪人を画一的に管理するアサイラムに変わるのだ。

ここだ。ここを見よ。ここに真犯人が潜んでいる。目を凝らすのだ。

「それでいいのか」という会計の声が響き、「ただ、いる、だけ」の価値が見失われ、アジールがアサイラムへと頽落するその瞬間に、僕らの中に真犯人が霧のように立ち込める。

> 「ただ、いる、だけ」の価値がよく見えない。
>
> ↓
>
> だけど、「ただ、いる、だけ」によって金銭が得られる。
>
> ↓
>
> だから、金銭を得るためには「ただ、いる、だけ」が必要である。

ニヒリズム。こいつが真犯人だ。

「いる」の本質的な価値が見失われているのに、ただ「お金になるから」という倒錯した理由で「いる」が求められる。そのとき、「いる」は金銭を得るための手段へと変わる。

ブラックデイケアはこのニヒリズムが立ち込めることによって生じる。そこでは「いる」が経済的収益性の観点から管理されてしまう。あるいは、さまざまなケアする施設でのケアする人の苦しさもニヒリズムから生じる。「いる」を支えることのコスパが計算されるから、ケアする人の「いる」は使い捨てにされてしまう。アサイラムがすべてを飲み込む。

ケアはつらいよ。

ケアはいつでもニヒリズムに脅かされている。その最奥にある「ただ、いる、だけ」は「それでいいのか」と問う会計の声にさらされ、その光を照射されるときに、傷ついてしまう。それに持ちこたえられないときに、ケアからニヒリズムが生じる。

その極北に「津久井やまゆり園事件」がある。知的障害者の施設で元職員が入所者を大量殺人した事件だ。その元職員は入所者を「心失者」と呼び、安楽死させることが会計的な意味での社会正義だと考えていた。彼はケアすることのなかに含まれるニヒリズムに食い破られたのだ。このニヒリズムの極致で「いる」は否定される。

「もっと、光を」

文豪ゲーテがいまわの際に発したあの一言が、僕らの心を透明な監獄へと押し込める。会計の光が「ただ、いる、だけ」を照らす。霧に覆われ、幕が張られて、よく見えない不透明なアジールを照らす。すると、居場所だったところの隅々にまで、照明が射し込む。その瞬間、左の図のようにぐるぐると回る渦のようなありふれた日常が、透明な光によって真っ白に照らされる。

「それでいいのか？」会計の声が響く。

居るのはつらいよ

朝、目覚めると、ショッピングセンターの駐車場に行く。送迎バスが迎えに来る。身をよじりながら、デイケアに向かう。いつもの席に座ると、お茶を入れ、そして拾ってきたタバコの吸い殻を数える。朝のミーティングがあり、ラジオ体操をする。それが終わると昼休みまでただ座っている。ときどきトランプをしたり、身の上話をきいたりする。昼食を食べると、ソフトボールをしにいく。帰ってきたら着替えて、ただ座っている。夕食を食べて、送迎バスに揺られて、ショッピングセンターの駐車場まで帰る。……

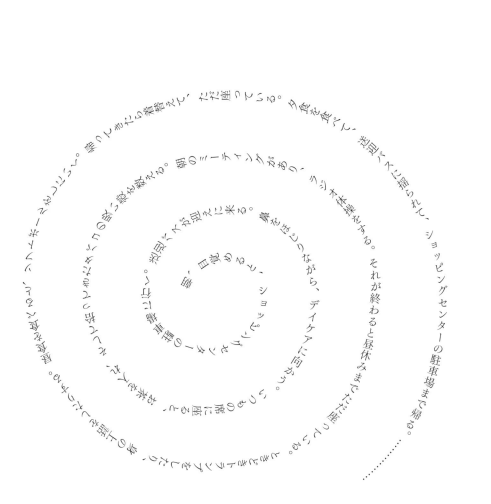

こうしてぐるぐると回り続けているあいだは居場所として機能していた日常に、効率性とエビデンスの光が差し込む。すると、それはバラバラに瓦解する。一つひとつの営みのコストパフォーマンスが細切れに検討されるからだ。タバコの吸い殻を拾ったりしないほうが、よりよいのではないか？透明性が追求される。すると、円がほどける。「ただ、いる、だけ」は切れ切れになってしまう。

身の上話をしたりする。
ときどきトランプをしたり、
夕食を食べて、
ショッピングセンターの駐車場に行く。
いつもの席に座って、
お茶を入れ、
朝のミーティングがあり、
ラジオ体操をする。
それが終わると昼休みまでただ座っている。
ソフトボールをしにいく。
帰ってきたら着替えて、
昼食を食べると、
ただ座っている。
送迎バスに揺られて、
目覚めると、
朝、
デイケアに向かう。
そして拾ってきたタバコの吸い殻を数える。
送迎バスが迎えに来る。
鼻をほじりながら、
いつもの席に座ると、
お茶を入れ、
シャワーを浴びて眠り、
ショッピングセンターの駐車場で降りる。
送迎バスが迎えに来る。
鼻をほじりながら、
目覚めるとショッピングセンターの駐車場に行く。
家に帰ると、
デイケアに向かう。

居るのはつらいよ

ぐるぐると回っているときには、価値を持っていた「ただ、いる、だけ」は切れ切れになると、決定的に無価値なものになってしまう。それらは文脈を失うと、グロテスクなまでに無意味なものに見えてしまう。

こうして居場所は失われる。だって、無意味に見えるものこそが、生きづらい僕らの隠れ家として機能していたからだ。そこに自由があったからだ。

透明な光が満ちあふれる世界で、曖昧模糊としていて自由なアジールは、徹底的に管理された不自由なアサイラムへと変質していく。

「ただ、いる、だけ」はこうして骨だけが残る。そして、そこにニヒリズムだけが取り残される。「ただ、いる、だけ」のコスパを追求しているうちに、コスパのための「ただ、いる、だけ」が出来上がってしまうからだ。

ケアの根底にある「いる」が市場のロジックによって頽落する。

ニヒリズムが生じる。

こいつこそが真犯人だったのだ。

僕らは今、そういう世界を生きている。そのことを、僕はこのデイケアで知った。そして、そういう光を遮りながら、それでも「いる」を支えようとしてあがいていた人たちと共に働き、そして敗北した。ニヒリズムは外側から僕らに襲いかかり、内側から僕らを食い破った。

だから、居るのはつらいよ。

さよなら

またたく間に時間は過ぎていった。ぐるぐると回る日常は速度を変えない。あっという間に、三月の下旬になり、那覇の至るところで冷房が入りはじめる。そして、最後の日がやってくる。

僕は最終日もいつもと同じように過ごした。ミーティングに出て、デイケアでとりあえず座っておく。そして一生分したであろうウノとトランプをやり、そしてまたとりあえず座っておく。「ただ、いる、だけ」。

だけど、やはり最後の日はちょっと違うムードもある。ジュンコさんはいつもより頻繁に飴をくれるし、コーラまで勧めてくれる。タマキさんは僕が内地に戻ると思っているから、昔旅行で行った大阪の話をする。北新地で食べた唐揚げが最高だったから、行ったほうがいいと勧めてくれる。リュウジさんはトランプを混ぜる係を代わりにやってくれた。みんな微妙に優しい。彼らが別れを意識していることが伝わってくる。僕もまた少しセンチメンタルな気持ちになるけど、それでも普通に過ごす。ぐるぐると回る。

昼休みはソフトボールに行く。最後の練習だ。このデイケアを去ったら、きっと一生ソフトボールに触ることなんてないだろう。もしかしたら、グローブを持つことだってないかもしれない。でも、べつにそのことにそんなに感慨はない。僕は野球狂じゃないから、一生野球なんかしなくてもまったく問題ない。結局のところ、それは「いる」ための暇つぶしなのだ。

だから、いつもの通りに、ヤスオさんとキャッチボールをする。三月末の那覇は、もう日差しがきつい。僕は汗をかきながら、思い切りボールを投げる。どんなボールを投げても、ヤスオさんはしっかりとキャッチして、ひょろひょろとした球を投げ返してくる。すると、めずらしくヤスオさんが質問を投げかけてくる。


「ねえ、東畑さん、これからどこに行くの？」

「どこって、どういうことですか？」

「内地に帰るんでしょ」

　僕は転職が失敗に終わったことをメンバーさんたちには伝えていなかった。傷ついていたから、黙っていた。でも、ヤスオさんの間の抜けた声で尋ねられると、わりかしどうでもいいことのような気もする。

「それが中止なんですよ。転職活動に失敗しちゃって」

「そうなんだ」

「そうなんですよ。明日からも沖縄です。沖縄でプータローです」そう言うと、ヤスオさんがニヤッと笑う。三月の太陽でガタガタの歯が光る。

　自分で「プータロー」と言葉にしてみると、やっぱり大したことないんじゃないかと思う。僕以外にも世の中にはいっぱいプータローはいるし、よく考えたらヤスオさんだってプータローだ。

「よかったよ、それで」ヤスオさんがボールを投げる。

「よかった？」僕はキャッチする。「なんでですか？」

「ヤクザはやめたほうがいいよ。内地でヤクザに戻るつもりだったんでしょ？」

笑ってしまう。そうか、ヤスオさんは僕のこともヤクザの関係者だと思っていたのだ。

「やめたほうがいいよ。殺人とか恐喝とか拉致はよくないよ」

「そうですよね」僕は言う。「組長に言っときます、足抜けしますって」

「よかった」ヤスオさんは真面目な顔で言う。

「ねえ、ヤスオさん」僕はボールを投げる。

「なに？」ヤスオさんがボールをキャッチする。

僕は聞いてみる。「どうしたらいいんですかね、私は。明日からプータローなのだけど」

「うーん」とヤスオさんは首をひねる。ボールを投げる。しばらく考える。そしてニカっと笑う。

「デイケア通いなよ。ごはんもあるし、コーラもらえるし」

僕は笑ってしまう。その手があったか。

「いいっすね、それ。ヤクザも手を出せないし。最高ですよね」

「最高だよ」

僕はヤスオさんにボールを投げ返す。涼しい風が吹いてくる。


あっという間にさよならの時間になる。それは粛々と行われる。

僕は帰りのミーティングで短く挨拶をする。

「四年間、とても楽しい日々でした。みなさんと出会えてよかったです」

ものすごく月並みな言葉を伝える。それでいいのだ。月並みだったり、ありふれていたりするものこそが、ケアの核心にある。

居るのはつらいよ

みんな拍手をしてくれて、ジュンコさんは泣いてくれる。ジュンコさんは誰かがいなくなるときは必ず泣く。そして、すぐにケロッと立ち直る。彼女の日常はそうやって、ぐるぐると回っていく。そういうものを、彼女がようやく得た四年間を僕はともに過ごした。

きっと、僕がいなくなると、代わりの誰かがやってくる。その人がきちんと僕の代わりを果たすのだろう。それは、ちょっと寂しくはある。すぐに僕のことなんか忘れられてしまうのだろうなと思うからだ。ダイさんも、タカエス部長も、シンイチさんも、あんなに大きな存在だったけど、去ってしまえば、その記憶ははかない。デイケアは線ではなく、円なので、歴史というものが希薄だ。だから、きっと僕がここにいたことも、ぐるぐると回る円の中で、切れ切れになって消えていってしまう。

でも、それでいいのだ。そういうものなのだ。

いや、それがいいのだ。それがデイケアだったし、それがよかったのだ。

僕はデイケアの入り口扉のところで、メンバーさんを見送る。

「元気でね」「がんばってよ」「またどこかで会おうね」「ありがとね」

月並みな言葉を贈られる。それがいい。月並みな言葉はとても優しい。いろいろな思いを飲み込んで、僕を傷つけないように贈られている言葉のように感じる。

僕はメンバーさんとハイタッチを交わす。あるいはハグをする。タマキさんとハグをして、ユリさんとハイタッチをする。汗と汗が触れて、混ざる。

「さよなら」

僕は言う。

「バイバイ」とメンバーさんが手を振る。

僕は見送る。デイケアから去っていくのは僕だけど、僕が見送る。僕はスタッフだから、見送られるのではなく、見送る。

ヤスオさんはいつもとまったく変わらない。「じゃあね」といつも通りに、小さく手をあげる。また来週の月曜日に会おうね、そんな感じだ。

僕も「また来週」の雰囲気でハイタッチをする。「さよなら」

「じゃあね」もう一度ヤスオさんは言う。

僕ももう一度言う。月並みな言葉なのに、もう二度と言えない言葉だから、もう一度言っておく。

「さよなら」

もっと、光を

皆を見送ると、荷物を片付ける。

カウンセリング室や更衣室に置いてあった私物をまとめる。とはいっても、もうそんなに残ってはいない。このひと月、せっせと去る準備を進めていたからだ。

僕は小さな荷物を抱えて、デイケアの扉から出ていく。

四年前にくぐった門を、出ていく。多くを失って、僕はここから出ていく。博士号を取りたての臨床心理士は、プータローとなってここを出ていく。それにしても、僕は何を失ったのだろうか。そして何を得たのだろうか。

駐車場ではヒガミサとユウカさんが待っていてくれる。彼女たちの軽自動車に乗り込む。

「お疲れ様でした、キャハ！」運転するユウカさんがねぎらってくれる。

「呪い殺されないで済んでよかったね、トンちゃん」ヒガミサは助手席でタバコをふかす。

「ホントだよ、生き残れてよかった」

「あ、トンちゃん、そこにあるやつ返すね」ヒガミサが後部座席の袋を指さす。「ありがとうね」

「あぁ、お疲れさんでした」

僕も鞄から袋を取り出す。

「これ、ヒガミサにプレゼント。今までありがとう」

デイケアでは辞める人が残る人に贈り物をしていた。僕も今までいろいろなものをもらってきた。だから、僕も残るヒガミサに贈り物を渡す。

「おお、トンちゃんがモノをくれるとは。めずらしい。何さ？」

「開けてみて」

ヒガミサがガソゴソと袋を開ける。そして笑う。「ハッサ！　これかい！」

ＩＣレコーダーだ。僕は貸していたＩＣレコーダーを返してもらい、新しいものをヒガミサに贈った。

「ありがとう。返しちゃうし、これからどうしようかなー、って思ってたから」

「生き延びねばならぬ、だよ」

そう、僕らはそういうものを必要とするくらい、追いつめられていた。

「私も、夏には辞めようと思ってる」ヒガミサは唐突に言った。

「えー！」ユウカさんが驚いてブレーキを踏む。「辞めないでくださいよ、死んじゃいます、私」

「バカ！　ちゃんと運転して」


黒い軽自動車は風を切って走る。窓からは気持ちのいい風が吹き込んでくる。ステレオからはニッキー・ミナージュの曲が流れてくる。彼女たちは今日もクラブにいくのだろうか。そして思う。よく考えてみると、僕はこのデイケアで働くまで、洋楽なんか聞いたことなかった。僕は今まで触れ合ってこなかった人たちと、ここで働いたのだ。そして、彼らに支えられていたのだ。だから言う。

「ヒガミサ、ユウカさん、ありがとう。おかげで本当に助かった」

「助けたと思うよ」ヒガミサは笑う。そして言う。「でも、楽しかったね」

「うん、楽しかったな」


そう、楽しかった。ふしぎの国のデイケアは楽しいところだった。さまざまな風景が思い出される。思い出されるのは、何か特別なイベントではない。無限に繰り返されていた風景だ。

バレーボールでハエバルくんがトスをミスっていたこと、リュウジさんがバッターボックスに入るときの長い儀式のこと、ユウジロウさんが鼻くそをほじっていたこと。いろいろなことが思い出される。

柔らかい日差しが射し込むデイケア室で死ぬほどジェンガをやったこと。ヒガミサが盛大にジェンガを崩して、タマキさんがうれしそうにしていたこと。床に落ちたジェンガをジュンコさんが拾っていたこと。そのとき、ダイさんが麦茶をつくっていたこと、それをヤスオさんが手伝っていたこと。同じとき、シンイチさんがグローブの手入れをしていたこと、ユリさんがそれを楽しそうに見ていたこと。

そして、自分がとりあえず座っていることができるようになったあの日のことを思い出す。甲子園で興南高校が優勝した夏、ぼんやりとデイケア室に座っていたことを思い出す。あのときの柔らかい風と、気づけば「いる」ができるようになったことを思い出す。

そして、その僕の向こうで、タカエス部長がうたた寝していて、トモカさんに「ツルツル」と笑われていたことを思い出す。部長のツルツルと光る頭を思い出す。

「ただ、いる、だけ」。その価値を僕はうまく説明することができない。会計係を論理的に納得させるように語ることができない。医療経済学者のようなことは僕にはできない。僕はありふれた心理士で、「ただ、いる、だけ」を公共のために擁護する力がない。官僚に説明できる力がない。結局のところ、僕は無力な臨床家なのだ。

だけど、僕はその価値を知っている。「ただ、いる、だけ」の価値とそれを支えるケアの価値を知っている。僕は実際にそこにいたからだ。その風景を目撃し、その風景をたしかに生きたからだ。

だから、僕はこの本を書いている。そのケアの風景を描いている。

「ただ、いる、だけ」は、風景として描かれ、味わわれるべきものなのだ。それは市場の内側でしか生き延びられないけど、でも本質的には外側にあるものだ。

タカエス部長が居眠りしていて、その光る頭をメンバーさんが撫でている。そういうものの価値は経済学の言葉では絶対に語れない。データにすることもできないし、官僚が納得するようなエビデンスにもできない。

それはエッセイの言葉で語られるしかない。「ただ、いる、だけ」はそれにふさわしい語られ方をしないといけないのだ。

そして、それは語られ続けるべきなのだ。ケアする人がケアすることを続けるために、ニヒリズムに抗して「ただ、いる、だけ」を守るために、それは語られ続けないといけない。そうやって語られた言葉が、ケアを擁護する。それは彼らの居場所を支えるし、まわりまわって僕らの居場所を守る。


居場所はつらいよ。市場の透明な光が満ちあふれるこの世界で、アジールは次々とアサイラムになっていく。居るのはつらいよ。

だけど、それでも、僕らは居場所を必要とする。「いる」が支えられないと、生きていけないからだ。だから、アジールはいつも新しく生まれてくる。たとえそれがすぐにアサイラムになってしまうとしても、それは必ず生まれてくる。

そういうものを少しでも生き延びさせるために、このケアの風景を描く。タカエス部長の頭頂部を、僕は描く。


もっと、光を。

エビデンスと効率性の透明な光ではなく、タカエス部長の脂ぎったハゲ頭の不透明な光を。

「着きましたー！」ユウカさんが車を止める。

国道の脇にある居酒屋の大きな駐車場に到着する。

「みんなもう待ってるよ」ヒガミサが言う。僕の送別会で、慰労会なのだ。

店先にはオリオンビールの赤青白の提灯が光ってる。有線からは三線の音色が流れている。安里屋《あさどや》ユンタだ。安っぽいステレオから、ひび割れた歌声が流れる。サーユイユイ。

僕は扉を開ける。クーラーの冷たい空気とビールの甘い匂いが、鼻に飛び込んでくる。

店の奥、座敷のほうがにぶく光ってる。タカエス部長の光が見える。サーユイユイ。

みんなが待ってくれている。一緒に働いた懐かしい仲間たちが集まっている。

「よお、トンちゃん来たな、今日は朝まで飲もう」部長が言う。

サーユイユイ。

「おつかれだったな」シンイチさんが笑ってる。「カンパイしようぜ」

サーユイユイ。

「お疲れ様でした」ヒガミサが音頭をとる。「カンパーイ！」

サーユイユイ。サーユイユイ。

文献一覧

浅野弘毅『精神科デイケア学——治療の構造とケアの方法』エム・シー・ミューズ、二〇一五年
有薗真代『ハンセン病療養所を生きる——隔離壁を砦に』世界思想社、二〇一七年
ウィニコット、DW『情緒発達の精神分析理論——自我の芽ばえと母なるもの』牛島定信訳、岩崎学術出版社、一九七七年
ウィニコット、DW『遊ぶことと現実』橋本雅雄訳、岩崎学術出版社　一九七九年
上野千鶴子『ケアの社会学——当事者主権の福祉社会へ』太田出版、二〇一一年
加藤寛・最相葉月『心のケア——阪神・淡路大震災から東北へ』講談社現代新書、二〇一一年
河合隼雄『こころの処方箋』新潮文庫、一九九八年
河合隼雄『ユング心理学入門』岩波現代文庫、二〇〇九年
北山修『見るなの禁止——日本語臨床の深層』岩崎学術出版社、一九九三年
北山修『覆いをとること・つくること——〈わたし〉の治療報告と「その後」』岩崎学術出版社、二〇〇九年
キテイ、EF『愛の労働あるいは依存とケアの正義論』岡野八代・牟田和恵監訳、白澤社、二〇一〇年
グッゲンビュール＝クレイグ、A『心理療法の光と影——援助専門家の〈力〉』樋口和彦・安渓真一訳、創元社、一九八一年
窪田彰『精神科デイケアの始め方・進め方』金剛出版、二〇〇四年
グレーバー、D『官僚制のユートピア——テクノロジー、構造的愚かさ、リベラリズムの鉄則』酒井隆史訳、以文社、二〇一七年
月刊「創」編集部編『開けられたパンドラの箱——やまゆり園障害者殺傷事件』創出版、二〇一八年
國分功一郎『暇と退屈の倫理学 増補新版』太田出版、二〇一五年
國分功一郎『中動態の世界——意志と責任の考古学』医学書院、二〇一七年
ゴッフマン、E『アサイラム——施設被収容者の日常世界』石黒毅訳、誠信書房、一九八四年
小林エリコ『この地獄を生きるのだ——うつ病、生活保護。死ねなかった私が「再生」するまで』イースト・プレス、二〇一七年
今野晴貴『ブラック企業——日本を食いつぶす妖怪』文春新書、二〇一二年
サミュエルズ、A『ユングとポスト・ユンギアン』村本詔司・村本邦子訳、創元社、一九九〇年
ジジェク、S『事件！——哲学とは何か』鈴木晶訳、河出書房新社、二〇一五年
精研デイ・ケア研究会編『改訂 精神科デイ・ケア』岩崎学術出版社、一九九七年

セン、Ａ『福祉の経済学――財と潜在能力』鈴村興太郎訳、岩波書店、一九八八年
千野帽子『人はなぜ物語を求めるのか』ちくまプリマー新書、二〇一七年
デカルト、Ｒ『方法序説』谷川多佳子訳、岩波文庫、一九九七年
中井久夫『世に棲む患者』ちくま学芸文庫、二〇一一年
中井久夫・山口直彦『看護のための精神医学 第二版』医学書院、二〇〇一年
中沢新一『悪党的思考』平凡社ライブラリー、一九九四年
中藤信哉『心理臨床と「居場所」』創元社、二〇一七年
夏目琢史『アジールの日本史』同成社、二〇〇九年
日本デイケア学会『新・精神科デイケアＱ＆Ａ』中央法規出版、二〇一六年
広井良典『ケア学――越境するケアへ』医学書院、二〇〇〇年
フーコー、Ｍ『監獄の誕生――監視と処罰』田村俶訳、新潮社、一九七七年
ブルジェール、Ｆ『ケアの倫理――ネオリベラリズムへの反論』原山哲・山下りえ子訳、白水社、二〇一四年
古屋龍太「精神科デイケアはどこに向かうのか」『精神医療』第八九号、二〇一八年
フロイト、Ｓ『フロイト全集15 精神分析入門講義』新宮一成ほか訳、岩波書店、二〇一二年
ヘンスラー、Ｏ『アジール――その歴史と諸形態』舟木徹男訳、国書刊行会、二〇一〇年
ホックシールド、ＡＲ『管理される心――感情が商品になるとき』石川准・室伏亜希訳、世界思想社、二〇〇〇年
松木邦裕「「抑うつ」についての理論」松木邦裕・賀来博光編『抑うつの精神分析的アプローチ』金剛出版、二〇〇七年
マルクス、Ｋ『資本論』中山元訳、日経ＢＰクラシックス、二〇一二年
メイヤロフ、Ｍ『ケアの本質――生きることの意味』田村真・向野宣之訳、ゆみる出版、一九八七年
ユング、ＣＧ『自我と無意識』、松代洋一・渡辺学訳、第三文明社、一九九五年
レヴィ＝ストロース、Ｃ『野生の思考』大橋保夫訳、みすず書房、一九七六年
Federn,P *Ego Psychology and the Psychosis.* Imago publishing. 1953
Riessman, F. The "Helper" Therapy Principle. *Social Work.* Vol. 10, No. 2 (1965.4), pp. 27-32.
Strathern, M. *Audit Cultures: Anthropological Studies in Accountability, Ethics and the Academy.* Routledge. 2000

あとがき

大きな建物のバルコニーにいる。

ものすごく高いところなので、怖い。

だけど、追いつめられていたから、意を決して飛び降りる。

すると、案外ふわりと着地できる。

見渡すと、そこは草がぼうぼうに生えた原野だった。


沖縄に就職することが決まったころに見た夢だ。私はその夢のことを自分が受けていたセラピーで、分析家に語った。

するると、彼は少し笑いながら「野に出る、ということかな」と言った。

「うーん、普通の解釈だなぁ」と当時の私はスカされたように思った。

だけど、今思えば、それは戦慄するほどに予言的だった。沖縄に行くことで、たしかに「野に出る」ことになったからだ。私は正統派の臨床心理学者になりたかったはずなのに、その後、まったくもってそこから外れていくことになった。それは望んでいたことではなかったけれど、実際にそうなった。

私は沖縄で多くのものを失い、そしてその代わりに多くのものを得た。

何を得たのだろうか？

「生きる」ことの多様性と、「生きる」ことを支える営みの多様性、普通に「生きる」ことの難しさ、そしてそれでも人は生きていくこと。

書き出してみると、ごくありふれた、当たり前のことだ。だけど、私自身はそういう当たり前のことを、沖縄に行ったことで、本当の意味で知った。深く知った。

それが沖縄で得た、真に重要なことだったと、今思っている。

原野でも、人は生きていく。

だから、そのようなことを、私はこれまで書き続けてきた。『野の医者は笑う』という本では、この本の続きの時期に行われたフィールドワーク調査のことを書いており（いわばこの本の長いエピローグだ）、『日本のありふれた心理療法』という本では、デイケア室の向こう側のカウンセリング室で行われていた営みを書いた（この本の裏舞台と言えるかもしれない）。

だけど、デイケアのことはこれまでほとんど書いてこなかった。というか、それは書くことができないことだと思っていた。

たしかに、私はそこで人生の一時期を過ごした。病者たちとともに暮らし、援助者たちとともに働いた。グルグルと回る円環的時間をそこで生きた。

それは明らかに、私に新しいものをもたらした。だけど、それをどのように表現していいのかわからなかった。あまりに個人的なものであるように感じていたからだ。実際、デイケアのことを学術論文として書こうと試みたこともあったのだが、できなかった。そこにあったものは、論文の硬い言葉たちでは掬《すく》い取ることができなかった。

何より、私はやはりそこで傷ついたわけだから、それは書くことが難しいものだった。


そうしているうちに、私がデイケアを去ってから時間が経った。私はあのデイケアから遠く離れたところで生きていた。少しずつ、そこにあった生々しさが薄れていった。

そのようなときに、医学書院の編集者、白石正明氏と石川誠子氏から、雑誌『精神看護』での連載を依頼された。たしか、新宿バスタの綺麗なカフェでのことだったと思う。

ちょうど「公認心理師」という心理職のための新しい国家資格ができて、ケアの世界で今まで以上に心理職が活躍していく、そういう期待が膨らんだ時期だった。デイケアについて書くことには、意味があった。

だけど、実際のところ、私は逡巡した。やはり、それは書きうるものだとは思っていなかった。

しかしそのカフェで話をしはじめ、時間になってそこを追い出されて、次のカフェで話を続けているうちに、「書けるかもしれない」と思いはじめた。話は盛り上がり、さまざまな風景が次から次へと思い出されて止まらなくなったからだ。気づけば、私はその依頼を引き受けていた。

それから、私はデイケアの取材を始めた。各地のデイケアを見学しに行き、自分が体験したことが何であったのかを確かめようとした（特に、つかさき医院の北岡美世香心理士には多くのサジェスチョンをいただいた）。

そして、それぞれのデイケアにはそれぞれ別の風景があるのだけど、でもそれらは本質的な部分で私が体験していたものと深く通底していると感じた。私は取材を続けながら、連載を書きはじめた。

むろん、本書で描かれたメンバーさんたちは実在する人々ではない。取材や後進の指導をするなかで得たことも踏まえ、私のさまざまな臨床体験を断片化し、改変し、新しく再構成したことを描いた。具体的な「事実」ではなく、ケアの風景を、その質感を、クオリアを描いた。メンバーさんだけではなく、他の登場人物についても同様だ。人々の裏方としてプライバシーを扱う臨床家がものを書く。それは、こういうやり方でしかなしえない、と私は思う。

そして、手応えはあった。あのとき感じた日光のじりじりとする感じや、メンバーさんやスタッフの汗の匂い、そしてガジュマルの葉を揺らす風とその下で飲んだ生ぬるいコーラの味が、私の中に蘇っていた。

連載時の編集者、石川誠子氏の丁寧な手助けのおかげで、無事に連載を終えてから、本書をまとめる作業に入った。断片的に描かれた風景をまとまった一冊の本にするためには、物語世界が必要だった。そして、その世界を秩序立てる概念装置が必要だった。

多くの助けがあった。精神科医の熊倉陽介氏、人類学者の磯野真穂氏、起業家の櫻本真理氏、そして精神分析的心理療法家の山崎孝明氏、木下直紀氏、堀川聡司氏とは、「ケアとセラピー」をめぐって本当に多くの対話を積み重ねさせてもらった。

そして、編集者の白石正明氏には一貫して、励ましと助言と示唆をいただいた。私はこの本を書きながら、完全に物語世界に飲み込まれ、羅針盤を失い、方向性を喪失していたわけだが、白石氏がそのたびにアイディアと大きな地図を差し出してくれた。しかも特筆すべきは白石氏が、問題と向き合うべきときには正面からそれを突き付けながら、かつ心が折れやすい私を「傷つけない」ように配慮してくれたことである。ケアとセラピーは本書の執筆過程にも、たしかにあったのだ。

そして、本文がほぼ完成した後に、加藤愛子氏が装丁やイラストのディレクションをしてくださり、平澤朋子氏がカバー、そして挿絵を描いてくださった。こうして、本書の世界は目に見えるものになった。

それから、本書そのものが、あのころ、共にデイケアで生きた人たちへの謝辞となっていることを、ここに記します。そこでの良き体験がこの本を書かせてくれました。その具体的な様相については、本文に滲んでくれていればと願っています。ただ、あらためて、最後に感謝の意を表したいと思います。

みなさま、本当にありがとうございました。


さて、とにもかくにも、本書は書き終わった。

書きながらわかってきたことは、この本は精神科デイケアを舞台にしたお話ではあるのだけど、それはただデイケアという限局された場における医療行為について語ろうとしたものではないということだ。

そうではなく、これはケアしたりされたりしながら生きている人たちについてのお話だ。あるいは、ケアしたりされたりする場所についてのお話だ。そう、それは「みんな」の話だと思うのだ。

職場、学校、施設、家庭、あるいはさまざまなコミュニティでの「居る」を支えるものと、「居る」を損なうものをめぐって、本書は書かれた。

だから、そのように、読者にも届いてくれたら、著者としてこれ以上うれしいことはありません。

東畑開人

二〇一八年十二月

クリスマスソングが流れるビジネスホテルの閑散としたカフェにて

東畑開人
（とうはた・かいと）

1983年生まれ。2010年京都大学大学院教育学研究科博士課程修了。精神科クリニックでの勤務、十文字学園女子大学で准教授として教鞭をとった後、現在白金高輪カウンセリングルーム主宰。

臨床心理学が専門で、関心は精神分析・医療人類学。

著書に、『野の医者は笑う』誠信書房→文春文庫、『日本のありふれた心理療法』誠信書房、『心はどこに消えた？』文藝春秋、『なんでも見つかる夜に、こころだけが見つからない』新潮社、『聞く技術 聞いてもらう技術』ちくま新書、『ふつうの相談』金剛出版など、監訳書に『心理療法家の人類学』（J. デイビス著）誠信書房、『認知行動療法の哲学』（D. ロバートソン著）金剛出版などがある。また本書のコミック版『居るのはつらいよ』（いぬゐのこ画）が秋田書店より刊行中。

「この本を書いていたせいで、第1回公認心理師試験の勉強がおろそかになっていたのですが、前夜に立てたヤマ勘が神がかったおかげで無事合格できました。九死に一生」

シリーズ ケアをひらく

居るのはつらいよ——ケアとセラピーについての覚書

発行　2019年 2月25日　第1版第1刷©
　　　2023年10月15日　第1版第11刷

著者　東畑開人

発行者　株式会社　医学書院
　　　　代表取締役　金原 俊
　　　　〒113-8719　東京都文京区本郷1-28-23
　　　　電話 03-3817-5600（社内案内）

印刷・製本　アイワード

ISBN978-4-260-03885-0

◎本書のテキストデータを提供します。
視覚障害、読字障害、上肢障害などの理由で本書をお読みになれない方には、
電子データを提供いたします。
・200円切手
・左のテキストデータ引換券（コピー不可）を同封のうえ、下記までお申し込みください。
［宛先］
〒113-8719 東京都文京区本郷1-28-23
医学書院看護出版部 テキストデータ係

テキストデータ引換券
居るのはつらいよ

シリーズ ケアをひらく ❶

第73回

毎日出版文化賞受賞！

［企画部門］

ケア学：越境するケアへ●広井良典●2300円●ケアの多様性を一望する――どの学問分野の窓から見ても、〈ケア〉の姿はいつもそのフレームをはみ出している。医学・看護学・社会福祉学・哲学・宗教学・経済・制度等々のタテワリ性をとことん排して〝越境〞しよう。その跳躍力なしにケアの豊かさはとらえられない。刺激に満ちた論考は、時代を境界線引きからクロスオーバーへと導く。

気持ちのいい看護●宮子あずさ●2100円●患者さんが気持ちいいと、看護師も気持ちいい、か？――「これまであえて避けてきた部分に踏み込んで、看護について言語化したい」という著者の意欲作。〈看護を語る〉ブームへの違和感を語り、看護師はなぜ尊大に見えるのかを考察し、専門性志向の底の浅さに思いをめぐらす。夜勤明けの頭で考えた「アケのケア論」！

感情と看護：人とのかかわりを職業とすることの意味●武井麻子●2400円●看護師はなぜ疲れるのか――「巻き込まれずに共感せよ」「怒ってはいけない！」「うんざりするな!!」。看護はなにより感情労働だ。どう感じるべきかが強制され、やがて自分の気持ちさえ見えなくなってくる。隠され、貶められ、ないものとされてきた〈感情〉をキーワードに、「看護とは何か」を縦横に論じた記念碑的論考。

あなたの知らない「家族」：遺された者の口からこぼれ落ちる13の物語●柳原清子●2000円●それはケアだろうか――幼子を亡くした親、夫を亡くした妻、母親を亡くした少女たちは、佇む看護師の前で、やがて「その人」のことを語りはじめる。ためらいがちな口と、傾けられた耳によって紡ぎだされた物語は、語る人を語り、聴く人を語り、誰も知らない家族を語る。

病んだ家族、散乱した室内：援助者にとっての不全感と困惑について●春日武彦●2200円●善意だけでは通用しない――一筋縄ではいかない家族の前で、われわれ援助者は何を頼りに仕事をすればいいのか。罪悪感や無力感にとらわれないためには、どんな「覚悟とテクニック」が必要なのか。空疎な建前論や偽善めいた原則論の一切を排し、「ああ、そうだったのか」と腑に落ちる発想に満ちた話題の書。

本シリーズでは、「科学性」「専門性」「主体性」といったことばだけでは語りきれない地点から《ケア》の世界を探ります。

べてるの家の「非」援助論：そのままでいいと思えるための25章●浦河べてるの家●2000円●それで順調！———「幻覚＆妄想大会」「偏見・差別歓迎集会」という珍妙なイベント。「諦めが肝心」「安心してサボれる会社づくり」という脱力系キャッチフレーズ群。それでいて年商1億円、年間見学者2000人。医療福祉領域を超えて圧倒的な注目を浴びる〈べてるの家〉の、右肩下がりの援助論！

物語としてのケア：ナラティヴ・アプローチの世界へ●野口裕二●2200円●「ナラティヴ」の時代へ———「語り」「物語」を意味するナラティヴ。人文科学領域で衝撃を与えつづけているこの言葉は、ついに臨床の風景さえ一変させた。「精神論 vs. 技術論」「主観主義 vs. 客観主義」「ケア vs. キュア」という二項対立の呪縛を超えて、臨床の物語論的転回はどこまで行くのか。

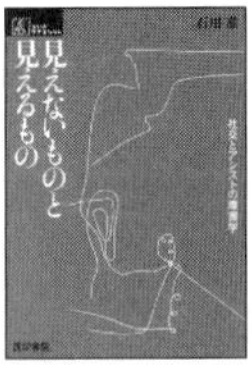

見えないものと見えるもの：社交とアシストの障害学●石川准●2000円●だから障害学はおもしろい———自由と配慮がなければ生きられない。社交とアシストがなければつながらない。社会学者にしてプログラマ、全知にして全盲、強気にして気弱、感情的な合理主義者……〝いつも二つある〟著者が冷静と情熱のあいだで書き下ろした、つながるための障害学。

死と身体：コミュニケーションの磁場●内田 樹●2000円●人間は、死んだ者とも語り合うことができる———〈ことば〉の通じない世界にある「死」と「身体」こそが、人をコミュニケーションへと駆り立てる。なんという腑に落ちる逆説！「誰もが感じていて、誰も言わなかったことを、誰にでもわかるように語る」著者の、教科書には絶対に出ていないコミュニケーション論。読んだ後、猫にもあいさつしたくなります。

ALS 不動の身体と息する機械●立岩真也●2800円●それでも生きたほうがよい、となぜ言えるのか———ALS当事者の語りを渉猟し、「生きろと言えない生命倫理」の浅薄さを徹底的に暴き出す。人工呼吸器と人がいれば生きることができると言う本。「質のわるい生」に代わるべきは「質のよい生」であって「美しい死」ではない、という当たり前のことに気づく本。

べてるの家の「当事者研究」●浦河べてるの家●2000円●研究？ ワクワクするなあ―――べてるの家で「研究」がはじまった。心の中を見つめたり、反省したり……なんてやつじゃない。どうにもならない自分を、他人事のように考えてみる。仲間と一緒に笑いながら眺めてみる。やればやるほど元気になってくる、不思議な研究。合い言葉は「自分自身で、共に」。そして「無反省でいこう！」

ケアってなんだろう●小澤勲編著●2000円●「技術としてのやさしさ」を探る七人との対話―――「ケアの境界」にいる専門家、作家、若手研究者らが、精神科医・小澤勲氏に「ケアってなんだ？」と迫り聴く。「ほんのいっときでも憩える椅子を差し出す」のがケアだと言い切れる人の《強さとやさしさ》はどこから来るのか―――。感情労働が知的労働に変換されるスリリングな一瞬！

こんなとき私はどうしてきたか●中井久夫●2000円●「希望を失わない」とはどういうことか―――はじめて患者さんと出会ったとき、暴力をふるわれそうになったとき、退院が近づいてきたとき、私はどんな言葉をかけ、どう振る舞ってきたか。当代きっての臨床家であり達意の文章家として知られる著者渾身の一冊。ここまで具体的で美しいアドバイスが、かつてあっただろうか。

発達障害当事者研究：ゆっくりていねいにつながりたい●綾屋紗月＋熊谷晋一郎●2000円●あふれる刺激、ほどける私―――なぜ空腹がわからないのか、なぜ看板が話しかけてくるのか。外部からは「感覚過敏」「こだわりが強い」としか見えない発達障害の世界を、アスペルガー症候群当事者が、脳性まひの共著者と探る。「過剰」の苦しみは身体に来ることを発見した画期的研究！

ニーズ中心の福祉社会へ：当事者主権の次世代福祉戦略●上野千鶴子＋中西正司編●2200円●社会改革のためのデザイン！ ビジョン!! アクション!!!―――「こうあってほしい」という構想力をもったとき、人はニーズを知り、当事者になる。「当事者ニーズ」をキーワードに、研究者とアクティビストたちが「ニーズ中心の福祉社会」への具体的シナリオを提示する。

コーダの世界：手話の文化と声の文化●澁谷智子● 2000円●生まれながらのバイリンガル？――――コーダとは聞こえない親をもつ聞こえる子どもたち。「ろう文化」と「聴文化」のハイブリッドである彼らの日常は驚きに満ちている。親が振り向いてから泣く赤ちゃん？ じっと見つめすぎて誤解される若い女性？ 手話が「言語」であり「文化」であると心から納得できる刮目のコミュニケーション論。

技法以前：べてるの家のつくりかた●向谷地生良● 2000円●私は何をしてこなかったか――――「幻覚&妄想大会」をはじめとする掟破りのイベントはどんな思考回路から生まれたのか？ べてるの家のような〝場〟をつくるには、専門家はどう振る舞えばよいのか？ 「当事者の時代」に専門家にできることを明らかにした、かつてない実践的「非」援助論。べてるの家スタッフ用「虎の巻」、大公開！

逝かない身体：ALS的日常を生きる●川口有美子● 2000円●即物的に、植物的に――言葉と動きを封じられたALS患者の意思は、身体から探るしかない。ロックトイン・シンドロームを経て亡くなった著者の母を支えたのは、「同情より人工呼吸器」「傾聴より身体の微調整」という究極の身体ケアだった。重力に抗して生き続けた母の「植物的な生」を身体ごと肯定した圧倒的記録。

第41回大宅壮一ノンフィクション賞受賞作

リハビリの夜●熊谷晋一郎● 2000円●痛いのは困る――現役の小児科医にして脳性まひ当事者である著者は、《他者》や《モノ》との身体接触をたよりに、「官能的」にみずからの運動をつくりあげてきた。少年期のリハビリキャンプにおける過酷で耽美な体験、初めて電動車いすに乗ったときの時間と空間が立ち上がるめくるめく感覚などを、全身全霊で語り尽くした驚愕の書。

第9回新潮ドキュメント賞受賞作

その後の不自由●上岡陽江+大嶋栄子● 2000円●〝ちょっと寂しい〟がちょうどいい――トラウマティックな事件があった後も、専門家がやって来て去っていった後も、当事者たちの生は続く。しかし彼らはなぜ「日常」そのものにつまずいてしまうのか。なぜ援助者を振り回してしまうのか。そんな「不思議な人たち」の生態を、薬物依存の当事者が身を削って書き記した当事者研究の最前線！

第 2 回日本医学ジャーナリスト協会賞受賞作

驚きの介護民俗学●六車由実●2000 円●語りの森へ――気鋭の民俗学者は、あるとき大学をやめ、老人ホームで働きはじめる。そこで流しのバイオリン弾き、蚕の鑑別嬢、郵便局の電話交換手ら、「忘れられた日本人」たちの語りに身を委ねていると、やがて新しい世界が開けてきた……。「事実を聞く」という行為がなぜ人を力づけるのか。聞き書きの圧倒的な可能性を活写し、高齢者ケアを革新する。

ソローニュの森●田村尚子●2600 円●ケアの感触、曖昧な日常――思想家ガタリが終生関ったことで知られるラ・ボルド精神病院。一人の日本人女性の震える眼が掬い取ったのは、「フランスのべてるの家」ともいうべき、患者とスタッフの間を流れる緩やかな時間だった。ルポやドキュメンタリーとは一線を画した、ページをめくるたびに深呼吸ができる写真とエッセイ。B5 変型版。

弱いロボット●岡田美智男●2000 円●とりあえずの一歩を支えるために――挨拶をしたり、おしゃべりをしたり、散歩をしたり。そんな「なにげない行為」ができるロボットは作れるか？　この難題に著者は、ちょっと無責任で他力本願なロボットを提案する。日常生活動作を規定している「賭けと受け」の関係を明るみに出し、ケアをすることの意味を深いところで肯定してくれる異色作！

当事者研究の研究●石原孝二編●2000 円●で、当事者研究って何だ?――専門職・研究者の間でも一般名称として使われるようになってきた当事者研究。それは、客観性を装った「科学研究」とも違うし、切々たる「自分語り」とも違うし、勇ましい「運動」とも違う。本書は哲学や教育学、あるいは科学論と交差させながら、“自分の問題を他人事のように扱う”当事者研究の圧倒的な感染力の秘密を探る。

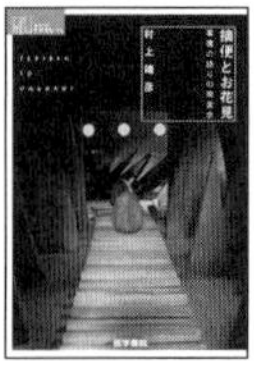

摘便とお花見：看護の語りの現象学●村上靖彦●2000 円●とるにたらない日常を、看護師はなぜ目に焼き付けようとするのか――看護という「人間の可能性の限界」を拡張する営みに吸い寄せられた気鋭の現象学者は、共感あふれるインタビューと冷徹な分析によって、その不思議な時間構造をあぶり出した。巻末には圧倒的なインタビュー論を付す。看護行為の言語化に資する驚愕の一冊。

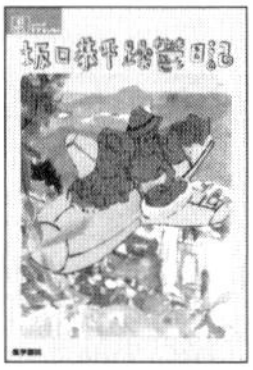

坂口恭平躁鬱日記●坂口恭平●1800円●僕は治ることを諦めて、「坂口恭平」を操縦することにした。家族とともに。――マスコミを席巻するきらびやかな才能の奔出は、「躁」のなせる業でもある。「鬱」期には強固な自殺願望に苛まれ外出もおぼつかない。この病に悩まされてきた著者は、あるとき「治療から操縦へ」という方針に転換した。その成果やいかに！　涙と笑いと感動の当事者研究。

カウンセラーは何を見ているか●信田さよ子●2000円●傾聴？ ふっ。――「聞く力」はもちろん大切。しかしプロなら、あたかも素人のように好奇心を全開にして、相手を見る。そうでなければ〈強制〉と〈自己選択〉を両立させることはできない。若き日の精神科病院体験を経て、開業カウンセラーの第一人者になった著者が、「見て、聞いて、引き受けて、踏み込む」ノウハウを一挙公開！

クレイジー・イン・ジャパン：べてるの家のエスノグラフィ●中村かれん●2200円●日本の端の、世界の真ん中。――インドネシアで生まれ、オーストラリアで育ち、イェール大学で教える医療人類学者が、べてるの家に辿り着いた。7か月以上にも及ぶ住み込み。10年近くにわたって断続的に行われたフィールドワーク。べてるの「感動」と「変貌」を、かつてない文脈で発見した傑作エスノグラフィ。付録DVD「Bethel」は必見の名作！

漢方水先案内：医学の東へ●津田篤太郎●2000円●漢方ならなんとかなるんじゃないか?―― 原因がはっきりせず成果もあがらない「ベタなぎ漂流」に追い込まれたらどうするか。病気に対抗する生体のパターンは決まっているならば、「生体をアシスト」という方法があるじゃないか！　万策尽きた最先端の臨床医がたどり着いたのは、キュアとケアの合流地点だった。それが漢方。

介護するからだ●細馬宏通●2000円●あの人はなぜ「できる」のか?―― 目利きで知られる人間行動学者が、ベテランワーカーの神対応をビデオで分析してみると……、そこには言語以前に〝かしこい身体〟があった！　ケアの現場が、ありえないほど複雑な相互作用の場であることが分かる「驚き」と「発見」の書。マニュアルがなぜ現場で役に立たないのか、そしてどうすればうまく行くのかがよーく分かります。

第 16 回小林秀雄賞
受賞作
紀伊國屋じんぶん大賞
2018 受賞作

中動態の世界：意志と責任の考古学●國分功一郎●2000 円●「する」と「される」の外側へ——強制はないが自発的でもなく、自発的ではないが同意している。こうした事態はなぜ言葉にしにくいのか？ なぜそれが「曖昧」にしか感じられないのか？ 語る言葉がないからか？ それ以前に、私たちの思考を条件付けている「文法」の問題なのか？ ケア論にかつてないパースペクティヴを切り開く画期的論考！

どもる体●伊藤亜紗●2000 円●しゃべれるほうが、変。——話そうとすると最初の言葉を繰り返してしまう（＝連発という名のバグ）。それを避けようとすると言葉自体が出なくなる（＝難発という名のフリーズ）。吃音とは、言葉が肉体に拒否されている状態だ。しかし、なぜ歌っているときにはどもらないのか？ 徹底した観察とインタビューで吃音という「謎」に迫った、誰も見たことのない身体論！

異なり記念日●齋藤陽道●2000 円●手と目で「看る」とはどういうことか——「聞こえる家族」に生まれたろう者の僕と、「ろう家族」に生まれたろう者の妻。ふたりの間に、聞こえる子どもがやってきた。身体と文化を異にする 3 人は、言葉の前にまなざしを交わし、慰めの前に手触りを送る。見る、聞く、話す、触れることの〈歓び〉とともに。ケアが発生する現場からの感動的な実況報告。

在宅無限大：訪問看護師がみた生と死●村上靖彦●2000 円●「普通に死ぬ」を再発明する——病院によって大きく変えられた「死」は、いま再びその姿を変えている。先端医療が組み込まれた「家」という未曾有の環境のなかで、訪問看護師たちが地道に「再発明」したものなのだ。著者は並外れた知的肺活量で、訪問看護師の語りを生け捕りにし、看護が本来持っているポテンシャルを言語化する。

第 19 回大佛次郎論壇賞
受賞作
紀伊國屋じんぶん大賞
2020 受賞作

居るのはつらいよ：ケアとセラピーについての覚書●東畑開人●2000 円●「ただ居るだけ」vs.「それでいいのか」——京大出の心理学ハカセは悪戦苦闘の職探しの末、沖縄の精神科デイケア施設に職を得た。しかし勇躍飛び込んだそこは、あらゆる価値が反転する「ふしぎの国」だった。ケアとセラピーの価値について究極まで考え抜かれた、涙あり笑いあり出血（！）ありの大感動スペクタル学術書！

誤作動する脳●樋口直美● 2000円●「時間という一本のロープにたくさんの写真がぶら下がっている。それをたぐり寄せて思い出をつかもうとしても、私にはそのロープがない」――ケアの拠り所となるのは、体験した世界を正確に表現したこうした言葉ではないだろうか。「レビー小体型認知症」と診断された女性が、幻視、幻臭、幻聴など五感の変調を抱えながら達成した圧倒的な当事者研究!

「脳コワさん」支援ガイド●鈴木大介●2000円●脳がコワれたら、「困りごと」はみな同じ。――会話がうまくできない、雑踏が歩けない、突然キレる、すぐに疲れる……。病名や受傷経緯は違っていても結局みんな「脳の情報処理」で苦しんでいる。だから脳を「楽」にすることが日常を取り戻す第一歩だ。疾患を超えた「困りごと」に着目する当事者学が花開く、読んで納得の超実践的ガイド!

第9回日本医学ジャーナリスト協会賞受賞作

食べることと出すこと●頭木弘樹● 2000円●食べて出せればOKだ!(けど、それが難しい……。)――潰瘍性大腸炎という難病に襲われた著者は、食事と排泄という「当たり前」が当たり前でなくなった。IVHでも癒やせない顎や舌の飢餓感とは? 便の海に茫然と立っているときに、看護師から雑巾を手渡されたときの気分は? 切実さの狭間に漂う不思議なユーモアが、何が「ケア」なのかを教えてくれる。

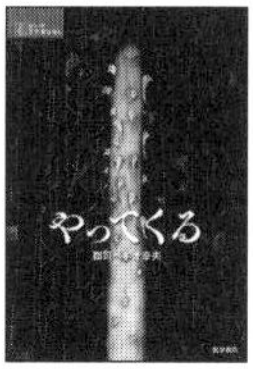

やってくる●郡司ペギオ幸夫● 2000円●「日常」というアメイジング!――私たちの「現実」は、外部からやってくるものによってギリギリ実現されている。だから日々の生活は、何かを為すためのスタート地点ではない。それこそが奇跡的な達成であり、体を張って実現すべきものなんだ! ケアという「小さき行為」の奥底に眠る過激な思想を、素手で取り出してみせる圧倒的な知性。

みんな水の中●横道 誠● 2000円●脳の多様性とはこのことか!――ASD(自閉スペクトラム症)とADHD(注意欠如・多動症)と診断された大学教員は、彼を取り囲む世界の不思議を語りはじめた。何もかもがゆらめき、ぼんやりとしか聞こえない水の中で、〈地獄行きのタイムマシン〉に乗せられる。そんな彼を救ってくれたのは文学と芸術、そして仲間だった。赤裸々、かつちょっと乗り切れないユーモアの日々。

❾

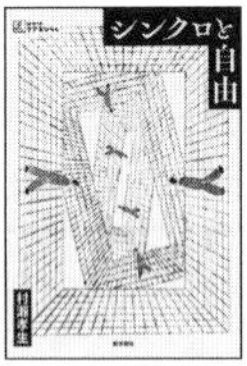

シンクロと自由●村瀬孝生●2000円●介護現場から「自由」を更新する――「こんな老人ホームなら入りたい！」と熱い反響を呼んだNHK番組「よりあいの森 老いに沿う」。その施設長が綴る、自由と不自由の織りなす不思議な物語。しなやかなエピソードに浸っているだけなのに、気づくと温かい涙が流れている。万策尽きて途方に暮れているのに、希望が勝手にやってくる。